MARY PATERSON

Die Mönche und das Glück

Wie 40 Tage in einem buddhistischem Kloster
mein Leben verändert haben

Aus dem Englischen übersetzt
von Jochen Lehner

WILHELM HEYNE VERLAG
MÜNCHEN

Die Originalausgabe erschien 2012 unter dem Titel *The Monks and Me*
im Verlag Hampton Roads Publishing, Inc., Charlottesville, U.S.A.

Die Hardcover-Ausgabe erschien 2013 unter dem Titel
Die Mönche und ich im Lotos Verlag, München,
in der Verlagsgruppe Random House GmbH.

Verlagsgruppe Random House FSC®-N001967.

Taschenbucherstausgabe 07/2016

www.heyne.de

Meiner Mutter und meinem Vater
in Liebe gewidmet.

❧ Inhalt ☙

❧ Einleitung ❦

Die Heimat verlassen, um das wahre Zuhause zu finden

*Sucht auf dem stürmischen Meer des Lebens
Zuflucht bei euch selbst.*

THICH NHAT HANH

Nach dem Tod meiner Mutter, der jetzt schon viele Jahre zurückliegt, haben sich zwei Praktiken für mich als besonders hilfreich und heilend erwiesen: Yoga und Meditation. Je länger ich mich darin übte, desto mehr Freude bescherten sie mir; mein ganzes Leben wurde durch sie erfüllter und reicher. Yoga und Meditation halfen mir, mich bei vielen mit dem Menschsein verbundenen Schwierigkeiten über Wasser zu halten. Doch seltsam: Obwohl ich wirklich enorm von den Übungen profitierte, übertrug ich sie nie konsequent auf meinen Alltag. Und als dann mein Vater starb, hatte ich das Gefühl, den Boden unter den Füßen zu verlieren, mein vertrautes inneres Zuhause.

Der Tod kann eine überaus destabilisierende Kraft sein. Und wenn er einen so direkt streift, wie es beim Verlust der Eltern der Fall ist, muss man irgendwie versuchen, sich ein neues inneres Zuhause zu erschaffen. Mir fiel dazu eine vierzigtägige Pilgerreise ein. Mein bis dahin längstes Meditationsretreat hatte knappe zwei Wochen gedauert. Vierzig Tage, so dachte ich, könnten mich eventuell zu Kraft und Liebe und zu dem Zuhause zurückführen, dessen ich verlustig gegangen war. Sechs Wochen unter der Führung eines weisen Mönchs würden mich womöglich mit dem Tod meiner Eltern aussöhnen und mir wichtige Anhaltspunkte für die Fahrt durch das bewegte Meer des Lebens geben, das, wie wir alle wissen, mitunter sehr stürmisch ist. Und für diese Stürme sollten wir gut gerüstet sein.

Im Yoga spielen Zyklen eine wichtige Rolle, wenn es um die Ausbildung lebensbejahender Gewohnheiten und das Vorankommen auf dem Weg der Weisheit geht. Und der Gedanke an eine vierzigtägige spirituelle Reise taucht bereits bei den alten Yogis auf. Überhaupt messen viele Kulturen dem Zeitraum von vierzig Tagen im Hinblick auf das Offenbarwerden und Erkennen der Wahrheit eine besondere Bedeutung bei: Jesus fastete und betete vierzig Tage in der Wüste, um Klarheit über seine Lebensaufgabe zu gewinnen. Mohammed blieb vierzig Tage in der Höhle. Moses erlebte in ebendieser Zeitspanne auf dem Berg Sinai seine Verwandlung. Die christliche Fastenzeit dient dazu, vierzig Tage lang auf Genüsse und Laster zu verzichten. Und der Buddha soll für etwas mehr als vierzig Tage unter dem Bodhi-Baum im Frieden der Erleuchtung verweilt haben.

Ich war vierzig, als mein Vater starb. Darin sah ich eine Art Fingerzeig, wusste ich doch, dass vierzig Tage der spirituellen Versenkung tiefe Verwandlung bewirken können. Vielleicht war es nun auch für mich an der Zeit, einen solchen Weg der Erneuerung einzuschlagen?

In Begleitung der mystischen Vierzig überquerte ich also unter einem kalten Novemberhimmel den Atlantik und trat meine Pilgerschaft an. Sechs Wochen lang lebte ich im Grunde wie eine Nonne unter den Schwestern und Brüdern von Plum Village in ihrer geliebten buddhistischen Gemeinschaft im südwestfranzösischen Departement Dordogne. Es war die Zeit des großen Winter-Retreats unter der Leitung des weltbekannten vietnamesischen Zen-Meisters, Autors, Friedens- und Menschenrechtsaktivisten und Friedensnobelpreiskandidaten Thich Nhat Hanh. Vierzig Tage lang meditierte ich dort, gärtnerte, machte Spaziergänge, dachte über das Leben nach und tauschte mich mit Pilgern aus aller Welt aus. Ich lauschte dem weisen vierundachtzigjährigen Mönch, der von den uralten heiligen Lehren des Buddha sprach, und stellte mich meinen Dämonen.

Die Winter-Retreats in Plum Village haben immer einen thematischen Schwerpunkt, der am ersten Tag bekanntgegeben wird. Dieses Retreat hatte Thich Nhat Hanh unter den Gesichtspunkt der neuen Weltordnung gestellt und hob hervor, wie wichtig es gerade in unserer Zeit sei, die Lehren des Buddha wirklich anzuwenden. Er machte nachdrücklich klar, dass die Leiden dieser Zeit beim Namen genannt werden müssen – Umweltzerstörung, Angst, Terrorismus, seelische Nöte, gespaltene Familien und eine Vielzahl körperlicher und psychischer Krankheiten. Durch die buddhistische Achtsamkeitspraxis, das tiefe Sich-Einlassen auf das Leben, wie es sich in jedem Augenblick darstellt, bildet sich Mitgefühl, Wunden heilen, und es entsteht ein sicheres Fundament aus Mut, Stärke und Weisheit. Das ist die Zufluchtnahme zum eigenen Ich. Die bewusste Wahrnehmung des Atems eint Körper und Geist so, dass es zu tiefer Einsicht kommen kann. Dabei sind Durchbrüche möglich, die einem das Wesen der Realität erschließen, und man erkennt seine innige Verbundenheit mit allem Lebendigen. So entsteht ein starkes, erleuchtetes Ich, das alle Lebewesen verwandeln und heilen kann. Niemand ist allein.

Die amerikanische Autorin Annie Dillard sagte einmal: »Für sich behalten zu wollen, was man gelernt hat, ist nicht nur beschämend, sondern geradezu verhängnisvoll. Denn was man nicht freizügig und rückhaltlos gibt, geht einem selbst auch verloren.«

Mit diesen Sätzen als einer Art Motto im Sinn, schreibe ich hier nun also über meine vierzig Tage in einem französisch-vietnamesischen Zen-Kloster, die mir zeigten, wie ich Zuflucht zu meinem weisen Ich nehmen und mein inneres Zuhause finden kann.

Vorab möchte ich noch klarstellen, dass ich ausschließlich aus der Perspektive meiner persönlichen Beobachtungen und Überlegungen aus dieser Zeit schreibe. Eine Betrachtung der buddhistischen Lehren oder der Ausführungen Thich Nhat Hanhs, die gehobenen oder gar wissenschaftlichen Ansprüchen genügen würde, liegt nicht in meiner Absicht. Wichtig ist mir auch die Feststellung, dass ich die Erkenntnisse, auf die ich gestoßen bin, nicht direkt zu den Aussagen Thich Nhat Hanhs in Bezug setze. Wenn Sie sich ein umfassendes Bild von der ganzen Breite und Vielgestaltigkeit der Lehren des Buddha machen möchten, verweise ich Sie auf die vielen Bücher Thich Nhat Hanhs.

Die Namen der in diesem Buch vorkommenden Menschen, auch die meiner Mitpilger, habe ich bis auf wenige

Ausnahmen geändert. Diese Ausnahmen sind zunächst meine beiden Brüder David und Iain sowie meine Schwägerin Janice. Aber auch Doug ist wirklich Doug. Mein Pilgerbruder Stuart der Schotte ist wirklich ein Schotte, der Stuart heißt; er war im Übrigen entzückt von dem Gedanken, in diesem Buch vorzukommen, auch wenn er gar nicht wusste, was ich über ihn schreiben würde. Schließlich gestatteten mir freundlicherweise auch die buddhistischen Nonnen Pine, Prune, Hanh Nghiem und An Nghiem, ihren echten Namen zu nennen.

Der vertraute familiäre Name des ehrwürdigen Thich Nhat Hanh lautet Thay (das vietnamesische Wort für »Lehrer«). Ich verwende ihn in diesem Buch vielfach.

Zuletzt noch, bevor wir einsteigen, möchte ich Ihnen meinen tiefen Dank dafür aussprechen, dass Sie mit mir auf diese Reise gehen möchten. Ich habe *Die Mönche und ich* für Sie geschrieben.

Mögen Sie zu Ihrem weisen Ich Zuflucht nehmen und auf den Heimweg geführt werden. Und mögen Sie auf diesem Weg große Freude finden.

❧ Aufnahme im Kloster ❧

Ich stehe vor einem Bahnhofsgebäude in der Dordogne. »Das muss sie sein«, denke ich. Es ist nicht schwierig, meine Chauffeurin ausfindig zu machen, sie ist hier die Einzige mit rasiertem Kopf und erdbrauner Klostertracht. Ich gehe auf sie zu und werde gleich mit einem herzlichen Lächeln willkommen geheißen. Schwester An Nghiem ist eine schwarze Amerikanerin, die einmal zum Stab des Bürgermeisters von Washington, D.C., gehört hat. Jetzt lebt sie in einem Dorf in Südfrankreich und fährt mich zu ihrem geliebten buddhistischen Kloster.

Mit im Wagen sind noch zwei Frauen, eine warmherzige Britin, die für eine Woche im Kloster bleiben wird, und eine eisige Amerikanerin. Nach einer Dreiviertelstunde Fahrt durch die überwältigend schöne Landschaft halten wir vor einem grauen Steingebäude, dem Haupthaus von New Hamlet, einer von zwei Wohnunterkünften der Nonnen von Plum Village. Rings um etliche große und sehr alt wirkende Gebäude erstrecken sich herrliche grüne Hügel, Weinberge und Felder von gewaltigen Sonnenblumen mit tellergroßen Köpfen, die ein paar Wochen zuvor noch in voller goldener Blüte gestanden haben. Auf der schlichten Holztafel am Haupthaus lese ich: *Hameau Nouveau, Village des Pruniers*. Dies wird für die kommenden vierzig Tage meine Herberge sein.

Ich betrete das prachtvolle renovierte Bauernhaus, und etwas fällt von mir ab. Meine Schultern senken sich um bestimmt fünf Zentimeter, als habe sich eine schwere Last von Sorgen und Kümmernissen in nichts aufgelöst, ein Segen. Der Eingangsbereich ist hell und einladend und erfüllt vom Hin und Her rasierter Köpfe und brauner Gewänder, einer munteren Fröhlichkeit, wie man sie in den Räumen eines Klosters nicht unbedingt erwartet. Durch ein rückwärtiges Fenster fällt mein Blick auf einen schweren Messinggong, der in einem offenen tempelartigen Bau mit einem Doppeldach auf vier Pfeilern hängt, ein majestätischer Anblick. Die Dachränder sind aufgebogen wie eine Lotosblüte. Dieses asiatisch anmutende Bauwerk steht zwischen Reihen von Apfelbäumen und Rebstöcken auf einem sonst freien Gelände. Ich bin noch keine fünf Minuten hier, als mich eine fröhliche vietnamesische Nonne mit markanten, golden überhauchten Gesichtszügen am Ellbogen berührt. »Wie schön, dich kennenzulernen«, sagt sie, und zweifelsohne meint sie es auch so. Ihr strahlendes Lächeln verrät einen gewissen Übermut. Später beim Abendessen werde ich ihr fasziniert zusehen; sie besitzt die erstaunlichste Kopfmuskulatur, die ich je gesehen habe, sei es bei den anderen Frauen im Raum oder bei kahlköpfigen Männern, denen ich begegnet bin. Staunend werde ich verfolgen, wie alles an ihrem Kopf in Bewegung kommt, pulsierende Wellen, wie sie auch bei einem muskelbepackten Ringer nicht deutlicher ausfallen könnten.

Nachdem wir noch ein paar Sätze miteinander gesprochen haben, führt mich eine andere Schwester zum hinteren Teil des Gebäudes, eine Stiege hinauf und dann über einen langen Flur zu den Schlafräumen. Mit meinem Rollkoffer im Schlepptau stehe ich jetzt vor einer sandfarbenen Tür mit dem Schild EAGLE. Nach der indianischen Tradition gilt der Adler als »Bote des Schöpfers«. Er ist ein Anführer, fliegt am höchsten und sieht am weitesten. Er ist es, der unsere Botschaften zu Gott hinaufträgt. Der Adler steht für große Kraft, großen Mut und großen Weitblick.

Auf dem Schild, das an der nächsten Tür hängt, steht PEACE. »Frieden ist auch schön«, denke ich. Aber ich schlafe ganz gern bei dem Vogel, der den direkten Draht zum Grenzenlosen hat.

Das Zimmer ist sehr einfach ausgestattet, verfügt weder über einen Schrank noch über ein Nachttischchen. Platz ist gerade einmal für zwei schmale Betten. Es ist das kleinste Zimmer in New Hamlet, aber wenigstens werde ich die Klosterbleibe für mich allein haben. Ich wuchte meinen schweren Koffer auf eine der Liegen und muss mich bücken, um einen Blick aus dem Fenster zu werfen, das etwas sehr Altes hat und mich an die kleinen Bogentüren in Zwergenhäusern erinnert. Hier bin ich in meiner eigenen kleinen Höhle.

Der Koffer wird mir als Schrank dienen, und so dauert es nicht lange, bis ich mich in meinem Stübchen eingerichtet habe. Ich gehe wieder nach unten und bin umringt von Nonnen und anderen Frauen aller Altersstufen und Ethnien. Da Samstag ist, Ankunftstag, bin ich nicht die Einzige, die sich mit großen neugierigen Augen umschaut. Man trifft sich im Speisesaal mit seinen Reihen von Holztischen, einem Tee-und-Kaffee-Bereich und dem anheimelnden Kamin. An der Stirnseite steht eine weiße Tafel, auf der aktuelle Ankündigungen in Französisch, Englisch und Vietnamesisch zu lesen sind.

Jetzt wird ein Gong angeschlagen, nicht der große draußen, sondern ein kleinerer, der vor dem Mülleingang hängt. Es ist ein wohltuender Klang, der das Abendessen einläutet. Die Mahlzeiten werden immer schweigend eingenommen. Zwanzig Minuten Schweigen. Ich stelle mich in die Schlange der Nonnen und anderen Frauen vor dem langen Büfett mit gesund und nahrhaft aussehenden Speisen. Zwei Löffel grüne französische Linsen lade ich mir auf den Teller, dazu Vermicelli und gedämpften Rotkohl; das Ganze übergieße ich mit einem guten Schuss dunkelbraunem Miso. Ich nehme an einem der Tische Platz und spüre: Irgendetwas wird gleich passieren. Was, weiß ich nicht genau, aber mit diesen Linsen hier fängt es an. Und so wird es die nächsten vierzig Tage sein, in denen mir aufgeht, wie wichtig Gebet, Achtsamkeit, Aufmerksamkeit beim Essen sind und was sie bewirken.

Eine Nonne schlägt einen kleinen Gong an und liest ein Gebet. Dann essen wir. Die Schwester mit dem Ringerschädel, die mich begrüßt hat, sitzt mir gegenüber, und so habe ich das Spiel ihrer Muskeln direkt vor Augen. Eine andere vietnamesische Schwester setzt sich direkt neben mich, obgleich an diesem Tisch noch etliche andere Plätze frei sind. »In einem Restaurant würde das nie so sein«, denke ich. Es ist schön, sie so nah neben mir zu haben. Ein Lächeln breitet sich über ihr Engelsgesicht aus, während sie eine Hand aufs Herz legt und sanft den Kopf neigt. Es versetzt mir einen Stich.

Und so beginnt die Reise.

Körper
Zuflucht nehmen zum weisen Ich

Weich und formbar wird der Mensch
geboren, tot ist er hart und steif …
Der Steife und Ungeschmeidige ist ein Jünger
des Todes, der Schmiegsam-Nachgiebige
ein Jünger des Lebens.

TAO TE KING

So geweckt zu werden ist eigentlich ganz nett, wenn es bloß nicht so früh wäre. Eine Nonne schlägt einen Gong an, es ist fünf Uhr. Meine Augen öffnen sich und fallen gleich wieder zu. Aufstehen geht nicht. Dieser Gong hat etwas so Wohliges, ich könnte gleich weiterschlafen, wie von seinen Schwingungen hypnotisiert. Wenn ich jetzt die warme Decke zurückschlage, setze ich mich der frostigen Luft in meiner kargen Klosterkammer aus. Aber es hilft nichts, die Meditation beginnt um halb sechs, ich muss in Bewegung kommen – Nachzügler werden nicht mehr in die Buddha-Halle eingelassen. Also Augen auf und der Kälte tapfer standhalten. Ich lege mir mein elfenbeinfarbenes Wolltuch um die von der Reise noch etwas mitgenommenen Schultern und gehe die Treppe hinunter

21

nach draußen, dann hinüber zur Buddha-Halle. Noch lässt sich die Sonne nicht blicken.

Jetzt sitze ich auf einem quadratischen marineblauen Kissen am Boden in der ersten von acht Reihen, die alle auf die prachtvolle große weiße Buddhastatue in einer Nische der Steinmauer zulaufen; davor steht ein kleiner Altar mit Blumen und Räucherwerk. Bei näherer Betrachtung fällt mir auf, dass die Statue eigentlich blass lachsfarben ist, doch das Licht in der Halle lässt sie strahlend weiß erscheinen.

Die Schwestern von New Hamlet und die Pilgerinnen wie ich haben sich versammelt, um miteinander zu rezitieren, zu beten und zu atmen und sich in Ehrfurcht vor den hohen Lehren des Buddha zu verneigen. Ein gutes Geschick hat mich hierhergeführt, und doch bewegt mich die Frage, weshalb die Schwestern das Klosterleben wählen und sich damit ja *endgültig* von einem Leben abwenden, in dem es Liebschaften gibt, in dem Kinder geboren werden, in dem man an faulen Sonntagvormittagen bei einem Milchkaffee in die *New York Times* schaut und sich auch mal ein Lavendelschaumbad gönnt. »Und jeden Morgen stehen sie mit den Hühnern auf«, geht es mir durch den Sinn. Dabei sollte ich eigentlich denken: *Einatmend nehme ich meinen Körper bewusst wahr, ausatmend löse ich die Spannung in meinem Körper.* »Höchstwahrscheinlich stehen sie bis ans Ende ihrer Tage so früh auf.« Mit bewundernden Seitenblicken mustere ich die Frauen, die hier mit mir sitzen und meditieren. Dann finde ich in den gegenwärtigen Augenblick zurück. *Einatmend nehme ich meinen Körper bewusst wahr, ausatmend löse ich die Spannung in meinem Körper.* Ich wende mich nach innen, nach und nach wird der

Atem tief und langsam, und tatsächlich entspannt sich mein Körper, während ich dieses lang gezogene leise Wispern verfolge.

Später werde ich einmal »Frauen« sagen, wenn ich von den Nonnen spreche, und eine Schwester (die mich an eine besonders taffe katholische Nonne aus meinen Schultagen erinnert) wird es mit einem strengen Blick quittieren. Nonnen nennt man nicht Frauen, sondern Schwestern oder eben Nonnen.

Der erste meiner vierzig Tage ist ein Wirbel von wunderschönen kahlen Köpfen, braunen Gewändern und strahlenden Rezitationen in erhabener Umgebung. Ich sauge das alles förmlich in mich auf. Plum Village ist eine ganz andere Welt.

Nach dem Abendessen und Lindenblütentee mit meiner neuen britischen Freundin, die gestern mit mir angereist ist, machen wir zusammen noch einen Abendspaziergang unter einem pechschwarzen ländlichen Himmel mit unzähligen Sternen. Die Luft riecht nach Erde, feucht und üppig und kühl. Noch drei tiefe Atemzüge, dann holt mich die Müdigkeit ein. Ich sage meiner Begleiterin Gute Nacht und gehe zum Wohngebäude zurück.

Am Ende dieses langen ersten Tages sehne ich mich nach einer Dusche. In der winzigen Duschkabine stoße ich bei jeder Bewegung irgendwo an. Trotzdem, es wird sicher herrlich. Ich kann es kaum erwarten, dass mir das dampfende Wasser auf den müden Rücken prasselt. Statt heißem Wasser, viel heißem Wasser, kommt aber nur ein lauwarmes Rinnsal. Meine Miene verfinstert sich. Ich steige aber doch in die Dusche, wohl in der Vorstellung, dass schiere Willenskraft dem Wasser schon auf die Sprünge helfen wird.

Es kommt, wie Sie es sicher bereits vermutet haben: Kaum bin ich eingeseift, bleibt das Wasser ganz aus. Ich in der winzigen Duschkabine: splitternackt, nass und jetzt auch schon vor Kälte zitternd. Und zu allem Überfluss die Seife am ganzen Körper! Ich betrachte meine Gänsehaut. Kurz überlege ich, was jetzt zu tun ist, dann fallen mir Thich Nhat Hanhs Worte ein: »Suche Zuflucht bei dir selbst.« »Ach ja, deswegen bin ich ja hier«, besinne ich mich. »Ich will herausfinden, wie ich unter allen Umständen bei mir selbst Zuflucht finden kann.« Ich darf nicht vergessen, dass der Mönch, von dem die Worte stammen, auf diesem Weg mein Führer ist. Das beruhigt mich gleich ein wenig und schärft meine Konzentration. Was also kann ich jetzt tun? Ich könnte mir das winzige Handtuch irgendwie um den nassen Körper schlingen und mich ins Nonnenquartier zu deren Duschen schleichen. Diesen Gedanken verwerfe ich allerdings gleich wieder. Ich kann auch hier stehen bleiben und um warmes Wasser beten. Das finde ich blöd. Na gut, wie wäre es damit: Ich könnte der Anregung des alten Mönchs folgen und zur Insel meiner selbst zurückkehren.

Tatsache aber bleibt, dass es zehn Uhr und im ganzen Haus mucksmäuschenstill ist. Alle liegen im Bett, und ich stehe hier müde, frierend, nass und eingeseift in einer bei-gefarbenen Dusche ohne Wasser. In einem Kloster. In Frankreich. Ich kann nichts anderes tun, als hier zu stehen und zu atmen und auf den wunderbaren Einfall zu warten, der mir ja vielleicht doch noch kommt. In einem Winkel der Kabine sehe ich eine Spinne flink die Wand hochkrab-beln. Sie freut sich sicherlich, dass das Wasser ausgefallen ist. Ich konzentriere mich auf den tiefschwarzen Körper des Tieres. Im nächsten Moment höre ich meinen Atem.

Und dusche mich in ihm. Ich lausche der in meine Lunge einströmenden feuchten Luft. Werde durchströmt von der Empfindung des Ausatmens, das sich anschließt. Einatmen. Ausatmen. Stille. Einatmen. Ausatmen. Stille. Ich bin mir meines Atmens bewusst. Ein paar Sekunden später geht meine Gänsehaut zurück. Ich gebe nach, irgendwie finde ich mich mit den Umständen ab. Ob Wasser kommt oder nicht, hat nichts mit mir zu tun, weshalb also kämpfen, steif und unflexibel? »Und überhaupt, weshalb stemme ich mich eigentlich ständig gegen all die Dinge in meinem Leben, an denen ich doch nichts ändern kann?« Ich wende mich direkt an die Spinne: »Meinen Körper kann ich steuern, nicht wahr? Aber alles ringsum – da bin ich machtlos.« Ich gehe mit dem Gesicht ganz nah an das jetzt regungslose Tier heran und betrachte seine seifenfreien dünnen Beine. »Du weißt das, oder? Und warum vergesse ich es immer so leicht?« Laut sage ich, die Spinne ist meine Zeugin: »Suche Zuflucht bei dir selbst, Mary.«

Östliche Lehren betrachten den Körper als Mikrokosmos, als verkleinertes Abbild des Universums. Man lernt seinen Körper dadurch kennen, dass man sich auf ihn einstimmt. Und weil man dann seinen Körper kennt, den Mikrokosmos, offenbart sich einem auch das Walten im Makrokosmos, in der Welt. Darin liegt ein großes Vermögen:

Wer Herr seiner selbst ist, ist Herr der Welt.

Was man nicht alles macht mit seinem Körper! Heute habe ich im Gewächshaus, in dem die Nonnen biologischen Anbau von Obst, Gemüse und Kräutern betreiben, eine Zeit lang Unkraut gejätet. Das ist eine der vielen Arbeitsmeditationen, zu denen wir Besucher während unseres Aufenthalts im Kloster angehalten sind. Zu Mittag habe ich Spinat und Rucola aus ebendieser Produktion genossen. Nach zu vielen Buttercroissants in meiner Zwischenstation Paris genügt ein Tag mit wirklich nährenden Speisen, um ganz neue körperliche Leichtigkeit und geistige Klarheit entstehen zu lassen.

Deshalb wird hier in Plum Village sehr viel Wert auf gute Ernährung gelegt. Zu viel Zucker wie etwa in krachsüßen Donuts, und schon sehen wir alles wie durch einen Nebel. Zu deftig Gewürztes (Vorsicht mit Chili!), und wir können uns bei der Meditation nicht konzentrieren. Allzu reichliches Essen macht uns schläfrig. Alles, was wir zu uns nehmen, bewirkt irgendetwas. Falsche Ernährung kann außerdem tief sitzende Spannungen im Körper erzeugen. Und man findet nicht leicht zur Insel seiner selbst zurück, wenn es eine Insel der Schmerzen ist. Ein Hort der Leiden – wer möchte sich da schon aufhalten?

Beim Verzehr der kulinarischen Köstlichkeiten des heutigen Tages frage ich mich, weshalb ich zu Hause nicht genügend Disziplin aufbringe, um mich dauerhaft gut zu ernähren. Kartoffelchips lassen meine Muskeln schmerzen, als würden sie nach etwas wirklich Nahrhaftem schreien. Schon die ersten vierundzwanzig Stunden im Kloster machen mich auf meine Misere aufmerksam. Ich erkenne jetzt, dass ich meinen Körper nicht immer so respektvoll behandle, wie er es verdient.

Thich Nhat Hanh sagt, die Spannungen in unserem Körper seien »eine Form des Leidens«. Schmerzen wachsen sich irgendwann zu Krankheiten aus, wenn wir nicht über etwas verfügen, was den Druck wieder abbaut. »Bemühen wir uns immer um Mitgefühl mit uns selbst, dann wissen wir, wie die Schmerzen zu lindern sind, die wir in uns tragen.« – »Durch achtsames Atmen«, sagt Thay auch, »nehmen wir Zuflucht zu uns selbst und gehen heim zu uns.« Diese Technik des achtsamen Atmens, die uns der Buddha gegen unsere Leiden verordnet, vereint Körper und Geist so, dass wir einen sicheren Stand im Hier und Jetzt finden. Ich lege das erste meiner stummen Gelübde ab: »Ich will unbedingt daran denken, achtsam zu atmen.«

Wer aber ist der Buddha? Wer ist er, dass sein Einfluss sich auf so viele Menschen erstreckt, nicht zuletzt auf Thich Nhat Hanh?

Der Erleuchtete war, bevor er ein Erwachter, ein Buddha, wurde, ein junger Mann namens Siddhartha Gautama, der vor über 2500 Jahren in Nordindien lebte. Er wurde ein Suchender, wollte das Wesen der Wirklichkeit und des menschlichen Lebens ergründen. Nach sechs Jahren der intensiven Schulung unter mehreren berühmten spirituellen Lehrern setzte sich Siddhartha unter einen Bodhi-Baum und gelobte, sich erst wieder zu erheben, wenn er Erleuchtung gefunden hatte. Er saß die Nacht hindurch, und als der Morgenstern aufstieg, kam er zu einem tiefen Durchbruch, der ihm das volle Verstehen und die Liebe erschloss. Neunundvierzig Tage soll der Buddha in diesem wunderbaren Zustand verweilt haben, dann machte er sich zum Hirschpark von Sarnath auf, wo er auf fünf seiner früheren Weggefährten traf. Wie Thich Nhat Hanh in seinem

Buch *Das Herz von Buddhas Lehre* erzählt, legte er dort, natürlich in seinen eigenen Worten, die folgende Lehre dar: »Ich habe tief erkannt, dass nichts für sich allein sein kann, dass alles mit allem anderen *inter-sein* muss. Ich habe außerdem erkannt, dass alle Wesen mit dem Vermögen zu erwachen begabt sind.«

Danach sprach er die vier edlen Wahrheiten aus:

> Leid existiert.
> Leid wird hervorgebracht.
> Es gibt einen Weg zur Beendigung aller Leiden.
> Dieser Weg zur Wiederherstellung des Wohlbefindens
> wird der edle achtfache Pfad genannt.

Im Mahaparinibbana-Sutta heißt es:

> Wo der edle achtfache Pfad geübt wird, sind Freude,
> Frieden und Erkenntnis.

Thich Nhat Hanh hebt hervor, dass die acht Glieder des edlen Pfades – rechte Anschauung, rechtes Denken, rechte Rede, rechtes Handeln, rechter Lebenserwerb, rechtes Bemühen, rechte Achtsamkeit und rechte Konzentration – durch das verbunden sind, was er »Inter-Sein« nennt. »Jedes dieser Glieder«, sagt er, »enthält die übrigen sieben.«

Da ich hier bin, um die Lehren des Buddha anzuwenden, liege ich jetzt selig in meinem warmen Bett und denke über die kleine und doch so frustrierende Unannehmlichkeit mit meiner ersten klösterlichen Dusche nach. Ich war müde und nass und fror, und ich empfand das als sehr unbehaglich. Ein klarer Fall von Leid, die erste edle Wahrheit.

So weit, so gut. Die zweite edle Wahrheit bestand in meinem Widerwillen gegen den Wassermangel. Es gab also einen Grund für mein Leid, und der bestand darin, dass ich meine nasskalte Verfassung ablehnte. Aber man hat immer Möglichkeiten. Wenn das Wasser ausbleibt, kann man gegen diese Wirklichkeit aufbegehren oder sich in die Umstände fügen. Dass ich mein Unbehagen durch Achtsamkeit zu reduzieren vermochte, zeugt von der dritten edlen Wahrheit, dass es einen Ausweg gibt. Die Konzentration auf meinen Atem brachte ein wenig Erleichterung und auch einen Erkenntnisgewinn. Ich erkannte mein Unbehagen als vorübergehend. Nichts bleibt, wie es ist, kein Schmerz, keine Lust. Mein konzentriertes Atmen brachte mich zur Insel meiner selbst zurück, wo ich auf viele Mittel und Einsichten zurückgreifen kann. Hier war es die simple Erkenntnis, dass fehlendes Wasser in der Dusche eine eher kleine Unannehmlichkeit darstellt. Wenn man begreift, dass man an einer Sache absolut nichts ändern kann, liegt darin auch Freiheit. Das Annehmen befreit, ebenso wie Entschlossenheit befreit. Der Frust reduzierte sich augenblicklich um die Hälfte. Ich bekam einen Geschmack von der vierten edlen Wahrheit, vom Pfad, der mein Wohlbefinden (teilweise) wiederherstellte.

Heute habe ich einen Geschmack von dem bekommen, was Achtsamkeit vermag. Mir geht noch durch den Sinn, dass ich wirklich in meine Kraft und Freiheit komme, wenn ich zur Insel meiner selbst zurückkehre und bei mir selbst Zuflucht suche. Die Frage ist nur: Werde ich das auch unter schwierigeren Umständen schaffen?

Der Buddha sagte nicht, wie viele annehmen, dass alles leidvoll sei. Vor allem, so Thich Nhat Hanh, ging es dem

Buddha um die *Verwandlung* des Leidens. »Ihr müsst das Unbehagen in euch finden und es dann wandeln.«

Irgendwann kam wieder Wasser aus meiner Dusche, die schwarze Spinne krabbelte weg, und ich war froh, mir endlich die Seife abspülen zu können. Wenn wir loslassen, finden sich die Dinge schon irgendwie.

Anfängergeist
Was man gegen Langeweile tun kann

Gegen Langeweile hilft Neugier.
Gegen Neugier hilft gar nichts.

DOROTHY PARKER

Ich sitze im Speisesaal beim Abendessen, gegenüber von mir hat eine junge, hinreißend schöne vietnamesische Nonne Platz genommen. Ihre vollen Lippen und hohen Wangenknochen zieren ein Gesicht von reinem Gold. Sie ist atemberaubend, sogar mit geschorenem Kopf und der stumpfbraunen Klostertracht. Kurz denke ich daran, mir den Kopf zu rasieren. Ob die Schönheit dieser Nonne wohl auch bei den Mönchen ankommt? Ich kann kaum den Blick von ihr wenden. Dann kommt mir ein anderer Gedanke. Vielleicht haben Mönche und Nonnen den äußersten Fluchtweg eingeschlagen – ganz weg von Liebesbeziehungen.

Ich bin einmal aus einer sehr liebevollen Beziehung mit einem so gut wie vollkommenen Mann ausgestiegen. Damals dachte ich, es ginge mir um höhere Ideale, als ich mich trennte, aber es muss wohl einfach Langeweile gewesen sein. Weit entfernt von meinem Zuhause, in einem buddhistischen Kloster und mit dieser schönen jungen Nonne mir gegenüber, erkenne ich es noch viel deutlicher. »Was war eigentlich die Ursache für meine damalige Lethargie?«, frage ich mich. Wie konnte es dazu kommen, dass sich der Überdruss in die Beziehung zu diesem wunderbaren Mann einschlich? Thich Nhat Hanh würde vielleicht sagen, ich hätte den Verstand verloren, also meinen »Anfängergeist«. Oder dass ich vergessen hätte, was mich mit diesem Mann verband, der mich bestimmt mehr liebte als alle anderen vor ihm. Ein solches Vergessen sei das Gegenteil von Achtsamkeit, lehrt Thay und erklärt, dass wir in dem Spannungsfeld von Achtsamkeit und Vergessen leben. Wenn das Vergessen vorherrsche, sei uns jeglicher Anfängergeist abhandengekommen.

Vor Jahren habe ich an einem Meditationsretreat teilgenommen, bei dem es um Achtsamkeit im Alltag ging. Beim Zähneputzen beispielsweise konzentrierte ich mich ausschließlich auf das Zähneputzen. Beim Händewaschen, Spazierengehen, Mittagessen gab ich mir alle Mühe, das Plappern in meinem Kopf abzustellen und ganz in das versunken zu bleiben, was jeweils gerade anstand. Die Achtsamkeit offenbarte mir, dass ich mich bisher nicht voll auf solche alltäglichen Dinge konzentriert hatte. Sie traten mit einer solchen Regelmäßigkeit auf, dass ich eine gewisse Achtlosigkeit hatte walten lassen. Sobald ich jedoch genau auf mein Tun achtete, was es auch gerade sein mochte, veränderte sich etwas in meinem Inneren. Ich fühlte mich weniger »außer mir«, mehr mit meiner inneren Energie verbunden. Im Yoga wird diese Energie vielfach als Lebenskraft, Chi oder Prana bezeichnet. Einfach gesagt verband mich die Achtsamkeit mit meinem wahren Ich. Immer wenn es mir gelang, achtsam zu sein, fühlte sich jeder Augenblick neu an – was ja auch der Fall ist –, und mein Gewohnheitsgeist hatte nichts mehr, woran er andocken konnte. Es kam dann nicht vor, dass ich achtlos ein Käsebrot aß und mich dabei zum Beispiel über meinen Vermieter ärgerte, der nicht zu bewegen war, das undichte Dach meines Yogastudios zu reparieren. Wenn ich immer nur mit *einer* Sache befasst war, kam es auch nicht zu Fantasien über irgendeine ferne goldene Zukunft. Diese Augenblicke der Wachheit im Jetzt gingen vorüber, aber sie wurden umso häufiger, je konzentrierter ich war. Und sie fühlten sich gut an, so als lebte ich darin wirklich mein Leben, anstatt über es nachzudenken, zu grübeln oder mir etwas zusammenzufantasieren. Die Zeit vergeht wie im Fluge, und doch verhalten wir uns so, als hätten wir noch ewig zu leben. Ein Augenblick der Wachheit ist wie ein Scheinwerfer, der auf diesen Umstand gerichtet wird. Und hier im Kloster erinnere ich mich nun wieder, wie sehr die Kraft gebündelter Konzentration mein Leben bereichert.

Im Moment sitze ich hier fern von zu Hause in einem Kloster, mit dieser unschuldigen Schönheit als Gegenüber, und denke darüber nach, wie gut es doch ist, Augenblick für Augenblick genau zu wissen, was ich tue. Leicht ist das nicht. Ich weiß nur so viel: Wenn ich so achtsam bin wie irgend möglich, gibt mich das Karussell meiner gewohnten, immer wieder gleichen bohrenden Gedanken frei. Und für die Zeit, in der mein Wunsch nach dem perfekten Partner oder meine Grübeleien über die Untiefen von Liebesbeziehungen und dergleichen in den Hintergrund treten, halte ich mich wirklich in meinem Leben auf, selbst bei ganz alltäglichen Verrichtungen. Das gegenwärtige Leben, nicht wehmütiger Rückblick oder bange Zukunftsgedanken, ist dann der Raum meiner Erfahrung. Es kann wohl nur so sein.

Das Essen ist zu Ende, die junge Nonne aufgestanden. Zusammen mit einigen anderen Schwestern macht sie sich daran, den Speisesaal zu putzen. Ich bleibe noch mit meinem Kamillentee sitzen und sehe ihnen bei ihrer Arbeit mit den hellen Schwämmen und altmodischen Strohbesen zu. Dieser Arbeitsmeditation werde ich mich in den kommenden Tagen auch widmen, heute aber möchte ich einfach zusehen, wie diese Menschen so still arbeiten und offenbar ganz auf ihr Tun ausgerichtet sind, vollkommen anders, als wenn ich putze. Sie scheinen sonst nichts im Sinn zu haben, das jedenfalls lese ich in ihren Gesichtern. Nichts darin deutet auf Unmut oder grübelnde Gedanken hin. Sie putzen schlicht und einfach den Fußboden.

Mir fällt der Mystiker Sadhguru ein, der gesagt hat, unser Problem bestehe darin, dass wir uns mit jeder Tätigkeit selbst aufbauen, anstatt uns abzubauen, zum Verschwinden zu bringen. Was wir für uns tun, machen wir so gut wie möglich, für andere arbeiten wir dagegen nur so gut wie unbedingt nötig. Bei uns kehren wir den Boden besser als bei Freunden. Davon ist bei diesen Nonnen hier nichts zu sehen.

Ich nehme noch einen Schluck Kamillentee und komme zu dem Schluss, dass oft der Vergesslichkeitsgeist den Anfängergeist überlagert, weil wir das Alltägliche zur Routine werden lassen. Wir schätzen die Bedeutung einer durchgängigen Achtsamkeit nicht richtig ein, vor allem bei sogenannten gewöhnlichen, wenn nicht niederen Verrichtungen wie dem Schrubben des Speisesaalbodens. Die

Putzkolonne der Nonnen, die ich gerade beobachte, macht mich darauf aufmerksam, dass es nicht so sein muss. Sicher, dieses Hin und Her zwischen Vergessen und Achtsamkeit liegt wohl irgendwie in der menschlichen Natur, aber laut Thich Nhat Hanh lernen wir beim Einüben der Achtsamkeit unseren zwiegespaltenen Geist zu überwinden.

Beim Unterricht in meinem Yogastudio habe ich oft erlebt, dass meine Schüler eine ihnen bekannte Stellung wie eine gymnastische Übung ausführen. Sie haben diese Stellung vielleicht Hunderte Male geübt, und jetzt ist sie ihnen allzu vertraut. Sie hat an Kraft verloren. Sie mag dann noch der körperlichen Ertüchtigung dienen, aber die Leute sind nicht mehr wirklich *in* der Stellung. Auch eine Übung, die der Achtsamkeit dienen soll, kann der Achtlosigkeit Vorschub leisten, wenn wir an sie herangehen, als beherrschten wir sie längst.

In einem Artikel für die buddhistische Zeitschrift *The Shambhala Sun* erläutert Thay den Anfängergeist am Beispiel des Teetrinkens:

> Ihr habt schon oft Tee getrunken, ohne es zu bemerken, weil ihr mit Sorgen und Nöten beschäftigt wart … Wer aber seinen Tee ohne Achtsamkeit und Konzentration trinkt, der trinkt nicht wirklich Tee. Er trinkt seinen Kummer, seine Angst, seinen Ärger, und da kann es kein Glück geben.

Wie oft haben wir wohl schon unseren Kummer getrunken? Wir trinken Tee und machen uns dabei Gedanken über etwas anderes. Thays erhellende Worte verdeutlichen, dass Freude aufkommen kann, wenn wir in allen Dingen des Alltags achtsam bleiben. Aufmerksamkeit entfacht das Glück im Augenblick und schafft in allen Lebensbereichen mehr Achtsamkeit, denn wer wirklich Tee trinkt, übt dabei, in *allem* Tun achtsam zu sein. »Damit es zu großer Erkenntnis kommen kann«, sagt Thay, »muss diese Form der Konzentration ständig weiter geübt werden.« Wenn wir diese Art zu leben trainieren, werden Glück und Einsicht immer weiter wachsen, unsere Sorgen und Befürchtungen schwächen sich ab.

Ich blicke in den goldenen Tee in meinen Händen. »Ich muss mir immer bewusst halten, wie wichtig geschärfte Aufmerksamkeit ist«, denke ich. Es ist klar und doch so schwierig.

Ich habe einmal an einem Workshop über bewusste Kommunikation teilgenommen, geleitet von einem Mann, der seit vierzig Jahren verheiratet war. Nach dem Kurs trat ein Teilnehmer an ihn heran und fragte: »Vierzig Jahre mit ein und derselben Frau, wird Ihnen das nicht langweilig?« Der Kursleiter fragte zurück: »Ich weiß nicht, was Sie meinen, können Sie das ein bisschen erläutern?« Der Mann sagte: »Na ja, wünschen Sie sich nicht manchmal etwas Abwechslung?« Antwort: »Ich verstehe immer noch nicht, was Sie meinen. Tut mir leid, aber was genau wollen Sie wissen?« – »Also, wenn ich das fragen darf, kommt es nicht vor, dass Sie mit einer anderen Frau zusammen sein möchten?« Wieder musste der Lehrer nachfragen: »Was genau meinen Sie mit *zusammen sein*?« Der Teilnehmer wurde nervös: »Ja, also … ich meine, ob Sie nicht hin und wieder Lust haben, mal mit einer anderen Frau zu schlafen.« Und jetzt kam die genaue Auskunft: »Weshalb sollte ich mit einer anderen Frau schlafen wollen? Meine Frau besitzt an die dreihundert Persönlichkeiten, und ich habe bis jetzt vielleicht hundert kennengelernt. Jeden Tag wache ich mit dem frohen Gefühl auf, dass ich wieder etwas Neues an ihr entdecken kann!«

Thich Nhat Hanh ist zwar seit seinem sechzehnten Lebensjahr Mönch, zum Thema »Liebesbeziehungen« hat er aber trotzdem Aufregendes beizutragen, beispielsweise in einem Artikel für die *Shambhala Sun*:

> Schau deiner Liebsten in die Augen mit der Frage: »Wer bist du, mein Liebling?« Frag mit allem, was du bist. Wenn du der, die du liebst, ohne rechte Achtsamkeit begegnest, kommt es einer Tötung gleich. Wenn du bei deinen eigenen Gedanken bleibst und meinst, du wüsstest alles über sie, wird sie langsam sterben. Mit Achtsamkeit wirst du dagegen viel Neues und Wunderbares an ihr entdecken – ihre Freuden, ihre verborgenen Begabungen, ihr tiefstes Verlangen. Ohne die richtige Aufmerksamkeit – wie könntest du sagen, dass du sie liebst?

Der Fußboden im Speisesaal glänzt, die fröhlichen Putzfrauen haben alle Mopps und Schwämme in die Besenkammer zurückgebracht. Ich bleibe allein zurück. Der Zauber der blau züngelnden Glutreste im Kamin bleibt mir erhalten, während ich noch über diesen schwierigsten aller Zustände nachdenke, den Anfängergeist. An Kindern verzaubert uns, dass sie in alles so tief versunken sein können. Für sie ist das Leben stets neu. Als Erwachsene erleben wir diese Art der Aufmerksamkeit eigentlich nur noch, wenn wir neue Fähigkeiten erlernen, etwas Neues unternehmen oder eine neue Liebesbeziehung eingehen. Oft erlahmt unser Interesse, sobald uns die Dinge oder Menschen dann vertraut werden. Was es mit dieser schwindenden Begeisterung wohl auf sich hat? Ein Anflug von Traurigkeit verbindet sich mit dieser Frage – einer von vielen, die mich hier noch erwarten.

Mir geht auf, dass ich alle Wesen als etwas Kostbares behandeln muss, kostbar, einzigartig und geheimnisvoll wie meine erste Liebe. Allem Lebendigen muss ich mit tiefer Neugier begegnen. Ich überlege, wie ich diese Neugier schärfen kann.

Albert Einstein hat einmal gesagt: »Nicht aufhören mit dem Fragen, das ist wichtig. Neugier hat ihren eigenen Daseinsgrund. Betrachtet man die Mysterien der Ewigkeit, des Lebens, des wunderbaren Gefüges der Wirklichkeit, ist kaum etwas anderes als ehrfürchtiges Staunen möglich. Wenn man jeden Tag nur ein wenig von diesem Mysterium zu erfassen versucht, genügt das. Diese heilige Neugier darf uns nie verloren gehen.«

Wenn ich auf meinem Weg durch diese Welt vollkommen präsent bin, wie könnte ich ihr dann etwas antun? Wenn ich bei allem, was ich tue, achtsam bin, wie könnte ich dann etwas Minderwertiges erschaffen? Wenn ich in meinem Geliebten ein Wesen mit »an die dreihundert Persönlichkeiten« sehe, wie könnte ich dann nicht alles über ihn wissen wollen – und die Unmöglichkeit dieses Unterfangens als anregend erleben? Und wenn ich weiß, dass ich eines Tages sterben werde, wie kann ich dann auch nur einen einzigen Augenblick vergeuden? Nein, das kann ich mir nicht leisten. Wie der Mann, der vierzig Jahre verheiratet ist und sich jeden Tag darauf freut, neue Seiten an seiner Frau zu entdecken, werde ich umso mehr Schönheit und Vielschichtigkeit wahrnehmen, je deutlicher ich meine Verbundenheit mit allen Lebewesen erkenne und je mehr mir bewusst wird, wie viele Geheimnisse noch auf mich warten.

Das Feuer verhaucht, meine Teetasse ist leer. Als ich mich von der Kaminbank erhebe, wird mir deutlich, dass mir eine schöne junge Nonne und eine Schar munterer, mit Zen-Inbrunst den Boden putzender Schwestern innerhalb von zwei Stunden deutlich gemacht haben, wie viel Weisheit darin liegt, auf alles im Leben mit neuen, mit Kinderaugen zuzugehen. Mindestens aber könnte ein stets neugieriger Anfängergeist auch in langfristigen Liebesbeziehungen die Entdeckerfreude lebendig halten. Und das wäre doch wunderbar!

Vom Geist der Sittlichkeit *(Sila)*
Der Katzentöter

Ich will Ihnen meine Definition von Ethik nennen:
Das Leben zu fördern und zu erhalten ist gut.
Es zu schädigen und zu zerstören ist schlecht.
Und diese profunde und universale Ethik besitzt
den Stellenwert einer Religion. Sie ist eine Religion.

ALBERT SCHWEITZER

»Katzen umbringen, das hat mich selbst langsam ab-
getötet.«
Ich sitze in der Nachmittagssonne im Klostergarten und
blicke in zwei funkelnde blaue Augen. Sie gehören einem
Mann, der mir gerade erzählt, er habe vor sechs Jahren am
Rande der Selbstzerstörung gestanden. Das würde man
nicht denken, wenn man ihn so sieht, einen unbeschwerten,
freundlichen Sechziger aus Neufundland. Wer einen bunt
bestickten mexikanischen Poncho trägt, müsste eigentlich
ein lockerer Typ sein, oder nicht? Charlie erklärt jedoch,
dass er nicht immer so unbeschwert war. »Ich bin zum Kil-
ler ausgebildet worden«, fährt er fort. Schon in der Jugend
lernte er das Töten von Tieren als Sport anzusehen. Das
setzte sich in seiner Berufswahl fort: Nach dem Studium

der Neuropsychologie bestand seine Arbeit unter anderem darin, die verschiedenen Hirnregionen von Katzen elektrischen Reizen auszusetzen. Es ging um Furchtreaktionen der Tiere. Natürlich stand dahinter die Frage, wie die Furchtreaktion im menschlichen Gehirn abläuft. »Diese Katzenfolter war schon schlimm genug, aber es gab noch Schlimmeres.« Denn anschließend, erzählt er, mussten die Katzen getötet werden, damit man ihnen das Gehirn entnehmen und es sezieren konnte.

Ein Buch von Thich Nhat Hanh änderte Charlies Leben. Nun übt er schon seit acht Jahren Achtsamkeit und Meditation in der Tradition des Zen. Er legt mir Thays »Fünf Übungen der Achtsamkeit« auseinander, die sein Leben verwandelten. Besonders wichtig war für ihn die erste Übung, Achtung vor dem Leben. »Hier«, sagt er, »wird sehr deutlich, was es mit der Zerstörung von Leben auf sich hat.« In zwei Tagen werde ich diese Lehren selbst lesen.

Vor der Begegnung mit Charlie und seinen blitzenden Augen habe ich mit einer Gruppe anderer Pilgerinnen im Vorraum von New Hamlet gesessen. Eine junge Kanadierin, die in ihrer Heimat eine Ausbildung zur Köchin absolviert, erzählte unter krampfhaftem Schluchzen, wie Krustentiere getötet werden: »Mein Hummer wurde einfach völlig schlaff, als wüsste er, was jetzt kommen würde, und dass daran nichts zu ändern war. Bei einem Kollegen von mir aber lief es ganz anders, sein Hummer kämpfte bis zum bitteren Ende. Habt ihr eigentlich gewusst, dass Hummer laut jammern, wenn sie lebendig ins kochende Wasser geworfen werden?«

Kurz nach meiner Rückkehr aus Frankreich kam ich beim Einkaufen an einem Hummerbecken vorbei. Ich betrachtete die Tiere in ihrer misslichen Lage und musste unwillkürlich an die angehende Köchin denken, der ich in Plum Village begegnet war. Wie angewurzelt stand ich im Supermarkt zwischen Erdnussbuttergläsern und diesem Tank mit lebendigen Hummern, deren Gefangenschaft außer mir niemand zu beachten schien. Ich sah mir die blassgrauen und braun melierten Tiere an, wie sie hilflos über- und untereinander umherkrochen, die schweren Scheren mit blauen Gummibändern außer Gefecht gesetzt.

Ich habe es schon immer als Folter empfunden, lebenden Schalentieren die Scheren zu fesseln und sie in viel zu kleinen Wasserbecken zu stapeln; doch das hatte mich bislang nicht davon abgehalten, gelegentlich ihr Fleisch, in flüssige Butter getaucht, zu verzehren. Und Hummer können zwar nicht »jammern«, weil sie keinen Stimmapparat (und auch nur ein sehr kleines Gehirn) haben (bei dem Laut, den man hört, wenn sie lebendig ins kochende Wasser kommen, handelt es sich um Dampf, der durch den Panzer entweicht), aber die Prozedur hat doch etwas ausgesprochen Grausames. Ich habe auch gelesen, dass Hummer einen überaus empfindlichen Berührungssinn haben und es nach Aussagen von Zoologen zwischen fünfunddreißig und fünfundvierzig Sekunden dauert, bis sie im siedenden Wasser gestorben sind. Hummer empfinden also durchaus Schmerz. Und wir kochen sie bei lebendigem Leibe. Zukünftig werde ich mir den Genuss von Meeresfrüchten wohl verkneifen.

Am gleichen Abend, nach meinem Besuch im Hummergefängnis, sah ich mir einen Dokumentarfilm mit dem Titel *Sharkwater – wenn Haie sterben* an. Darin wurde unter anderem gezeigt, dass Haie mancherorts allein wegen ihrer Flossen gejagt werden. Haifischflossensuppe ist eine Delikatesse, die in China bei Hochzeiten und anderen besonderen Anlässen gereicht wird. Eine Schale davon kann umgerechnet bis zu neunzig Dollar kosten. Bei dieser absonderlichen Leckerei ist die Nachfrage derart groß, dass das sogenannte Shark-Finning, das Abschneiden der Flossen, in erschreckendem Maße zugenommen hat. Der Film zeigt Fischer vor der Küste von Costa Rica, wie sie den Tieren die Flossen abschneiden und die Rümpfe ins Meer werfen. Schwimmen können die Tiere dann natürlich nicht mehr. Sie sinken und ertrinken schließlich. Bei diesen Bildern krampfte sich alles in mir zusammen.

Haifische haben einen schlechten Ruf, doch in Wirklichkeit nehmen wir sie einfach falsch wahr. Dieser Film nun erzählte die ganze Wahrheit über die nützlichen Räuber der Meere: Für das empfindliche Gleichgewicht des Lebens im Meer sind Haie unverzichtbar. Sollte die Anzahl dieser gewaltigen Fische noch deutlicher zurückgehen, wird das erhebliche Auswirkungen auf das Gesamtgefüge haben. Mit dem Töten der Haie gefährden wir letztlich unser eigenes Leben.

An diesem Abend, meine Pilgerreise lag schon eine Weile zurück, dachte ich wieder einmal über den ethischen, achtungsvollen, einsichtigen Geist nach. Das ist ein erwachter Geist, der sehr klar sieht, dass Leben ein durchgängig vernetztes Ganzes ist, das einer einzigen Quelle entspringt – und dass folglich alle Kreaturen das menschliche Leben mittragen. Wer sich dessen bewusst ist, tötet nicht mehr so leicht. Denn der achtsame Geist zeichnet sich durch natürliche Moralität aus: Wenn wir unsere Verbundenheit mit anderen spüren, müssen wir dann noch aufgefordert werden, ihnen nicht zu schaden?

Deshalb wird es Thich Nhat Hanh nicht müde, die große Bedeutung der Achtsamkeit hervorzuheben: »Rechte Achtsamkeit ist das Herzstück der Lehren des Buddha.« Achtsamkeit bedeutet grundsätzlich, dass wir das im Augenblick Gegebene wirklich wahrnehmen. Für die Ausbildung der »rechten Achtsamkeit« benannte der Buddha im Satipatthana-Sutta vier Übungsobjekte: Körper, Gefühle, Geist und Geistobjekte. Zu diesen vier Übungsansätzen sagt Thich Nhat Hanh in *Das Herz von Buddhas Lehre*: »Ohne sie ist unser Haus verwahrlost. Niemand kehrt den Boden, niemand wischt Staub, niemand räumt auf. Unser Körper verwildert, unsere Gefühle sind leidvoll, unser Geist ein Knäuel von Plagen.«

Als ich Thich Nhat Hanh über die Achtsamkeitslehre des Buddha sprechen hörte, prägte sich mir besonders die Gleichsetzung der rechten Achtsamkeit mit einer sittlichen Lebensführung ein, mit dem also, was im Buddhismus *Sila* genannt wird. Ich verdanke Thay die Erkenntnis, dass Achtsamkeit und Sittlichkeit grundsätzlich austauschbar sind: Ein wahrhaft bewusster Mensch ist auch ein moralischer Mensch. Solange wir bewusst wahrnehmen, was wir tun, ist ethisches Verhalten die natürliche Folge. Leider jedoch vernebeln wir uns oft selbst die Sicht. Thay zieht die Verbindung zwischen Achtsamkeit und den sittlichen Geboten des Buddha: »Achtsamkeit ist der Kern buddhistischer Meditation und zugleich die Praxis der sittlichen Gebote. Ihr könnt nicht meditieren, ohne die Gebote zu üben.« Da haben wir es: Übung macht den Meister. Das ganze »Du sollst nicht töten«, mit dem ich in Schultagen ständig gefüttert wurde, hatte nicht zur Folge, dass ich dieses Gebot wirklich verinnerlichte. Die Meditation dagegen führt es mir direkt vor Augen: Es ist einfach nicht gut, Lebewesen zu töten.

Die Hummer hören das sicher gern.

Noch scheint die Sonne im Klostergarten, wo Katzentöter Charlie und ich sitzen und fröhlich Mandelkekse knabbern, die vom Mittagessen übrig geblieben sind. Nachdem er auf die Lehren Thich Nhat Hanhs gestoßen sei, erzählt er, habe es nicht mehr lange gedauert, bis er seine Arbeit aufgab. Als Katzentöter habe er sich ganz miserabel gefühlt und sei in einer tiefen Depression versunken. Offenbar waren es aber nicht nur die Katzenmassaker, die den Neufundländer aus der Bahn geworfen hatten. Mit seinen persönlichen Beziehungen stand es auch nicht zum Besten; er hatte bereits zwei gescheiterte Ehen hinter sich. In der turbulentesten Zeit, gesteht er, unterhielt er intime Beziehungen zu drei Frauen gleichzeitig. Einmal tauchten zwei von ihnen überraschend bei derselben Party auf und die dritte hatte er gerade am Handy. Doch, man kann sich durchaus vorstellen, dass dieses Leben nicht gerade stressfrei war. Sein kompliziertes Privatleben, sagt Charlie, habe ihn in so große Nöte gebracht, dass bald alles den Bach hinunterging. Er sammelte einen Schuldenberg an, der wuchs und wuchs, bis schließlich die private Insolvenz drohte. Auf dem Höhepunkt dieser Krise wurde Charlie bewusst, dass er sein Leben grundsätzlich ändern musste, wenn er sich nicht buchstäblich selbst zerstören wollte.

Er sieht mich mit seinen blauen Augen an und sagt, am Rande des Untergangs sei ihm plötzlich etwas aufgegangen. Viele Jahre zuvor hatte er einmal ein Stück Land gekauft, das seither erheblich im Wert gestiegen war. Das, beschloss er, würde er jetzt verkaufen. Auf diese Weise konnte er mit einem Schlag alle Schulden begleichen. Darüber hinaus achtet er seither auf einen klügeren Umgang mit seinen Finanzen. Heute hat er ein weitaus weniger kompliziertes Leben und genießt es – kein Alkohol, kein Fleisch und seit vier Jahren eine einzige feste Liebesbeziehung. Bei sich zu Hause bieten die beiden mittlerweile regelmäßig Schreibworkshops und Meditationskurse an. Als guter Neufundländer versteht sich Charlie auch aufs Singen, und darin erinnert er mich an meine liebe Schwägerin Janice.

Ich verabschiede mich von ihm und gehe zum Wohnhaus zurück. Unterwegs kommt mir der Gedanke, dass wir ja alle ständig unseren Geist bei uns haben und damit jederzeit und überall zu einem dauerhaft vernünftigen Ich zurückfinden können. Im Bemühen um Klarheit und Achtsamkeit werden wir auch moralisch integer. Man muss uns dann nicht mehr erst beibringen, was richtig ist und was falsch. Durch das Praktizieren von Achtsamkeit stellt sich die Moral ganz von selbst ein – so, wie es auch bei dem früheren Katzenkiller Charlie der Fall war.

❧ 4. Tag ☙

Gesammelter Geist *(Samadhi)*
Das Licht in der Wirbelsäule

Über alle Mittel, die wir benötigen, verfügt unser Geist.

THEODORE ROOSEVELT

Thay hält eine gelbe Rose in der Hand. »Wenn ihr der Rose achtsam begegnet, seid ihr auch auf sie konzentriert. Achtsam und konzentriert zu sein bedeutet, dass ihr die Rose erkennt, einen gewissen Einblick in sie habt.« Auf diesen kurzen Nenner verdichtet Thich Nhat Hanh anhand der Rose die komplexe buddhistische Lehre von Achtsamkeit, Konzentration und Einsicht beziehungsweise Erkenntnis (*Sila*, *Samadhi* und *Prajna*).

Ganz wichtig ist es nach seinen Worten zudem, die Verbundenheit und wechselseitige Abhängigkeit dieser drei Faktoren zu verstehen. »Die Energie der Konzentration ist in der Achtsamkeit enthalten, die Energie der Einsicht in der Konzentration.« Zur Verdeutlichung hat er auf die Tafel geschrieben: Achtsamkeit ⇔ Konzentration ⇔ Einsicht. Auf diesem Wege geht uns urplötzlich das Wesen der Wirklichkeit auf – in diesem Fall die Wahrheit der Rose.

❧☙

Bis jetzt ist Thich Nhat Hanh eine verehrte Erscheinung in der Ferne gewesen. Ich habe ihn bei der Eröffnungsfeier dieses Retreats kurz gesehen, als er uns Pilger willkommen hieß, aber heute werde ich ihn direkt vor mir haben. Ich sitze ganz vorn in der Buddha-Halle von Upper Hamlet am Boden und bin gespannt wie vor dem Auftritt eines berühmten Rockstars, nur dass ich an den Meister hier viel näher herankomme, denn mein blaues Kissen liegt in der zweiten Reihe. Hinter mir Reihe um Reihe von Mönchen, Nonnen und Laien, ebenfalls alle auf ihren blauen Kissen. Rechts von mir ist die Tür, durch die Thich Nhat Hanh eintreten wird.

Es wird ganz still. Gleich darauf bewegt sich völlig laut-los und wie von Zauberhand hierher versetzt eine täu-schend klein wirkende Gestalt durch den Raum. Thich Nhat Hanh streift die Schuhe ab und nimmt die braune Winterkappe vom Kopf, um sie einem Mönch zu reichen. Die großen Ohren des vierundachtzigjährigen Zen-Meis-ters strahlen Weisheit aus und flankieren das von tiefer Er-kenntnis zeugende Portal seines Gesichts wie zwei pracht-volle Skulpturen. In seinem Gesicht liegt etwas, das verrät, dass er Dinge gesehen hat, die nicht viele sehen. Außerdem wirkt Thay bestimmt fünfzehn Jahre jünger, als er tatsäch-lich ist. Kann man einen vierundachtzigjährigen vietname-sischen Mönch süß nennen? Aber da ist dieses Kindliche in der Transzendenz seines Gesichts. Sieht so die Erleuch-tung aus? Sein Blick geht nicht über die vielen Hundert Menschen, die hier versammelt sind. Das wird sich aller-dings ändern, sobald er zu sprechen beginnt. Bei seinen ers-ten Worten schon werde ich das Gefühl bekommen, dass er direkt zu mir spricht.

Er gleitet zu dem Platz, von dem aus er sprechen wird. Ich verfolge jede kleinste Bewegung der geradezu schwebenden Gestalt. Noch hat er nichts gesagt, und doch lausche ich ihm schon wie gebannt. Er nimmt behutsam eine gelbe Rose aus einer Vase, wendet sich um und sagt: »Eine Rose ist keine Rose, deshalb ist sie wahrhaft Rose.«

Und dann passiert es. Ich habe dergleichen auch früher schon empfunden, aber es ist immer wieder köstlich. Etwas Warmes, geradezu Summendes breitet sich auf der Höhe der Schulterblätter um meine Wirbelsäule aus – während auf meinen Lippen ein Lächeln entsteht. Da sitze ich nun zwischen all diesen fremden Menschen und habe ein kleines Geheimnis – meine summende Wirbelsäule. Zugleich empfinde ich voller Glückseligkeit, dass alles an seinen Platz findet und sich zu einem Ganzen fügt. Jetzt, in diesem Moment, ist alles vorhanden, was ich je brauchen könnte, um mich geborgen zu fühlen. Mein buddhistischer Superstar singt. Andere empfinden sicher ihre ganz eigene Art der Freude. Ich fühle mich vor allem leicht, so leicht in meiner Konzentration auf diesen Mönch, der in meiner Wirbelsäule das Licht entfacht. Ich fühle mich wie in einer wärmenden Blase, spüre, wie mein ganzer Körper weich wird, und denke: »Gott sei gedankt für Thich Nhat Hanh.«

Später denke ich über mein erstes Erlebnis in der Gegenwart Thich Nhat Hanhs nach. Es geht auf Weihnachten zu, vielleicht kommt mir deshalb der Grinch aus meinem Lieblingsweihnachtsbuch *Wie der Grinch Weihnachten gestohlen hat* in den Sinn. Darin stiehlt der Weihnachtshasser

Grinch alle Weihnachtsgeschenke der Bewohner von Whoville, damit ihnen die festliche Stimmung gründlich vergeht. Aber wie muss er staunen, als er später mitbekommt, dass die Leute trotzdem feiern. Und als der alte Miesepeter all die auch ohne Geschenke frohen Gesichter sieht, geht ihm endlich ein Licht auf: Weihnachten hat gar nichts mit Geschenken zu tun. Sein Herz öffnet sich (man könnte vielleicht auch sagen, dass das Christusbewusstsein in ihm erwacht), er strahlt, und auf einmal weiß er, was wirklich glücklich macht: Liebe und Mitgefühl.

Ich sehe mir die Gleichung auf der Tafel vor mir an und notiere sie mit Feuereifer:

Achtsamkeit ⇔ Konzentration ⇔ Einsicht.

Das also ist es. Diese drei kompakten Wörter stehen für das ideale Leben. Die Doppelpfeile deuten ihre Verbundenheit und Interdependenz an: Wenn ich achtsam bin und das Vorhandene bewusst wahrnehme, vertiefe ich meine Konzentration, die mir daraufhin zu Erkenntnissen über den Gegenstand meiner Aufmerksamkeit verhilft. Thay hat die Rose in die Vase zurückgestellt. Ich schaue sie an, und mir fällt auf, dass sie sich von allem unterscheidet, was Nicht-Blume ist. Sobald ich sie aber tiefgründiger betrachte, sehe ich auf einmal, dass auch an der Rose etwas von »Nicht-Blume« ist. Es kommt mir vor wie ein Durchbruch zu etwas Wesentlichem. Tatsächlich hat ja jedes Ding Bestandteile, die etwas anderes sind als seine Ganzheit. Eine gelbe Rose besteht aus Dingen, die jedes für sich nicht gelbe Rose sind, und erst aus ihrer Zusammenfügung entsteht eine wunderbar duftende Pflanze mit schönen Blütenblättern. Sonnenschein, Wolken, Zeit, Erde, Mineralstoffe, Luft, Gartenarbeit und vieles mehr kommen in einer Rose zusammen. Ohne all diese Elemente, die Nicht-Blume sind, kann die Blume nicht sein. Erst wenn wir unsere Vorstellungen von »Rose« ablegen, sehen wir die wahre Rose. Wenn man das erfasst hat, dieses »Nicht-Ich«, wie es im Buddhismus heißt, kann man Freiheit von Verzweiflung und Verwirrung erlangen.

»Weil sich Achtsamkeit, Konzentration und Einsicht gegenseitig unterstützen«, erklärt Thay, »verstärken sie einander auch. Eine Verbesserung eines der drei Elemente stärkt also auch die beiden anderen.«

Sie sind zugleich auch drei der acht Glieder des edlen achtfachen Pfades, den der Buddha als den Weg zu wahrem Wohlbefinden lehrte. Erste Bekanntschaft habe ich damit schon am ersten Tag meines Aufenthalts im Kloster geschlossen. Nun erläutert Thay die entscheidende Bedeutung der Achtsamkeit. Wenn sie von der richtigen Art ist, sind auch die anderen sieben Glieder des achtfachen Pfads gegeben, und man versteht die vier edlen Wahrheiten. Rechte Achtsamkeit ist die Grundlage für alles andere, die Energie, die uns dahin zurückbringt, wo sich alles abspielt: in den gegenwärtigen Augenblick.

Mir geht durch den Sinn, wie oft ich es an Konzentration habe fehlen lassen, wie oft ich etwas getan habe, ohne die möglichen Folgen zu bedenken, und was für Dummheiten ich mitunter begangen habe. Nun schließe ich die Augen und konzentriere mich ganz und gar auf Thays Worte. »Hier ist das leicht«, sage ich mir. Wenn ich mir das immer gegenwärtig halten könnte, wenn ich immer und überall und bei allem, was ich denke, sage und tue, in dieser Ausrichtung bleiben könnte – ah, das wäre etwas! Dann wäre mir immer bewusst, dass alles, was ich tue, Kreise zieht, und ich würde auch wissen, ob ein bestimmtes Vorgehen achtsam und folglich im ethischen Sinne richtig ist. Die Wahl habe ich natürlich immer. Und der Zusammenhang ist ja wirklich nicht schwer zu verstehen: Wenn ich es bei meinen ganz normalen Alltagsverrichtungen an Bewusstheit mangeln lasse, handle ich, ohne die Auswirkungen meines Tuns auf die Menschen und alle übrigen Lebewesen in der Welt zu berücksichtigen. Solange ich gar nicht recht mitbekomme, was ich tue, habe ich auch keine moralischen Bedenken, die Folgen für andere sind mir gleichgültig.

Thay hat seinen Vortrag beendet und den Saal so unauffällig verlassen, wie er eingetreten ist. Ich möchte für mich allein sein und spaziere durch die gepflegten Anlagen von Upper Hamlet mit ihren gelben Blumen und tiefblauen Pflaumen. Die Mönche und Nonnen haben es gut hier. Ich denke an erfolgreiche Menschen. »Menschen, die etwas wirklich beherrschen, sind zu tiefer geistiger Sammlung fähig, und das macht sie zu Könnern auf ihrem Gebiet. Um Qualität hervorzubringen, ist ein konzentrierter Geist genauso wichtig wie der Anfängergeist.« Ich denke diesen Gedanken weiter: »Und nicht nur das, sondern dieser auf den Punkt ausgerichtete Geist bekommt sehr genau mit, was er tut und welche Folgen sein Tun hat.«

Mein Faible für die Naturwissenschaften bringt mich auf die Ameisenexpertin Deborah Gordon. Ich stelle sie mir als mit einer Art Samadhi-Geist begabt vor. Fünfundzwanzig Jahre lang hat sie in der Wüste von Arizona Ameisenbauten beobachtet und vermessen, und sie fand etwas heraus, was der herkömmlichen Auffassung widersprach, dass sich Ameisenbauten nach der Art organisierter Systeme entwickeln. Sie sah vielmehr Zufall, Anpassung und Chaos als die treibenden Kräfte. Das ist deshalb wichtig, weil der an Ameisenbauten erkennbare Systemzusammenhang möglicherweise auf die Entwicklung anderer komplexer Systeme wie etwa des menschlichen Gehirns übertragbar ist. Vereinfachend gesagt können wir bei der Beobachtung von Ameisen etwas über unsere eigene Vielschichtigkeit erfahren. Jedenfalls stellt Deborah Gordons erstaunliche Konzentrationsfähigkeit sicherlich eine unschätzbar wertvolle Ressource dar.

Ameisen sind unglaubliche Kreaturen. Nach der Rückkehr von meiner Pilgerreise stieß ich auf die verblüffende Tatsache, dass die Ameisen dieser Welt – 2007 nach einer von dem Biologen Edward O. Wilson angestellten Berechnung zehn Billiarden – zusammen ungefähr so viel wiegen wie die damals etwa 6,5 Milliarden Menschen. Ob sich die Ameisen wohl so schnell vermehren wie die inzwischen sieben Milliarden Menschen?

Versehentlich trete ich beim Schlendern durch die Anlagen auf eine tiefrote Pflaume, und dabei geht mir durch den Kopf, ob wohl auch Ausnahmemusiker diesen Samadhi-Geist haben. Eine Zeit lang durfte ich einem exzellenten Geiger Yoga- und Meditationsunterricht erteilen. Lukes Interesse an Meditation rührte von einem spontanen Erwachen her, das er erlebt hatte, als er auf einem Felsen an einem See saß. Wie er mir erzählte, hatte er sich so ausschließlich auf das Wasser und den Himmel konzentriert, dass er sich selbst vollkommen vergaß. Für einen Moment stand die Zeit still. Er war das Wasser. Er war der weite, offene Himmel. Das hielt nur einen Augenblick an, war aber unbeschreiblich schön. Er wusste, es hatte etwas damit zu tun, dass er einen Augenblick lang ausschließlich auf die ihn umgebende Natur ausgerichtet gewesen war. Nach dieser Offenbarung wollte er unbedingt wissen, was es mit unserem Geist auf sich hat.

Thich Nhat Hanh wird nicht müde zu betonen, wie wichtig es ist, die Lehren des Buddha in unserem modernen Leben anzuwenden. Während ich noch über das Gelände schlendere, betrachte ich die Ameisenforscherin unter dem Gesichtspunkt dieser Lehren. Wenn Deborah Gordon eine Ameise achtsam betrachtet, wird sie auch auf sie konzentriert sein, folglich erkennt sie die Ameise. Sie gewinnt Einblicke, gelangt zu Erkenntnissen. Damit weiß sie dann auch mehr über den Stellenwert der Ameise im Gesamtzusammenhang; sie kommt dem Wesen der Realität auf die Spur. Und deshalb denke ich, dass die Ameisenforschung befreiend auf ihren Geist wirkt. Ihre Untersuchungen gaben ihr auch wertvolle Aufschlüsse über den Menschen. Achtung vor dem Leben selbst der kleinen Krabbeltiere wurde ihr zur Selbstverständlichkeit.

Ganz ähnlich ist es für Luke den Geiger. Je eindeutiger er sich darauf konzentrierte, seiner Violine genau den richtigen Ton zu entlocken, desto bewusster wurde ihm sein Handwerk, desto achtsamer ging er ihm nach. Sein Wissen wuchs, was die Musik, aber auch das Instrument selbst anging. Jeder Geigenvirtuose wird Ihnen bestätigen, dass sowohl das verwendete Holz als auch die Kunst des Geigenbauers – die »Nicht-Violine«-Anteile – von entscheidender Wichtigkeit für die Qualität des Instruments sind. Wie eine Rose besteht auch eine Violine aus Dingen, die nicht Violine sind. Erst im Zusammenkommen dieser Elemente entsteht die Violine. Wieder trete ich auf eine Pflaume, und das löst bei mir die Einsicht aus: Alles besteht aus Dingen, die es selbst nicht ist, und das ist es, was der Buddha über »Nicht-Ich« lehrte. Eben jetzt ist mir das alles sonnenklar.

Am Ende meines Spaziergangs sehe ich deutlich, was die Lehre des Buddha mit allen diesen Menschen zu tun hat. Wir mögen Ameisenforscherin oder Musiker sein, Balletttänzerin, Zimmermann, Schriftsteller, Architektin, Floristin, Pokerspieler oder Imker, das ist nicht das Entscheidende. Wichtig ist vielmehr die Tiefe unserer Konzentration. Oder wie Einstein sagte: »Dieser Weg des Forschens und Entdeckens ist selbst Grund genug für die Suche nach Antworten.«

Es ist der erste Tag aufregender, ergreifender grinchartiger Aha-Erlebnisse für mich. Es werden noch viele folgen. Ich hoffe, ich bin nicht ganz so »grinchig« wie der Grinch vor seiner Erleuchtung. Und vielleicht verfüge ich ja auch über etwas mehr Bewusstheit als der grüne Griesgram ursprünglich. Aber kein Zweifel, Thich Nhat Hanhs Gegenwart verändert mich. Mein an diesem kostbaren Tag so vernehmlich schnurrendes Herz scheint dafür zu sprechen, dass die Worte dieses sanftmütigen Mönchs, geäußert aus tiefem Mitgefühl mit allen Lebewesen, Liebe und Einsicht in mir wecken.

Mein Haus bestellen – so fängt es wohl an.

Das Bild des alten Meisters mit der gelben Rose in der Hand wird mir unvergesslich bleiben.

Einsichtiger Geist *(Prajna)*
Verdorbener Fisch lehrt auch etwas

Wenn es mit uns abwärts geht, ist die Weisheit
oft näher als im Aufschwung.

WILLIAM WORDSWORTH

Als ich zwanzig war, habe ich mit meinem Freund Urlaub in der brasilianischen Küstenstadt Recife gemacht. Eines Abends gingen wir Hand in Hand den Strand vor unserem Hotel entlang, als wir uns plötzlich von drei Straßenkindern umstellt sahen. Das älteste richtete eine Pistole auf uns.

Es ist später Nachmittag. Ich liege auf meinem Bett und lese *Das Herz von Buddhas Lehre*. Thich Nhat Hanh schildert darin einen Vorfall während des Vietnamkriegs. Ein amerikanischer Soldat bespuckte einen Novizen, was diesen zutiefst traf und verstörte. Der junge Mann, der erste Mönch, den Thay je ordiniert hatte, war so tief gekränkt, dass der Meister ihn eine volle halbe Stunde lang in den Armen halten musste, bis er sich wieder gefasst hatte. Dann erklärte er dem Novizen, dass er den Amerikaner nicht hassen dürfe. Er sagte: »Mein Sohn, du bist nicht zum Waffendienst geboren. Du bist zum Leben eines Mönchs bestimmt, und deine Macht liegt in Verständnis und Liebe. Der Soldat betrachtete dich als Feind. Er unterlag einfach einer Fehlwahrnehmung.«

Ich blicke von meinem Buch auf und überlege, wie es wohl sein mag, zum Töten ausgebildet zu werden. Amerikanische Soldaten waren darauf gedrillt zu glauben, es sei völlig in Ordnung, Vietnamesen zu töten.

Während des Vietnamkriegs formulierte Thich Nhat Hanh auch die fünf Übungs- beziehungsweise Schulungsformen der Achtsamkeit, Leitlinien eines ethischen Lebens, die er 2009 überarbeitete. Hier die erste Übung, Achtung vor dem Leben, in der Neufassung:

> Ich bin fest entschlossen, weder selbst zu töten noch zuzulassen, dass andere töten, noch irgendeinen Tötungsakt in der Welt stillschweigend zu dulden, nicht in meinem Denken und nicht durch meine Lebensweise. Da ich sehe, dass aus Zorn, Angst, Gier und Intoleranz, die wiederum auf dualistischem, unterscheidendem Denken beruhen, schädliches Handeln entsteht, werde ich Offenheit, Nicht-Unterscheidung und das Nicht-Haften an Anschauungen in mir heranbilden und dadurch Gewaltbereitschaft, Fanatismus und Dogmatismus in mir selbst und in der Welt wandeln.

Das war es auch, was einen unglücklichen, Katzen tötenden Schürzenjäger in einen frohgemut meditierenden Ponchoträger verwandelt hatte.

Die Aussage könnte geradliniger kaum sein: Falsches Denken ist die Grundlage des Tötens. So direkt und tief greifend habe ich das noch nie bedacht. Hätte man mich gefragt, weshalb Menschen andere Menschen töten, hätte ich wahrscheinlich geantwortet, für eine solche Gewalttat gebe es mannigfaltige Gründe. Aber wie so viele große Meister versteht es Thay, komplexe Sachverhalte auf ihren Kern zu reduzieren. »Im Krieg herrscht die engstirnige und falsche Anschauung vor, Menschen existierten voneinander getrennt. Kriegstreiber sehen nicht, dass wir alle auf vielfältige Weise miteinander verflochten sind. Diese Unwissenheit schürt aber Angst und Ärger, und daraus resultiert ein gefährliches Festhalten an vorgefassten Meinungen. Dieses Festhalten macht gewaltbereit.« Ich klappe das Buch zu und schließe die Augen.

»Wie kann ein Kind mit einer Pistole auf mich zielen? Kinder sollten doch eigentlich spielen.« So hatte ich damals gedacht, als ich nach der Begegnung am Strand wieder im sicheren Hotelzimmer war. Später wurde mir natürlich klar, dass diese Kinder in bitterer Armut ums Überleben kämpften und sich deshalb solche Waffen verschafften und sie auch einsetzten.

Heute weiß ich um die Verflechtungen, von denen die brasilianischen Straßenkinder in Richtung Gewalt getrieben wurden. Thay lässt mich die einseitige Sicht der Dinge erkennen, der wir alle nur zu leicht verfallen. Natürlich sind Kinder nicht selbst für die Entstehung ihrer falschen Anschauungen verantwortlich, aber in einer brasilianischen Favela kommt es natürlich leicht zu solchen Fehlentwicklungen. Es gibt einfach Kinder, für die der Luxus des Spielens nicht existiert. »An Gewaltakten sind nicht die Kinder schuld«, denke ich. »Kindern kann man leicht verzeihen, woher sollten sie wissen, was sie da tun? Aber Thay kann auch einem Soldaten verzeihen, einem Erwachsenen, der selbst zu entscheiden vermag, was er denkt, und dem es dann einfällt, einen Mönch zu demütigen, der nichts Böses im Schilde führt.« Thay wusste sofort, dass dem amerikanischen Soldaten, der einen friedlichen Mönch bespuckt hatte, kein Vorwurf zu machen war. Das ist das Außergewöhnliche an ihm: Alles ist ihm so vollkommen klar. Kein Mensch muss für irgendetwas beschuldigt werden. Diese Sicht der Dinge hat etwas ungemein Befreiendes.

Nach Thays Dharma-Vortrag am Vormittag gab einer der leitenden Mönche bekannt, dass heute die seltene Gelegenheit bestehe, Thay Fragen zu stellen. Sofort hob ein gut aussehender junger Australier die Hand. Er schien etwas Dringendes auf dem Herzen zu haben. Ein paar Tage später wird dieser junge Mann davon erzählen, wie schrecklich er Frauen behandelt hat. Das wird vor einem großen Kreis von uns sein, und zwar im Rahmen einer Diskussion über die dritte Achtsamkeitsschulung, bei der es um sexuelles Verhalten und Fehlverhalten geht. Während ich von seinem frauenverachtenden Treiben erfahre, werde ich dankbar an meine bisherigen Liebespartner zurückdenken, die es mir gegenüber nie an Achtung fehlen ließen.

In der Fragestunde stand der Australier auf und fragte ganz direkt, ob er Mönch werden solle oder nicht. Ich staunte. Wie der junge Mann berichtete, spielte er mit dem Gedanken, Mönch zu werden; neuerdings aber widerstrebe ihm diese Vorstellung, und er habe den starken Wunsch, nach Hause zu fahren. Er sah Thay direkt an und fragte: »Soll ich bleiben oder gehen?«

Man könnte nun meinen, dass ein Mönch, der den Weg des Klosterlebens als hilfreich empfindet, ihn auch empfehlen würde. Thich Nhat Hanh aber sagte: »Bleiben oder gehen ist einerlei.« Das fing ja gut an, ich war begeistert. »Darum geht es nicht. Worum geht es? Kannst du tief in dich hineinschauen, Kontakt zu deinen Gefühlen aufnehmen und sehen, um was es sich handelt, um letztlich zu erkennen, dass du nur Bruchstücke wahrnimmst? Betrachte dann auch alle anderen Aspekte. Lass dich nicht von irgendeinem Gesichtspunkt vereinnahmen. Lass deinen Blick weit werden, dann kommst du irgendwann zu einer guten Entscheidung.«

Wieder staunte ich. Woher nimmt Thich Nhat Hanh eine so vielschichtige und weise Antwort, und das aus dem Stegreif? Ich fange an zu verstehen, dass er tatsächlich die Fähigkeit besitzt, uns augenblicklich in die Höhen der Erkenntnis zu versetzen.

Um das Gesagte zu vertiefen, erzählte er von den Fischen im Wasser:

Die Richtung, aus der du etwas betrachtest, ist deine Anschauung. Wir sprechen deshalb auch von Standpunkten. Wenn du einen Fisch von vorn betrachtest, siehst du seinen Kopf, und das ist dann deine *Anschauung* von diesem Fisch, deine Ansicht. Ein anderer betrachtet den Fisch vielleicht vom anderen Ende und sieht den Schwanz. Von der Seite betrachtet, entsteht wieder ein anderes Bild. Es gibt viele Ansichten von diesem Fisch. Mit nur zwei Augen ist es nicht möglich, den ganzen Fisch auf einmal zu sehen, und so bleibst du am Ende deiner bestimmten Ansicht von diesem Fisch verhaftet.

Während ich diese Worte hörte, hielt ich die Augen geschlossen und verstand, dass ich die Dinge immer nur aus meinem Blickwinkel betrachte. Thay fuhr fort: »Wenn du nur an das glaubst, was du von diesem einen Blickwinkel aus siehst, wirst du andere Ansichten für falsch halten.«

Mit einem Mal sah ich einen silbrigen Fisch vor mir, den mein Blick in einer Art Schraubstock hielt, sodass ich nur eine Seite sehen konnte. Auf diese »Ansicht« würde ich dann festgelegt sein und hätte keine Ahnung, wie der übrige Fisch aussieht. Was kann man da machen? Thay weiter: »Wenn du andere Anschauungen an dich heranlässt, wirst du daraus lernen.« Mein Blick fiel auf einen Mönch rechts von mir am anderen Ende der Halle. Befände sich der vorgestellte Fisch an der Vorderseite des Raums, würde dieser Mönch ein ganz anderes Bild von ihm bekommen als ich von meinem Platz auf der linken Seite aus. »Wenn du von anderen Anschauungen lernst, transzendierst du deine eigenen«, fuhr Thay fort. »Wer von seinen eigenen Anschauungen absehen kann, kommt zu tieferer Einsicht, nämlich zur Gesamtheit *aller* Anschauungen.« Damit einem das möglich sei, sagte er schließlich, »müsst ihr fähig sein, wirklich von eurer bestimmten Sicht der Dinge abzulassen«.

Wir müssen bescheidener werden, sonst lernen wir nie etwas.

Oft sind wir uns ganz sicher, dass unsere Sicht der Dinge die richtige ist, und sind nicht mehr in der Lage, andere Möglichkeiten auch nur in Betracht zu ziehen. »Tun wir das nicht ständig?«, überlege ich. Es ist ein engstirniger Geist, meint Thay, der im Extremfall zu Gewaltakten verleitet.

In seinem Vortrag hatte Thay gesagt: »Wenn euer Geist rein ist, wird in eurem Sprechen und Handeln Schönheit liegen. Ist der Geist selbst unschön, zieht euer Sprechen und Handeln großes Leid nach sich.«

Es ist erst mein fünfter Tag im Kloster, aber mir ist bereits aufgefallen, dass Thay es bei seinen Unterweisungen nicht so mit der dunklen Seite der Dinge hat, er betont sie nicht eigens. Er weiß sehr wohl, dass es Leid gibt, aber es gibt eben auch Glück. Das sind Fakten. Ganz klar ist, dass es ihm um weniger Schmerz und mehr Freude geht. Als er in seinem Vortrag über die Notwendigkeit des Nicht-Haftens an unseren Anschauungen sprach, brachte er viele von uns zum Schmunzeln. Er erzählte nämlich von einem hoch angesehenen buddhistischen Lehrer, der sagte: »Der Dharma-Körper ist im Grunde ein Kuhfladen.« Anders ausgedrückt: Spirituelle Lehren sind Mist. Der berühmte Meister wollte den Menschen auf diese Weise zu verstehen geben, dass spirituelle Lehren einfach dazu da sind, uns zu vertiefter Einsicht zu verhelfen. Thay vergleicht die Lehren gern mit einem Boot. Ein Boot benutzt man zum Beispiel, um einen Fluss zu überqueren. Ist man einmal drüben, schleppt man das Boot nicht weiter mit sich herum, es wäre nur eine unnötige Belastung. Um also zu tiefer Erkenntnis zu kommen, muss man von seinen Anschauungen ablassen können. Auch von seinen Anschauungen über den Buddhismus.

Wieder geht mir die Möglichkeit durch den Sinn, mein langes blondes Haar abzuschneiden.

Kurz vor Beginn dieses Winter-Retreats in Plum Village war Thich Nhat Hanh in Indien. In seinem heutigen Vortrag kam er auf Mahatma Gandhi zu sprechen, der einmal gesagt hat: »Bei meinem Bemühen, die Wahrheit zu finden, habe ich viele Ideen abgelegt und vieles gelernt.« »Daraus geht hervor«, merkte Thay an, »dass Gandhi gelernt hatte, von seinen Ansichten abzusehen. Das machte ihn zu einem Weisen.«

Ich war entzückt, Thay über Gandhi sprechen zu hören, denn bei meinem Zwischenstopp in Paris hatte ich Gandhis Enkel Rajmohan kennengelernt, der sich auf einer Promotion-Tour für seine neue Biografie seines Großvaters in Frankreich aufhielt; und wie es der Zufall wollte, hatte ich davon erfahren. Da saß ich dann in Saint-Germain-des-Prés in einem Buchladen, der so brechend voll war, dass ich mit einer Treppenstufe Vorlieb nehmen musste, und lauschte gebannt einem faszinierenden Vortrag. Nun ja, ich hätte Rajmohan auf jeden Fall gespannt zugehört, was auch immer er sagen mochte. Es war einfach ein großes Glück, einen direkten Nachkommen des legendären Meisters und Friedensführers vor sich zu haben.

Nach Rajmohans Vortrag bestand Gelegenheit, Fragen zu stellen, und jemand erkundigte sich, was Rajmohan in diesem Leben noch erreichen wolle. Er sagte, er hoffe der Ungerechtigkeit in sich selbst auf die Spur zu kommen und sie auszuräumen, um damit etwas gegen das Unrecht in der Welt zu tun.

Dieser Abend hat unauslöschliche Spuren in mir hinterlassen.

Anschließend, auf dem Rückweg zu meiner für die Zeit meines Aufenthalts angemieteten kleinen Wohnung und noch in Gedanken an Rajmohans Worte, begann ich mich unwohl zu fühlen und schwitzte auch etwas. Mir kam der Verdacht, dass der Lachs, den ich zu Mittag verspeist und der so wunderbar frisch ausgesehen hatte, wohl doch nicht mehr ganz in Ordnung war. Das bestätigte sich. Mir wurde speiübel. Zum Glück erreichte ich mein Zuhause, bevor die

Katastrophe mit voller Gewalt losbrach. Und da fühlte ich mich dann in dem ganzen Elend mutterseelenallein und schutzlos. Seltsamerweise regte sich zugleich eine besondere Art von Mut in mir. Ich dachte: »Ich möchte einfach nur freundlich sein.«

In dieser langen Nacht kämpfte ich mich schließlich vom Badezimmerboden hoch, schaltete meinen Computer ein und schrieb der kompletten Belegschaft meines Adressbuches die folgende E-Mail: »Wer diese Mail von mir bekommt, gehört entweder zu meiner Familie, zu meinem engsten und weiteren Freundeskreis oder zum Kreis meiner Kollegen und näheren oder weitläufigen Bekannten. Das soll keinen Unterschied machen. Ich möchte euch einfach wissen lassen, dass ich mit freundlichen Gedanken an euch denke. Ich möchte immer umsichtig, rücksichtsvoll und freundlich mit euch umgehen.«

In seinem Vortrag hat Thich Nhat Hanh heute gesagt, Schmerz bringe oft Einsicht mit sich. Er mache uns aufgeschlossen dafür. So war es mir in jener einsamen, düsteren Nacht im wunderbaren Paris gegangen, als mich die Lebensmittelvergiftung erwischt hatte. Das war alles andere als angenehm. Aber in dieser Nacht weitete sich mein Blickfeld, wie ich jetzt weiß. Mir kam zu Bewusstsein, wie wichtig es mir ist, den Menschen in meinem Leben zu sagen, dass sie mir sehr am Herzen liegen. Meine Nachricht ging auch an Leute, die ich nicht so mochte, sogar an Leute, die von meiner ungestümen Emotionalität womöglich eher peinlich berührt waren. Bei guter Gesundheit bin ich nämlich eher zurückhaltend.

Ich wünschte nur, meine Eltern wären noch unter den Empfängern gewesen. Sie hätten natürlich sofort geantwortet, hätten sogar von mir erwartet, dass ich sie im Krankheitsfall anrufe. In dieser desolaten Nacht in Frankreich machte es mir arg zu schaffen, dass meine Eltern nicht mehr lebten, und der Abgrund von Übelkeit, in dem ich mich befand, wurde dadurch noch tiefer. Am nächsten Tag, als ich mich schon wieder ein wenig erholt hatte, erhielt ich massenhaft begeisterte Antworten, auch von Leuten, bei denen ich mir das gar nicht hätte vorstellen können. Da löste sich die dunkle Wolke über mir auf und frischer Lebensmut regte sich.

In Verbindung mit meiner Lebensmittelvergiftung hatte die Begegnung mit Gandhis Enkel offenbar einen Durchbruch bei mir bewirkt und zu jener inneren Öffnung und Weitung geführt, von der Thay heute gesprochen hat. Das Leben bietet uns allen immer wieder solche Chancen. Wir müssen diese Erfahrung jedoch irgendwie in uns verankern, sonst verrinnt sie wieder. Die Zen-Lehrerin Joan Sutherland beschreibt es mit den Worten: »Wenn wir nichts haben, womit wir diese Erfahrung vertiefen und festigen können, um in lebendiger Verbindung mit ihr zu bleiben, wird sie wahrscheinlich zu einer schönen oder frustrierenden Erinnerung verblassen, einer Erinnerung an das, was hätte sein können.«

Jetzt liege ich in meiner klösterlichen Zwergenzelle im Bett, und bevor ich einschlafe, fällt mir jener Abend in Brasilien ein. Da war diese Pistole, gehalten von einer Kinderhand, irgendwie in der Schwebe zwischen Leben und Tod. Ich erlebte einen Augenblick intensivster Konzentration und wusste zugleich, dass ich völlig machtlos war. Derweil plapperte mein Freund aus irgendeinem Grund, vielleicht aus Verlegenheit oder Ratlosigkeit oder auch einer gewissen Realitätsblindheit, einfach weiter; später sagte er, er sei davon ausgegangen, dass die Waffe nicht geladen war. Ich allerdings sah den Finger des Jungen am Abzug zucken. Das Ganze wirkte äußerst bedrohlich. Ich durchbrach diesen schwebenden Augenblick mit einem scharfen Blick, den ich meinem Freund zuwarf, dann lief ich los, er hinterdrein.

Lass nie die Möglichkeit außer Acht, dass die Pistole geladen sein könnte. Das ist die Erkenntnis, die mir von diesem Vorfall blieb.

Thich Nhat Hanh lehrt *engagierten* Buddhismus, und das umschreibt eine Haltung, in der wir uns voll und ganz auf das Leben einlassen. Auf sehr zupackende und gründliche Art nimmt er sich auch komplexer Sachverhalte an. In der Welt zu sein und sich wirklich auf sie einzulassen, anstatt irgendwo am Rand zu stehen, wo nicht viel von ihrem Getümmel zu spüren ist, erzeugt eine enorme Widerstandskraft und Flexibilität. Ein Mönch steht nicht über den Dingen. Wer meint, ein Mönch entsage einfach der Welt, um in einem nirwanaartigen Paralleluniversum zu leben, der weiß nichts vom Leben eines wahren Mönchs.

❧ 6. Tag ❧

Anhalten
Was die Glocke schlägt

*So vielen Leuten entgeht ihr Glück – nicht
weil sie es nicht gefunden hätten, sondern weil sie
nicht innehalten, um es auszukosten.*

WILLIAM FEATHER

An dem Tag, an dem mein Vater in Ottawa seinen Termin für eine große Herzoperation hatte, wussten meine Brüder und ich, die wir in Toronto lebten, nichts davon. Er hatte meiner Mutter verboten, uns über den bevorstehenden lebensgefährlichen Eingriff zu unterrichten. Mein Vater hatte eigentlich sein Leben lang ununterbrochen gearbeitet. Jeden Tag stand er um fünf Uhr auf und arbeitete schon ein paar Stunden, bevor er ins Büro ging. Wenn wir Übrigen aufstanden, sahen wir seine Papiere über den ganzen Esstisch ausgebreitet und ihn eifrig damit beschäftigt. Wenn er heimkam, hatten wir bereits gegessen, und der Abend verlief dann wieder so: Arbeit am Esszimmertisch. Er arbeitete auch an den Wochenenden.

»Wer immer so weiterlebt, wie er schon die letzten zwanzig Jahre gelebt hat, darf sich nicht wundern, wenn sich die köstlichen Augenblicke des Lebens einfach nicht einstellen. Ohne Anhalten keine tiefe Erkenntnis.«

Thich Nhat Hanhs Worte gellen mir förmlich in den Ohren, und dabei ist er nicht einmal persönlich anwesend. Es ist Nachmittag, und ich sitze mit ein paar anderen Pilgern in der Meditationshalle. Wir sehen uns das Video eines Dharma-Vortrags an. »Das Sein ist unsere eigentliche Praxis, nicht das Tun. Habt jeden Augenblick Freude an allem.« Auf dem Bildschirm formuliert Thay sehr klar, dass wir zu keinem tieferen Verständnis des Lebens kommen, solange wir nicht lernen anzuhalten. Erst die Pause gewährt uns Einblick in uns selbst und die Welt. Diese Form der Einsicht, die etwas ganz anderes ist als intellektuelles Verständnis, wird im Buddhismus *Vipashyana* (oder auch *Vipassana*) genannt. »Weisheit kann nur aus Erfahrung gewonnen werden.« Mit diesen Worten bestätigt mir der weise Mönch, wie um meinem Mut Gewicht zu geben, dass es für mich gut und richtig war, diese weite Reise zu unternehmen.

Heute Morgen, ich schenkte mir gerade grünen Tee ein, sah ich eine hochgewachsene hagere Frau mit kurzem kastanienbraunem Haar und randloser Brille im Türrahmen zwischen dem Speisesaal und dem Geschirrspülraum urplötzlich erstarren. Es war ein komischer Anblick, weil ihr Körper mitten in der Bewegung in der denkbar unmöglichsten Haltung einfror – sie musste sich am Türrahmen festhalten. Ihr Blick war der eines gehetzten Eichhörnchens, das unbedingt eine stark befahrene Straße überqueren muss.

Die Frau folgte einfach einer Anweisung, die hier zum laufenden Übungsprogramm gehört. Immer wenn eine »Glocke« ertönt, gleich ob Gong, Telefon oder eine Kirchenglocke in der Umgebung, halten wir inne. Für ein paar Augenblicke sollen wir dann bewegungslos bleiben, schweigen und nur auf unseren Atem achten. Anfangs erschien mir das ein wenig abwegig, aber ich gewöhne mich allmählich daran. Offenbar machen wir nicht gern zwischendurch halt, jedenfalls wirkt die hagere Frau in der Tür zum Spülraum irgendwie so, als habe das Haltmachen sie auf dem falschen Fuß erwischt.

Im Buddhismus gibt es die beliebte alte Geschichte von einem Pferd, das mit seinem Reiter durchgeht. Von außen sieht es so aus, als verfolge der Reiter ein äußerst wichtiges Ziel. »Wohin so eilig?«, ruft ihm jemand vom Wegesrand aus zu. »Keine Ahnung, frag das Pferd!«, schreit er zurück. Und sollten Zen-Geschichten nicht ausreichen, um uns die Unzweckmäßigkeit unseres Tuns zu verdeutlichen, hat der Philosoph noch etwas hinzuzufügen. Henry David Thoreau hat einmal gesagt: »Der Mann, dessen Pferd eine Meile pro Minute galoppieren kann, bringt nicht die wichtigste Botschaft.«

Unsere Gesellschaft richtet uns darauf ab, mit Überschallgeschwindigkeit unterwegs zu sein. Vor ein paar Jahren habe ich eine Freundin in New York besucht. An einem furchtbar schwülen Augusttag unterwegs zu einem Frühstückslokal in Manhattans Szeneviertel SoHo fiel ich immer weiter zurück und schwitzte trotzdem noch aus allen Poren. Meine Freundin drehte sich zu mir um und sagte: »Mary, du bist hier in New York, da musst du schon einen Zahn zulegen!« Da ist man dann für den Rest des Tages verschwitzt. Aber was soll's. Meine liebe Freundin, ich mag sie wirklich, war es einfach wie so viele von uns gewohnt, ständig mit hohem Tempo unterwegs zu sein. Wenn ich in dieser Stadt leben würde, der man nachsagt, sie schlafe nie, würde ich mich wahrscheinlich genauso abhetzen wie alle anderen.

Vor meinen vierzig Tagen im Kloster habe ich sie beobachtet, sowohl in London als auch in Paris: all die drahtigen schwarz gekleideten Menschen mit verkniffenen Gesichtern, in der einen Hand den Coffee to go, in der anderen das Handy, als wäre die Zeit ein peitschenschwingender Antreiber.

Wenn Thay sagt, das durchgehende Pferd sei unsere Gewohnheitsenergie, glaube ich es ihm sofort.

Thay setzt die Unterweisung der vier Pilger fort, die wie Schulkinder mit großen Augen in der Meditationshalle sitzen und einem tollen Märchen lauschen. Nur dass es sich um wahre Geschichten handelt.

»Vom Verstand her wisst ihr, dass das Leben schön ist, aber eure Sorgen, euer Ärger, eure Ängste versperren euch den Zugang zu dieser Schönheit. Macht euch also frei von allen Wünschen, von Neid, von all den Vorhaben … Solange ihr auf Ruhm, Macht und Erfolg aus seid, könnt ihr nicht frei sein.«

2007 startete Gene Weingarten, Kolumnist der *Washington Post*, ein Experiment in einer Washingtoner U-Bahn-Station.

An einem kalten Januarmorgen stellte sich dort ein Mann hin und begann auf seiner Geige zu spielen. Er blieb etwa eine Dreiviertelstunde lang und spielte sechs Stücke von Bach. Es war Rushhour, unzählige Menschen strömten durch den U-Bahnhof, die meisten auf dem Weg zur Arbeit.

Nach drei Minuten bemerkte ein Mann mittleren Alters den Musikanten. Er verlangsamte seinen Schritt, blieb sogar kurz stehen, um dann aber gleich wieder weiterzueilen. Eine Minute später warf eine Frau ohne stehen zu bleiben einen Dollar in den Geigenkasten. Kurz danach lehnte sich ein Mann an die Wand und lauschte dem Violinspiel, warf jedoch gleich darauf einen Blick auf die Uhr und setzte seinen Weg fort. Ein dreijähriger Junge zeigte sich sehr interessiert und wollte zuhören, aber seine Mutter zog ihn weiter. Er drehte sich noch ein paarmal um. Bei anderen Kindern war es ähnlich. Ihre Eltern wollten sich nicht unnötig aufhalten lassen.

In der ganzen Dreiviertelstunde blieben nur sechs Leute stehen, um eine Weile zuzuhören. Zwanzig Passanten warfen Geld in den Geigenkasten, ohne zu verweilen. Die gesamten Einnahmen beliefen sich auf 32 Dollar. Als der Mann schließlich aufhörte zu spielen, fiel es niemandem auf, es gab keinen Schlussapplaus, nichts.

Eine einzige Frau erkannte den Musiker. Es handelte sich um Joshua Bell, einen der berühmtesten Geigenvirtuosen der Welt. Auf einer unbezahlbaren Stradivari gab er höchst anspruchsvolle Stücke von Bach zum Besten. Zwei Tage zuvor hatte er in Boston vor ausverkauftem Haus gespielt, zu einem Durchschnittspreis von 100 Dollar pro Eintrittskarte.

Sein Auftritt als Straßenmusiker war Bestandteil einer Studie, in der es um Wahrnehmung, Geschmack und Prioritäten der Leute ging. Der *Washington Post* zufolge wollte man unter anderem den folgenden Fragen nachgehen: Nehmen wir Schönheit wahr, wenn sie in einer Alltagssituation zu einer »unpassenden« Zeit geboten wird? Nehmen wir uns Zeit dafür? Erkennen wir hohes Können an einem Ort, an dem wir es nicht erwarten? Wenn wir derart in Eile sind, dass wir es nicht erkennen, wenn höchst anspruchsvolle Musik von einem Ausnahmemusiker dargeboten wird – wie viel entgeht uns dann wohl sonst noch?

Im weiteren Verlauf des Videos von Thays Dharma-Vortrag geht es darum, dass wir uns in einem Traum bewegen. Wir haben noch nicht realisiert, dass wir »Tuchfühlung zum gegenwärtigen Augenblick brauchen, um wahren Frieden und wahres Glück zu finden«. »Buddha« leitet sich von der Silbe *budd* ab, die »wach« bedeutet. Ich verstehe jetzt, weshalb hier in Plum Village die Meditation im Gehen so großgeschrieben wird. Thay vermittelt uns, wie man *geht*. Auf dem Bildschirm erklärt er gerade, wie wir beim Gehen ankommen können:

> Wenn ihr einen Schritt tut, sagt euch: »Ich bin im Hier und Jetzt angekommen.« Das ist keine Aussage … lasst es Wirklichkeit sein. Euer Leben lang seid ihr umhergehetzt, und wohin hat es euch gebracht? Gestattet es euch anzukommen, lasst euch vollkommen auf jeden Schritt ein … um wirklich anzukommen. Seid in eurer Fußsohle, dann wird es ein wahrer Schritt, ein fester Schritt. Euer Fuß ist dann wie ein kaiserliches Siegel, auf dem steht: »Ich bin angekommen.«

Viele Tage später werde ich das noch einmal von Thay hören, dann aber live.

Das kontemplative Gehen auf dem Klostergelände hat nicht das Geringste mit meinen gehetzten Schritten in

New York gemein. Es sieht auch äußerlich anders aus als bei der grauen Masse von Kaffeebecherträgern in London oder Paris. Was würden sie wohl sagen, wenn ich sie anhielte und aufforderte, in ihren Fußsohlen zu sein? Sie würden mich ansehen, als hätte ich sie nicht alle. Kann man in einer hektischen Großstadt überhaupt achtsam gehen? Ich überlege, was beim achtsamen Gehen eigentlich passiert.

Thich Nhat Hanh nennt es »wie der Buddha gehen«. Seit ein paar Tagen verfolge ich genau, wie Thay geht, und beobachte, dass seine Bewegungen von anderer Qualität sind als meine. Er setzt seine Schritte sorgsam, aber fest. Sie sind fließend. Sie sind langsam. Meine Schritte haben etwas Unbedachtes, sie sind ungleichmäßig, unrhythmisch. In der Gruppe will ich immer schneller gehen als die anderen, immer. Aber manchmal bekomme ich einen flüchtigen Eindruck vom Fließen der Schritte. In diesen Sekunden scheint es mir, als stünde die Zeit still. Thay sagt, man sei dann ganz im gegenwärtigen Augenblick. Bei mir kommt es selten vor und fühlt sich herrlich an. Ich zerbreche mir dann nicht den Kopf über Vergangenes und ergehe mich nicht in zwanghaften Zukunftsplanungen. Vor allem aber bin ich nicht von mir selbst getrennt. Geist und Körper halten zusammen.

Zu solchen einsichtsschwangeren Augenblicken kommt man nicht mit verschwitzten Großstadtschritten. Aber wenn ich das Tempo drossele und auf »Tuchfühlung« mit dem Augenblick gehen kann, wie Thay es nennt, fühle ich mich besser, leichter und lebendiger. Ich nehme meine Umgebung wahr. Ich sehe den Pflaumenbaum, rieche das feuchte Gras, höre den Zaunkönig, spüre die kühle Luft im Gesicht. Seltsamer Gedanke, dass ich die meiste Zeit eigentlich nichts um mich her sehe, höre, rieche oder fühle, jedenfalls nicht so wie hier. Aber vielleicht gehört das zum Leben in der Großstadt. Vielleicht wollen wir nicht wahrhaben, dass wir auf Asphalt leben, die Köpfe bedrängt von Stromleitungen. Vielleicht deshalb die ganze Hektik: um unsere Empfindungen abzustumpfen.

Heute ist mein sechster Tag, Gongs und sonstige Wecktöne sind mir inzwischen ans Herz gewachsen. Ich denke an die erstarrte Frau im Türrahmen zurück. Sie ist den ersten Tag hier. Nach ein paar Tagen wird sie die Sache vielleicht nicht mehr gar so ernst nehmen. Ich mag die Pausen inzwischen. Beim Anhalten finde ich wieder Anschluss an mich selbst. Vielleicht ist meine Atmung nicht, wie sie sein sollte, vielleicht bin ich im Gespräch nicht wirklich wach. Beim Pausieren aber besinne ich mich und kann dann eventuell notwendige Änderungen vornehmen. Ein Glockenton holt mich in den Raum der Kontemplation zurück, und das ist gut so. Auch wenn sich das Anhalten der Bewegung immer noch etwas merkwürdig anfühlt, allmählich sehe ich, dass es gut ist, um zu dem zu kommen, was Thich Nhat Hanh *Shamatha* nennt, zum »ruhigen Verweilen« oder eben Anhalten. Shamatha ist ein sehr wichtiger Aspekt der Meditation.

Musste ich erst übers Meer in ein fernes Kloster ziehen, um den Duft von Laub auf feuchter Erde zu riechen? Hier im ländlichen Frankreich bin ich von der Schönheit der Natur umgeben. Gleich vor dem Wohngebäude trete ich ein in die Landschaft der wogenden Hügel, der Apfel- und Pflaumenbäume, der ineinander verwachsenen Weinstöcke und der jetzt goldbraunen Sonnenblumen. Welche Pracht! Es ist eine Welt, die Aufmerksamkeit geradezu gebietet und in der sich die Sinne gleichsam zuspitzen. Alles rings-um wird mir bewusst, auch mein Platz inmitten dieser Schönheit. Wieso geht das zu Hause nicht?

Erinnerungen an meinen Vater den Workaholic begleiten mich durch das nasse Gras von New Hamlet. Meine Mut-ter konnte ihn schließlich davon überzeugen, dass wir Kin-der von der bevorstehenden Operation erfahren mussten, bevor man ihm den Brustkorb aufsägte. Wir fuhren alle drei sofort nach Ottawa und durften miterleben, dass unser Vater den Eingriff in denkbar bester Verfassung überstand. Er hatte sich vor ein paar Jahren, nach der Krebsdiagnose bei meiner Mutter, in den vorzeitigen Ruhestand versetzen lassen, aber jetzt konfrontierte ihn der dreifache Bypass mit seiner eigenen Sterblichkeit. Von da an zeigte sich ein Be-dürfnis nach mehr gemeinsamer Zeit mit der ganzen Fa-milie.

Als Thay sagt: »Wie ein Buddha gehen, wie ein freier Mensch«, denke ich an meinen Vater. Wenn er weiter wie besessen gearbeitet hätte, was wäre das für ein Leben gewe-sen? Können wir in dieser koffeingepeitschten, viel zu schnellen, viel zu viele Eindrücke bietenden Welt über-haupt lernen, mehr Intelligenz und Gemächlichkeit bei der Arbeit walten zu lassen, bevor uns eine Krankheit dazu zwingt?

Rechtes Bemühen
Wie man es vermeidet, Superwoman
zu werden

Bleib gesund. Sei fröhlich.
Zwinge dich zu nichts,
was du nicht vermagst.

DER BUDDHA

Gestern haben die Schwestern von New Hamlet dem hinten in der Meditationshalle stehenden Skelett Armspangen angezogen. Doch, hier steht nicht nur der Buddha, hier baumeln auch Menschenknochen. Ich lese das *Herz-Sutra* (Mahaprajnaparamita-hridaya-Sutra), die Unterweisung des Buddha zum großen Weg der vollkommenen Weisheit. Beim Aufblicken sehe ich drei kichernde Nonnen, die eine beklunkerte Knochenhand kess auf die ebenso knochige Hüfte stützen. Ihr Lachen wirkt auf mich so magnetisch, dass ich auf sie zugehe. Als ich mich den drei überaus lebendigen Wesen nähere, die lachend mit Reliquien spielen, wird mir die Schönheit dieser sonderbaren Szene bewusst. Wo an den Tod erinnert wird, ist nach landläufiger Auffassung Leichenbittermiene angezeigt, aber diese drei Schwestern hier sind einfach ausgelassen.

Ich richte meine Frage an die munterste der drei: »Wozu ein Skelett in der Meditationshalle?« Wieder Kichern. Dann sagt sie, *sie* (die Knochenfrau) halte alle dazu an, auf ihre Haltung zu achten. Ernster fügt sie hinzu: »Das Skelett soll dich an deinen Tod erinnern.« Kein Zweifel, sie meint tatsächlich *meinen* Tod.

Und richtig, der glatte weiße Schädel dieser Meditationsgefährtin ruft mir in Erinnerung, dass ich sterben werde. Die drei Schwestern gehen mit dieser stummen Begleiterin um wie mit einem Kind, das man liebt und herausputzt. Sie handeln in weiser Achtung vor dem Tod.

Manchmal sehe ich die Nonnen als eine Art Elfenreigen um den allwissenden Mönch Thich Nhat Hanh. Sie sind auch auf geheimnisvolle Weise ein Ganzes und wirken zusammen einen Zauber, der mich auf meinem Weg des Erwachens trägt. Es ist, als wüssten sie, weshalb ich nach Plum Village gekommen bin. Sie scheinen zu wissen, dass meine Eltern nicht mehr als liebender Rückhalt für mich da sein können. Die Schwestern stellen nie persönliche Fragen, scheinen aber genau zu wissen, was ich benötige. Ihre Intuition geht über das hinaus, was normalerweise Beziehungen ausmacht. Sinnlose, überflüssige Fragen überspringen sie einfach wie beim Hüpfkästchenspiel.

Wenn wir jemanden kennenlernen, ist es in unserer Gesellschaft ja so, dass ziemlich bald gefragt wird, was der andere »so macht«. Hier im Kloster tauscht man keine Informationen aus, sondern wenn gesprochen wird, ist wirklich der Mensch gemeint. Immer wieder kommt es vor, dass mich eine dieser mit so klarem, unverstelltem Blick begabten Schwestern auf etwas ganz Naheliegendes aufmerksam macht. Zum Beispiel rief gestern eine vietnamesische Nonne: »Mary, sieh dir doch nur diesen himmelblauen Himmel an!« Auf Französisch klang das besonders fröhlich. Ob sie wohl wusste, dass sie damit augenblicklich alle Gedanken an den Verlust meiner Eltern vertrieb? Ist den Schwestern hier überhaupt bewusst, wie unendlich wichtig sie für mein Unterfangen sind, in mir selbst Zuflucht zu suchen und mich in der wahren Heimat in meinem Innern einzufinden?

Später mache ich mich in die Ortschaft auf. Ich will zur Wäscherei und dann ein paar Dinge erledigen. Dazu haben wir einmal die Woche am »Lazy Day« Gelegenheit, an dem keine bestimmten Meditationszeiten vorgesehen sind und keine Studien auf dem Programm stehen. Wir dürfen einfach tun, wonach uns ist – lesen, Zusammenkünfte, Besorgungen. So sitze ich an diesem freien Nachmittag ganz zwanglos im einzigen Internetcafé dieser beschaulichen französischen Ortschaft und lese die E-Mail einer Freundin aus Toronto. Ich nenne sie Superwoman, und das ist nur zum Teil scherzhaft gemeint. Meine energiegeladene Freundin ist verheiratet und hat vier Kinder unter acht Jahren, dazu zwei Golden Retriever und eine wilde orangefarbene Katze, ganz zu schweigen von einer Vollzeitbeschäftigung, die ihr viel abverlangt. Sie lebt mit ihrer Familie in einem riesigen Haus, sie putzt und kocht, und zu allem Überfluss wird das Haus auch noch seit gut einem Jahr renoviert. In ihrer E-Mail lese ich, dass ihr Bürojob in den letzten Wochen besonders anstrengend war und sie jetzt in der beginnenden Vorweihnachtszeit ständig bei irgendwelchen Abendgesellschaften ist – mit zu viel Wein und zu gehaltvollem Essen. Sie räumt ein, dass sie bald mal wieder eine alkoholfreie Nacht braucht. In ein paar Tagen wird sie fünfundvierzig (45!) Gäste zum Essen haben und in der kommenden Woche noch einmal dreißig. Sie ist fix und fertig.

Erst gestern hat Thay über eine moderne Krankheit gesprochen, die er falsches Bemühen nennt. Sie besteht darin, dass wir unsere Kräfte unzweckmäßig einsetzen. Ich werde das in meiner Zeit im Kloster noch oft von ihm hören: Dass wir uns körperlich und geistig verausgaben und völlig darin aufgehen, unsere Vorhaben durchzuziehen und unsere Terminlisten abzuarbeiten. Daran leiden wir und darunter leidet unsere Gesundheit. Das fällt mir ein, als ich die E-Mail meiner Freundin lese. Ja, ich verstehe, an unserer Arbeit muss eine ganz bestimmte Intelligenz mitwirken, damit Körper und Geist keinen Schaden nehmen. Wenn wir immer wieder an unsere Reserven gehen, wie es ja bei vielen ganz offensichtlich der Fall ist, trocknet der Brunnen irgendwann aus.

Ich lehne mich in dem knarrenden Stuhl zurück, vor mir der Bildschirm, dahinter eine alte Mahagonitheke, in der Ecke der silberhaarige französische Inhaber bei der Flaubert-Lektüre. Innerlich höre ich Thays Worte: »Diese Anspannung verhindert, dass sich Frieden in uns ausbreiten kann, wir setzen zu viel Nachdruck hinter alles, wir übertreiben.« Er hat das rechte Bemühen an den Saiten eines Musikinstruments verdeutlicht. Sind sie zu wenig gespannt, geben sie beim Zupfen überhaupt keinen Ton von sich, sind sie zu straff, können sie reißen, wenn man sie anschlägt. Genau die richtige Spannung und Stimmung, das ist die

Kunst. Wie also können wir das gesunde Mittelmaß zwischen Trägheit und Überanstrengung finden oder zwischen Askese und zu üppigem Wohlleben?

Ich verstaue meinen Laptop und lege dem silberhaarigen, Flaubert lesenden Inhaber des Cafés zwei Euro hin, nicht ohne ein französisches Dankeschön.

»Entscheidet euch für Freiheit. Entscheidet euch für Freiheit. Entscheidet euch für Freiheit.« Auf dem Rückweg vom Dorf nach New Hamlet gehen Thays Worte in mir um und um. Wie steht es mit mir? Belege ich meine Zeit mit zu vielen Vorhaben, ermüde ich mich mit zu vielen Treffen außerhalb der Arbeit? Wenn man sich zu viel auflädt, kann man nicht achtsam sein. Ich möchte mich nicht zerfasern. Und ich möchte auch nicht, dass meine lieben Freunde vom Zuviel in ihrem Leben krank werden. Mit Freude und Muße auf die Dinge hinarbeiten, die wirklich zählen – nur so kann das Leben lebenswert sein.

An Thich Nhat Hanh fällt einem sofort die ganze entspannte Art und Ausstrahlung auf, und dabei hat er in seinem Leben wirklich schwierige Dinge bewältigt, die vollen Einsatz verlangen. Es ist kein Kinderspiel, ein Zen-Meister zu werden und sich nebenher noch für die Menschenrechte einzusetzen und über hundert Bücher zu schreiben. Thay hat außerdem zahlreiche Klöster und soziale Organisationen gegründet und ist viel in der Welt unterwegs, um zu lehren. Mit vierundachtzig Jahren!

Was macht die Anmut an diesem Mönch aus, die ihn Großes leisten lässt und ihn doch bei guter Gesundheit erhält? Gestern, als er über die moderne Krankheit der Zielorientierung bis hin zur Erschöpfung sprach, habe ich ihm fasziniert beim Teetrinken zugeschaut. Er hob die runde

Schale, die in seiner Handfläche ruhte, in weichem Bogen an die Lippen. Der Blick in sein Gesicht sagte mir, dass er jetzt im Moment *nur* trank. In seinem Gesicht lag Frieden. Dann stellte Thay die Schale sanft wieder ab. In allen diesen Bewegungen war nichts von Eile. Wie viel Mühe musste Thich Nhat Hanh für alle seine Projekte aufgewendet haben. Trotzdem, Eile kennt er offenbar nicht. Seine entspannte Art, in der er doch so viel bewegt, macht mir klar, dass Erfolg vom *rechten* Bemühen kommt, das ja einen der Schritte auf dem edlen achtfachen Pfad darstellt. Alles, was er tut, hat etwas würdevoll Gemessenes und Entspanntes, deshalb beansprucht er seine Ressourcen nie über das rechte Maß hinaus. Und so richtet der agile alte Mann seine Kräfte darauf, dass immer mehr Weisheit und Licht in die Welt kommen.

Heute Morgen bei der Meditation mit dem schmuckbehangenen Skelett fielen mit die kahlen Köpfe der Nonnen noch mehr auf als sonst. Ich dachte auch an Totenschädel und den Tod selbst. Ist das der schlichte und drastische Grund für die klösterliche Kahlköpfigkeit – dass man den Schädel sieht und an die Nähe des Grabes erinnert wird? Ich denke an die Krypta der Kapuzinerkirche in Rom mit ihren unzähligen Totenschädeln und der lapidaren Inschrift »Wir waren einst wie du. Du wirst sein wie wir. Memento mori.« Davon habe ich in einem Buch über Shakespeare gelesen. Haben die kahlköpfigen Mönche den Tod verstanden? Diese Frage beschäftigt mich auf dem Rückweg vom Dorf zum Kloster, und sie geht mir auch beim Abendessen noch durch den Kopf.

Nach dem Essen, das wie immer schweigend eingenommen wird, vertraue ich einer niederländischen Pilger-

Freundin am Tisch an, dass ich daran denke, mir den Kopf zu rasieren. Sie sieht mich ganz direkt an und erwidert, das dürfe ich nicht, es sei ein buddhistisches Ritual. »Es ist Mönchen und Nonnen vorbehalten. Das Haar wird bei der Ordination abgeschnitten. Möchtest du die Gelübde ablegen und Nonne werden?« Ich muss das kurz verarbeiten. Erst bin ich ein bisschen enttäuscht, dann erleichtert. Ich werde mein Haar wohl behalten.

Jetzt liege ich im Bett und streiche mir durchs Haar. Ich denke an all die Menschen, die ich kenne, die vor lauter Arbeit nicht mehr aus noch ein wissen und daran schier zerbrechen. Bei manchen geht es dabei auch noch um fragwürdige Ziele, etwa wenn sie einfach nur immer mehr Geld oder Einfluss wollen oder auf schnöden Ruhm aus sind. Ich denke auch an die Zeiten, in denen ich selbst auf der Jagd nach flüchtigen Vergnügungen blindlings durchs Leben gebrettert bin. Die Nonnen verschwenden keine Zeit an solche Dinge, mit denen sich viele von uns Übrigen die Gesundheit ruinieren. Sie streben vielmehr die Vervollkommnung des vom Buddha gelehrten rechten Bemühens an, um ein ausgewogenes und nicht auszehrendes, sondern körperlich, seelisch und geistig aufbauendes Leben führen zu können. Ich versuche mir eine vietnamesische Nonne mit kahlem Kopf und braunem Gewand auf den Straßen von Paris vorzustellen, wie sie – den Kaffeebecher in der einen Hand, das Handy in der anderen und im Mundwinkel die Kippe – gehetzten Schrittes irgendein Ziel ansteuert. Es ist ein so abwegiges Bild, dass ich grinsen muss. Färbt die nüchterne Klarheit der Schwestern etwa schon auf mich ab?

∽ 8.Tag ∾

Stille
Feuer und wie man es nicht macht

Wenn einer Fremden gegenüber verbindlich
und höflich zu sein vermag, ist er daran als Weltbürger
zu erkennen, dessen Herz keine von anderen Ländern
abgeschnittene Insel ist, sondern zum gleichen
Kontinent gehört.

FRANCIS BACON

Vor ein paar Tagen brannte am Morgen zum Frühstück noch kein Feuer im Kamin des Speisesaals; die bereits am Büfett anstehenden Nonnen und Laiinnen froren erkennbar. Und so ein Novembermorgen in einem zugigen französischen Kloster ist wirklich kalt, das muss ich schon sagen. Die Nonnen rührten noch in den großen Haferbreitöpfen, und ich fragte, ob ich Feuer machen könne. Ich durfte, jeder hätte es dürfen, und die Schwestern zeigten sich erfreut über die Hilfe.

Feuer mache ich für mein Leben gern. Alles daran ist für mich ein reines Vergnügen – Spanholz sammeln, erste Scheite anlegen, zusehen, wie die Flammen größer werden. Deshalb gehe ich jetzt meist schon vor dem Frühstück hinunter und vergnüge mich beim Feuermachen.

Jeden Morgen gilt bis zum Ende des Frühstücks das Gebot des »edlen Schweigens«. Es bedeutet, dass nicht gesprochen werden darf, auch nicht bei Tätigkeiten wie dem Feuermachen. Ich sitze auf der Bank am Kamin und baue wie gewohnt sorgfältig meinen kleinen Scheiterhaufen; als ich gerade dabei bin, ihn mit zerknülltem Papier auszustopfen, fühle ich einen warmen Hauch im Nacken. Ich blicke über meine Schulter in die hellblauen Augen einer älteren französischen Dame mit Silberhaar und etwas Buntem um den Hals. Sie ist so nah, dass mich ihr stilvolles Halstuch, blutrot und oliv, an der Wange streift. Sie muss neu hier sein, jedenfalls kenne ich sie nicht. Die schicke Französin macht Gesten, die ich nicht recht zu deuten vermag. Ich baue weiter an meinem Feuer.

Zeiten des edlen Schweigens und der Ruhe hat es im Buddhismus wohl schon immer gegeben. Der Buddha schwieg auf unangemessene Fragen oder auf Fragen, für deren Beantwortung der Fragesteller noch nicht reif war. Mehrfach legte er dar, dass Sprache ihre Grenzen hat und insbesondere die höchste Wahrheit nicht erfassen kann. Dieses Schweigen des Buddha in Fällen, in denen die Sprache nichts vermochte, wird das edle Schweigen genannt. Vor Jahren habe ich in Indien zum ersten Mal an einem Schweige-Retreat teilgenommen. Nach zehn Tagen ohne ein einziges Wort waren mir die Grenzen der Sprache, aber auch ihre Kraft überaus bewusst. Wochenlang nahm ich jedes meiner Worte mit großer Klarheit wahr und erkannte meine Verantwortung für Bedeutung und Zusammenhang. Ich erlebte das als befreiend und beflügelnd.

Dieser buddhistische Brauch kann auch seine komischen Seiten haben. Manche Leute wollen sich unbedingt auf andere Art mitteilen, durch Lippenbewegungen, lautes Flüstern oder aufgeregtes Fuchteln mit den Händen beispielsweise. Und eine solche komische Einlage findet hier offenbar gerade statt. Die Französin, die mich anhaucht, findet meine Feuermachkünste unzureichend. Das erkenne ich an ihrem Kopfschütteln und Schnauben und daran, dass sie mir bedeutet, zur Seite zu treten. Sie will meinen kostbaren Platz als Feuermacher, und das passt mir ganz und gar nicht. Es herrscht lastendes Schweigen, aber ihre Aussagen sind doch ganz klar. Empörung regt sich in mir, als sie ein von mir sorgfältig platziertes Holzscheit wegnimmt und die ganze Sache zusammenfällt. »So kann da doch keine Luft hin – Feuer braucht aber Luft!« Doch sagen kann ich das nicht. Gar nichts kann ich sagen, und diese Frau putzt einfach meine Feuermachkünste herunter. Sie glaubt, sie kann es besser, und das stimmt einfach nicht. Ich versuche, nicht ungehalten zu werden, aber es gelingt mir nicht. Sprechen kann ich in diesem ohrenbetäubenden Schweigen nicht, und ich sollte auch nicht reagieren, aber ich tue es schon.

Vor Thich Nhat Hanhs Dharma-Vorträgen erinnert uns immer eine Nonne oder ein Mönch an unsere neurotischen Tendenzen: »Mögen wir von Minderwertigkeitskomplexen, Überlegenheitskomplexen und sogar Gleichheitskomplexen frei werden.« Als ich diesen Appell das erste Mal hörte, wusste ich mit dieser Gleichheitssache nichts anzufangen. Heute ist vielleicht der Tag, mich damit zu befassen, nachdem die französische Feuerbesserwisserin und ich unsere Überlegenheitskomplexe ausgespielt haben.

In unserer modernen Gesellschaft steht *Gleichheit* meist für ein sehr hohes Ideal. Gleiches Recht für alle zum Beispiel habe ich immer als höchst erstrebenswert empfunden. Gleichheitskomplex? Ist das auch wieder eine konditionierte Sicht der Welt, wie es der Aufruf vor Thays Dharma-Vorträgen zu besagen scheint? Ich muss darüber nachdenken.

Gleichheit ist aus buddhistischer Sicht ein Komplex, der wie die beiden anderen Komplexe auf Vergleichen beruht. Mit unserem Bild von uns selbst stimmt etwas nicht, und deshalb vergleichen wir uns mit anderen, zum Beispiel: »Ich kann genauso gut Feuer machen wie du!« Problematisch ist an solchen Vergleichen, dass wir nicht sehen, inwiefern wir *einer im anderen* sind. Wir bestehen alle aus den gleichen Elementen, und da können Vergleiche nur gegenstandslos sein. Wir alle sind aus Elementen gefügt, die wir nicht sind – aus Wasser, Mineralstoffen, Sauerstoff, dem Kaffee, den Sie eben genossen haben, dem Tee, den ich eben geschlürft habe –, und so bin ich in Ihnen und Sie sind in mir. Die französische Besserwisserin ist in mir und ich bin in ihr. Sie und ich und die Französin, wir bestehen alle aus den gleichen nicht menschlichen Elementen. Wenn wir das nicht sehen, sagt der Buddhismus, haben wir einen Komplex. Wir unterscheiden lieber.

Also, wer kann denn nun besser Feuer machen? Heute ist die Weisheit der Nichtunterscheidung noch nicht bei mir angekommen. Ich bin der aktiven Diskriminierung meiner Mitpilgerin schuldig, sie anscheinend auch. Klar, dass unter solchen Umständen eine echte Kommunikation unmöglich ist. Gewiss kann man sich auch schweigend einiges mitteilen: Da ist die feindselige kalte Schulter, das Aus-dem-Weg-Gehen, Nichtbeachtung, verständnisloses oder verwirrtes Schweigen, passiv-aggressives Verhalten – aber all das ist nicht wirklich Kommunikation. Zwischen der Französin und mir findet keine Kommunikation statt, weil uns beiden die Weisheit der Nichtunterscheidung fehlt.

Vor Kurzem hat Thay die Lehre der Nichtunterscheidung anhand eines eigenen Erlebnisses erläutert. Er hatte einen Nagel einschlagen wollen, aber seine Hand getroffen. »Was denkt ihr, hat meine rechte Hand jetzt die linke ausgeschimpft, weil sie im Weg war? Beileibe nicht. Sie hat sie sofort gehalten, um den Schmerz zu lindern. Da zeigte sie die Weisheit der Nichtunterscheidung.«

Der Mythologe und Autor Joseph Campbell zitiert in einem seiner Bücher eine Aussage des indischen Weisen Sri Ramakrishna: »Da du mit dem Bewusstsein identifiziert bist, das in deinem Körper lebt und webt, bist du mit dem identifiziert, was du mit mir gemein hast.«

Seine Heiligkeit der Dalai Lama sagt: »Es gibt ein gemeinsames Bewusstsein, das unser Grund ist, und so sind wir im Bewusstsein eins.«

Am Ende läuft es immer auf die Frage hinaus, ob ich damit einverstanden bin, dass dieses Bewusstsein in mir das gleiche universale Bewusstsein ist wie in dieser herrischen Französin. Aber wie komme ich zur Weisheit der Nichtunterscheidung?

Sicher, äußerlich gesehen haben wir alle unsere besonderen Fähigkeiten und Anlagen. Ein Zwei-Meter-Kerl legt den Basketball einfach in den Korb, der kleine französische Bauer von nebenan könnte das nicht. Der Star der amerikanischen Basketball-Profiliga und der Bauer bestehen aus den gleichen nicht menschlichen Elementen und besitzen das gleiche spirituelle Potenzial. Innerlich sind wir alle gleich.

Irgendwie bringt das stumme Ringen zweier Klosterbesu-
cherinnen dann doch ein ordentliches Feuer zustande. Und
als ich mich in die Frühstücksschlange einreihe, wird mir
klar, dass das Schweigegebot ans Licht gebracht hat, wie
schnell ich auf etwas außerhalb meiner selbst reagiere – und
wie sinnlos das ist. Ich muss nicht zulassen, dass ich aus meinem inneren Fundament herausgerissen werde. Die Französin hat mir Gelegenheit gegeben, unmittelbar mitzuerleben,
wie ich stocksteif werde, sie hat mich auf das Knallharte in
mir aufmerksam gemacht. Wie war das noch … unsere Feinde sind unsere besten Lehrer? Ja, gut möglich

❧ 9. Tag ❧

Handeln
Warum es gut ist, Ameisen zu retten

Der Mensch ist
die Summe seiner Handlungen.

JEAN-PAUL SARTRE

Vor ein paar Jahren habe ich mit meinem wunderbaren Freund Doug und zwei seiner Kumpel eine Kanufahrt in einem abgelegenen Seengebiet im nördlichen Ontario unternommen. Eines Abends suchten wir schon leicht nervös nach einem geeigneten Lagerplatz für die Nacht. An einer der letzten möglich erscheinenden Stellen wimmelte es von schwarzen Ameisen, und die gehörten, wie sich herausstellte, zum wohl größten Ameisenbau, den die Welt je gesehen hat. Da standen nun vier sehr müde Kanuten mit ihren Paddeln in der Hand und starrten entgeistert auf diesen gigantischen Ameisenstaat. Nach längerem Schweigen schlug einer von Dougs Freunden vor, den Ameisenhügel mit unserem Kocherbrennstoff abzufackeln. Ich war mehr als entsetzt über diesen Gedanken und sagte zu Doug, dass ich mich an einem solchen Vernichtungsfeldzug auf gar keinen Fall beteiligen würde. Er stimmte mir lebhaft zu.

Karma bedeutet einfach »Handlung« oder »Tat«, und davon gibt es drei Formen: Denken, Sprechen und physisches Handeln. Gedanken besitzen Kraft, Worte besitzen Kraft, äußere Handlungen besitzen Kraft. Alles, was Sie denken, sagen oder tun setzt eine Kettenreaktion in Gang, und man weiß nie, wie weit sie gehen wird. Fehlverhalten kann man nicht einfach zurücknehmen. In seinem Buch *Körper und Geist in Harmonie* macht Thay diese Unaufhaltsamkeit deutlich: »Euer nicht so schönes Handeln wirkt gleich voraus in die Zukunft und setzt eine Kette von Aktionen und Reaktionen in Gang.«

Ameisen verbrennen – das kann so aussehen, als wäre nichts weiter dabei, und solche Dinge geschehen ja auch täglich, weil die Menschen oft so kurzsichtig und eigennützig sind. Dieses falsche Denken hat sehr destruktive Auswirkungen auf die Umwelt, weshalb der Insektenforscher Edward O. Wilson mahnt: »Nach dem Verschwinden der Insekten würde die gesamte irdische Umwelt sehr schnell im Chaos versinken …« Offenbar bewegen Ameisen mehr Erde als die Regenwürmer und sind deshalb außerordentlich wichtig für die Bodenbeschaffenheit; auf die wiederum kommt es an, wenn Blumen und andere Pflanzen gedeihen sollen. Sollte aber der Schutz unserer Nutzpflanzen kein ausreichender Anreiz für umsichtiges Handeln sein, kann vielleicht das folgende buddhistische Gleichnis nachhelfen, auf das ich Jahre nach der Ameisengeschichte stieß.

Es war einmal ein alter Mönch, der durch eifrige spirituelle Praxis eine gewisse spirituelle Tiefe erreicht hatte und einen klaren Blick besaß. Bei ihm lebte ein achtjähriger Novize. Einmal erkannte der alte Mönch im Gesicht des Jungen Anzeichen dafür, dass er nur noch wenige Monate zu leben hatte. Sehr betrübt trug er dem Jungen auf, seine Eltern zu besuchen und sich eine lange Auszeit zu gönnen. »Lass dir Zeit«, sagte er. »Du brauchst nicht so schnell wie möglich wiederzukommen.« Der Junge, fand er, sollte bei seiner Familie sein, wenn er starb.

Drei Monate später sah er den Jungen zu seinem Erstaunen den Berg heraufkommen. Als er vor ihm stand, blickte er ihm aufmerksam ins Gesicht, und diesmal sah er, dass der Junge ein hohes Alter erreichen würde. »Erzähl mir alles, was in der Zwischenzeit passiert ist«, sagte er.

Der Junge erzählte von seinem Weg ins Tal, von den Dörfern, durch die er gekommen war, von Flüssen und Bergen, die er überwinden musste. Einmal war er an ein Flüsschen gekommen, das Hochwasser führte. Beim Versuch, ans andere Ufer zu gelangen, bemerkte er einen Ameisenbau auf einer kleinen Insel, die das Hochwasser noch nicht erreicht hatte. Sein Herz fühlte mit den armen Kreaturen, und so suchte er sich einen dürren Ast, der über das reißende Wasser bis zu der kleinen Insel reichte. Die Ameisen verstanden sofort und krabbelten ans rettende Festland, während der Junge den Ast hielt, bis wirklich alle die Insel verlassen hatten.

»Deshalb also haben die Götter ihm viele weitere Tage geschenkt«, dachte der alte Mönch.

In seinem Buch *The Art of Power – die Kunst, mit Macht richtig umzugehen* erklärt Thich Nhat Hanh: »Die Qualität deines Handelns hängt von der Qualität deines Seins ab.« Wer beispielsweise nicht glücklich ist, kann unmöglich anderen Glück vermitteln. »Es besteht eine Verbindung zwischen Tun und Sein. Wenn du im Sein nicht ›erfolgreich‹ bist, kannst du es auch im Handeln nicht sein.«

Ich sitze in der Dharma-Halle von Upper Hamlet und lausche Thich Nhat Hanh, der gerade erklärt, es sei möglich, früher erzeugtes Karma zu neutralisieren. Achtsamkeit, sagt er, kann unseliges Handeln so innig umfangen, dass seine Folgen gelöscht werden – und sie könne eine gesündere Form des Handelns einleiten. Demnach hätte es für die beinahe zu allem bereiten Kanuten wohl doch einen guten Ausgang nehmen können, hätten sie diese armen Ameisen tatsächlich ausgeräuchert.

Thay sagt: »Achtsamkeit heilt nicht nur die Gegenwart, sondern auch Vergangenheit und Zukunft.« Dann erzählt er von einer grausigen Begebenheit während des Vietnamkriegs und von ihren Folgen.

Lange nach dem Krieg organisierte Thich Nhat Hanh in den USA Meditationskurse für Kriegsveteranen. An einem dieser Retreats nahm ein extrem traumatisierter früherer Soldat teil, der unwillentlich den Tod von fünf vietnamesischen Kindern verschuldet hatte. Seine Einheit war von vietnamesischen Guerillakämpfern aufgerieben worden, viele seiner Kameraden waren gefallen. Er war außer sich vor Kummer und Wut und dachte sich eine Vergeltungsaktion aus. Er bestrich Brote mit giftigen Kampfstoffen und legte sie an Stellen aus, wo diese vietnamesischen Kämpfer sie finden mussten. Leider kamen ihnen jedoch Kinder zuvor. Entsetzt sah unser Mann, wie die Kinder die Brote verzehrten; ein namenloses Grauen packte ihn. Er wusste, dass die Kinder nicht gerettet werden konnten, der Weg zum nächsten Krankenhaus oder Lazarett war viel zu weit. So starben sie einen qualvollen Tod.

Auch Jahre nach dem Krieg wurde der Mann noch von Schuldgefühlen gequält. Außer seiner Mutter, erzählt Thay, habe er nur ihm diese Geschichte je anvertraut, und ihr sei es nicht gelungen, seine Gewissensqualen zu lindern. Der Soldat ertrug die Gegenwart von Kindern nicht mehr, es nahm ihn zu sehr mit – so stark waren sein Schmerz und die Reue.

Klar und deutlich, berichtet Thay, habe er dem Veteranen gesagt, dass der Tod der Kinder wirklich nicht gut war, ganz schlechtes Karma. Er könne aber durchaus etwas tun, etwas Gutes, das die bösen Nachwirkungen dieser Vergangenheit neutralisieren würde. Er erklärte dem Mann, dass in vielen Ländern jeden Tag Kinder sterben, und zwar einfach nur, weil die notwendigen Medikamente fehlen. Das sei seine Chance, jetzt etwas Gutes zu tun. Er könne zum Beispiel fünf Kinderleben retten. Oder sogar mehr. Damit werde er nach einiger Zeit sein schlechtes Karma löschen. Innerhalb von Minuten, sagt Thay, habe der zutiefst verstörte Kriegsveteran beschlossen, sich aus seiner Negativität zu befreien. Den sterbenden Kindern der Welt zu helfen – dieser Gedanke schlug bei ihm ein wie eine Bombe. Mit für ihn selbst ungeahnten Kräften machte er sich an die Arbeit und hat dann wirklich unzählige Kinder vor dem sicheren Tod bewahrt.

Mit seinem hochherzigen Handeln in der Gegenwart konnte der frühere Soldat sein Verhalten in der Vergangenheit aufwiegen, sich von Schuldgefühlen, Traurigkeit und Reue befreien und sich eine wirklich befriedigende Zukunft schaffen, in der er Frieden fand. In *Körper und Geist in Harmonie* schreibt Thich Nhat Hanh: »Alles ist vergänglich, deine Schuld, dein Ärger, deine Angst. Wer die Praxis kennt, für den können sich die Dinge ganz schnell ändern.«

Seine Heiligkeit der Dalai Lama schreibt in seinem Buch *Der Stufenweg zu Klarheit, Güte und Weisheit*:

Manche verstehen den Karma-Begriff falsch. Sie deuten die Lehre des Buddha vom Gesetz der Kausalität so, als sei alles vorherbestimmt, sodass der Einzelne überhaupt nichts tun kann. Das ist ein gewaltiges Missverständnis. Schon der Begriff *Karma*, der ja »Tat« bedeutet, bezeichnet ein aktives Wirken, und darin deutet sich an, dass die Zukunft in unseren eigenen Händen liegt. Eine Tat wird von einem Menschen, einem Lebewesen, ausgeführt, und folglich bestimmen wir selbst, ob wir etwas tun oder nicht tun.

Selbst wenn Sie einen ganz schlimmen Fehler begangen haben, muss trotzdem nicht aller Tage Abend sein. Die Lehren des Buddha machen uns klar, dass wir mit hochherzigem Handeln in der Gegenwart auch negatives Karma neutralisieren können. Jeder Tag bietet Gelegenheit, in aller Welt Leben zu schützen und zu retten. Wer diese Möglichkeiten nutzt, wird große Freude erleben.

❧ 10. Tag ☙

Geduld
Wie man eine Mandel abzieht

Zerschneide nichts,
was du aufknoten kannst.

JOSEPH JOUBERT

Eben ist der Gong angeschlagen worden, fünf Uhr früh. Ich werde halb wach, spüre die kalte Luft an der Nase. Zum zehnten Mal würde ich lieber unter der warmen Decke bleiben. Zum zehnten Mal raffe ich mich doch wieder rechtzeitig auf. Die Morgenmeditation beginnt wie immer um halb sechs, also lege ich mir das warme Schultertuch um und steige fröstelnd und mit dem gewohnten kleinen Wartungsstopp im Bad die Treppe zur Buddha-Halle hinunter.

Verschlafen die dunkle Klostertreppe hinuntertappend empfinde ich einerseits das wohlig Vertraute und bin zugleich ein wenig beunruhigt von der Routine. Aber dieses Aufstehen am kalten, finsteren Morgen, jeden Tag eine Herausforderung, formt meinen Charakter, das spüre ich. Dieser optimistische Gedanke lässt mich etwas beschwingter in Richtung Buddha-Halle gehen.

In der Teeecke verweile ich wie immer kurz, auch wenn es hier bis zum Einschalten der Heißgetränkebehälter nach der Meditation nur lauwarmes Wasser gibt. Ich nehme einen Schluck und denke über immer wiederkehrende Verhaltensabläufe nach. Selbst wenn ich eine bestimmte Routine zu schätzen weiß, oft ändere ich ein Verhaltensmuster auch, sobald ich es an mir erkenne, einfach weil ich in Sorge bin, dass daraus eine Gewohnheit entsteht, die dann schwer wieder loszuwerden ist. Sicher, es gibt auch Gewohnheiten, die man ganz leicht wieder ablegt – früh aufstehen zum Beispiel. »Ob es hier wohl Leute gibt, die gern so früh aufstehen?«, überlege ich. Als ich meine halb leere Tasse absetze, kommt mir in den Sinn, dass man schon an sich arbeiten muss, wenn etwas Starkes und Tragendes entstehen soll. Es ist immer noch stockfinster, als ich meinen Weg zum Buddha fortsetze, und mir fällt mein strenges Training bei der Ballettausbildung ein. Was ich da an Disziplin lernte, hat mir im späteren Leben viel genützt. Ich weiß wohl, dass dieses frühe Aufstehen seinen Wert hat, aber es ist mir noch nie gelungen, dabeizubleiben.

Doch der Augenblick, in dem ich die Buddha-Halle betrete, ist mir immer wieder eine Freude. Die Faszination des buddhistischen Gepräges, das Deckengewölbe, die grauen Steinmauern, die uralten braunen Balken. Heute erwidert die schimmernde Buddhastatue zum zehnten Mal meinen Blick mit den Augen eines alles durchdringenden Geistes. Seine atemberaubende Präsenz hat etwas Stabilisierendes. Heute nehme ich einen Platz weiter hinten ein und lasse den Gleichklang der erdfarbenen Klostergewänder auf mich wirken. Die rasierten Köpfe tragen entweder braune Wollmützen oder sind unbedeckt, und dann glänzen sie, wenngleich über manchen ein Schatten von nachwachsendem Haar liegt, der von der Sterblichkeit der strahlenden buddhistischen Nonnen spricht. Die prächtigen Köpfe sitzen auf vollkommen aufrechten Wirbelsäulen, und die Augen in diesen Köpfen wenden sich nicht hierhin und dahin wie bei uns Übrigen. Punkt halb sechs beginnt die Meditation – Glockenzeichen, Meditationen, Anleitung, dann langsames achtsames Gehen in einem Oval um die Reihen der Sitzkissen und schließlich wie immer unsere Niederwerfungen, Prostrationen in Richtung des Buddha. Heute lautet die Anleitung zur Meditation: »Ich atme den Bach im Wald ein und lächle, während ich mit dem Bach im Wald ausatme.« Die Morgenpraxis dauert wie immer eineinhalb Stunden. Der Ablauf zieht mich heute wirklich in seinen Bann – bis sich auf einmal die Überlegung regt: »Was, wenn ich das alle Tage meines Lebens täte?« Irgendwie erschreckt mich der Gedanke. Beim Verlassen der Halle betrachte ich wieder den Gleichklang der klösterlichen Tracht.

Für die kurze Ruhezeit in meinem Zimmer lege ich mich flach auf den Boden, um mich nach der Meditation ordentlich auszustrecken. Dann ist es acht, und ich gehe zum Frühstück. Ich hole mir wie immer eine Orange, Haferflocken mit braunem Zucker, heiße Sojamilch und Mandeln – wieder Routine – und nehme dann leise gegenüber einer meiner irisch/französischen Freundinnen Platz, einer Frau, die ich sehr mag. Geredet wird wie immer nicht, aber man bekommt natürlich mit, was die Leute in der Nähe so machen. Aus dem Augenwinkel sehe ich, dass meine Freundin ganz konzentriert mit derselben Tätigkeit beschäftigt ist wie ich – Mandeln häuten. Meine Hände kleben noch von der eben verspeisten Orange, und das

Freilegen der kleinen Kostbarkeiten erweist sich als nicht ganz so einfach. Meine Freundin hat auch zu kämpfen.

Schwestern und Laiinnen verlassen eine nach der anderen den Speisesaal, satt und zufrieden. Bald sitzen nur noch meine Freundin und ich da, immer noch mit den Mandeln beschäftigt. Zu Hause käme es mir nicht in den Sinn, zwanzig Minuten mit einer solchen Tätigkeit zu verbringen. Hier tue ich es, und es ist interessanter als erwartet. Beim Häuten der glitschigen Mandeln empfinde ich eine überraschend tiefe Verbundenheit mit meiner Freundin, so als verstünden wir uns ohne Worte. Wir sind beide mit dem Häuten von Mandeln beschäftigt, daran ist nichts Besonderes, aber diese Gemeinsamkeit lässt offenbar noch etwas anderes in uns wachsen. Wir sitzen geradezu andächtig hier und spenden uns gegenseitig stumm Beifall für unsere Geduld und Ausdauer. Es ist richtig zu spüren. Ich blicke zu ihr hinüber. Außer uns ist niemand mehr da. Ich lächle, und ihr Gesicht leuchtet.

Später steht mir dieses Mandelfrühstück noch einmal vor Augen, und ich denke: »Die Fähigkeit, Geduld zu üben, wirkt sich auf alle Bereiche des Lebens aus.« Auch in turbulenten Zeiten können wir dann unseren Kurs halten.

Ich bemerke, dass meine innere Stärke seit der Abreise aus Kanada zunimmt. In der Zeit, die ich vor meinem Klosteraufenthalt schon in Frankreich verbracht habe, war mir oft einsam zumute – und das ist ja auch ganz verständlich, wenn man von der physischen Gegenwart seiner Lieben abgeschnitten ist. Ich wusste aber auch da schon, dass Geduld alles in meinem Leben verbessern würde. Thay sagt: »Es ist wie in einem Garten: Alles, was wir säen, braucht Zeit, um zu wachsen.« Wir müssen die Pflänzchen nur lieben und gießen, dann kann die Zeit ihre Wunder wirken.

Nach zehn Tagen dieses gemächlichen Klosterlebens wird mir klar, dass ich auf keinen Fall durchs Leben hetzen möchte wie auf einem durchgegangenen Pferd. Das haben die hektischen, genervten Londoner und Pariser mir bereits da draußen gezeigt, wenn sie ihre Kippen achtlos auf geschichtsträchtiges Kopfsteinpflaster schnipsten. Hier in Plum Village nun eröffnet sich mir die Möglichkeit, meine Seele langsam, aber sicher zur Ruhe finden zu lassen. Es ist wirklich wie ein Balsam für alle Wunden, den Geist mit einer regelmäßigen Meditationspraxis zu verknüpfen und sich Geduld fördernden Tätigkeiten wie dem Häuten von Mandeln hinzugeben.

Nach meiner Heimkehr, muss ich gestehen, habe ich mich dann nicht mehr zwanzig Minuten mit ein paar Mandeln aufgehalten, aber einmal waren es doch immerhin zehn Minuten. Es kam mir wie eine Ewigkeit vor, erinnerte mich aber auch an den immensen Wert der Geduld. Disziplinierte Geduld ist meine beste Freundin. In meinem inneren Zuhause gebührt ihr ein Ehrenplatz. Wenn ich die Stärke aufbringe, das Abwarten durchzustehen, ändert sich alles zum Besseren. Stürme haben einen Anfang und ein Ende. Ich habe jetzt oft den Eindruck, dass man Tage des Donners am besten mit Geduld abwettert.

❧ 11. Tag ☙

Freude
Mit den Jungs kochen

*Kummer braucht nur sich selbst; um aber Freude ganz
auszukosten, sollte jemand da sein, mit dem du sie teilst.*

MARK TWAIN

»So, wer möchte beim Mittagessen helfen?« Das muss
mein Erlöser sein. Der Mann mit dem freundlichen
Gesicht und den zerzausten Haaren scheint Ende zwanzig
zu sein, und er hat diesen rollenden schottischen Akzent,
der mich sofort für ihn einnimmt, weil er mich an meinen
geliebten »glaswegischen« Vater erinnert.

Ich sitze mit etlichen anderen Pilgern auf dem blanken
Boden eines zugigen Raums in Upper Hamlet, dem Wohngebäude der Mönche. Wir sind zusammengekommen, um
über den Vortrag zu sprechen, den Thay heute Morgen gehalten hat. Dabei soll es eigentlich nur um die Unterweisung selbst gehen, aber manchmal laufen die Gespräche
etwas aus dem Ruder, wenn die Leute allzu ausgiebig über
persönliche Dinge sprechen, die nicht viel zur Sache tun.
Wenn das passiert und eine allzu selbstbezogene, therapie-
ähnliche Situation entsteht, verliere ich leicht die Geduld.
Ich sehe mich um. Mir gegenüber sitzt der schwarzhaarige

italienische Typ, in den ich mich schon ein bisschen ver-
guckt hatte – bis er dann anfing, dummes Zeug zu reden.
Neben ihm Tom, ein junger Amerikaner. Wenn der sich zu
Wort meldet, höre ich immer gern zu. Als Nächster ein
raubeiniger, muskelbepackter und tätowierter Neufundländer und noch ein paar andere. Mir ist wie immer kalt, an-
ständige Sitzkissen gibt es hier nicht, und ein paar der Gesichter wirken etwas verdrießlich. Ich will weg hier.

Der junge Schotte aus der Küche, der Hilfe benötigt,
heißt Stuart. Er hat seinen Satz kaum beendet, da schnellt
auch schon mein Finger hoch. »Ich mach das!« – »Fein.«
Stuart lächelt breit. Jetzt stehe ich in der geräumigen Küche
mit ihren riesigen Töpfen und Schöpfkellen. Bin ich froh!

Beim Kochen nur kochen. Beim Geschirrspülen einfach
Geschirr spülen. Beim Essen nur essen. Das ist der Weg
zum Glück, sagt der Buddha.

Der tätowierte Neufundländer und drei andere Männer
haben sich ebenfalls zum Küchendienst gemeldet. Ich bin
die einzige Frau. Zusammen mit dem Neufundländer habe
ich die Aufgabe, einen Berg Karotten klein zu schneiden.
Auf seinem muskulösen Oberarm starrt mich ein großer
Anker an. Das Flirten geht auch schon los, aber ganz harmlos, schließlich haben wir hektoliterweise und nach stren-
ger Zeitvorgabe Suppe zu brauen. Im Übrigen ist dieser
Kerl aus Neufundland rückhaltlos ehrlich und hat eine sehr
ansprechende komische Seite.

Jetzt habe ich sechs Karotten geschnitten und sicher
noch hundert vor mir, aber es wirkt irgendwie überhaupt
nicht wie Arbeit. Ich überlege, wie das wohl kommt. Wir
Menschen sind soziale Wesen, ohne Ausnahme; wir brauchen Gesellschaft, da leben wir auf. Wenn das Zusammen-

sein aber Spaß machen soll, müssen alle von ähnlicher Gesinnung sein. Das spüre ich hier. Wir sind jeder ganz eigen, stammen aus verschiedenen Ländern und sind unterschiedlicher Herkunft, aber es verbindet uns ein gemeinsames Interesse: Wir wollen Näheres über die Lehren des Buddha erfahren, insbesondere in der Ausprägung, die sie durch Thich Nhat Hanh erfahren. Unsere Leben, die einander unbekannt sind, gleichen sich darin, dass sie uns in diese intensiv nach Rosmarin duftende Klosterküche getrieben haben, fern von daheim und der Behaglichkeit des Gewohnten. Deshalb schrubbe ich begeistert Möhrchen und schnippele frohgemut drauflos. Eine Verrichtung, deren Umfang mir sonst entmutigend erscheinen würde, geht mir hier ganz leicht von der Hand, weil ich mich in dieser Gemeinschaft von abenteuerlustigen Suppenköchen, die den Buddhismus lieben, gut aufgehoben fühle. Hier herrschen unausgesprochenes Einverständnis und gegenseitiger Respekt. Das wirkt beflügelnd.

Der Schotte hat alles voll im Griff. Wir sind seine willigen und fröhlichen Helfer – keine Frage, dass es ein köstliches Essen wird. Aus Richtung des neufundländischen Ankers kommt ein keltisch anmutendes Liedchen. Das geht ins Blut, und alle summen mit. Summen und kochen, wer könnte da unfroh sein?

Mir fallen die armen Seelen oben in dem kalten Raum ein, die sich einen Reim auf das Leben und ihre persönlichen Leiden zu machen versuchen. Manchmal ist es einfach besser, sich das ganze Zeug aus dem Kopf zu schlagen und irgendetwas zu tun, egal was. Hier in der Küche beim munteren Suppenkochen mit den Jungs empfinde ich das ganz stark.

Thich Nhat Hanh sagt, wir können unter allen Umständen glücklich sein. Nur ein bisschen Geländekenntnis sei dafür erforderlich. In seinem Dharma-Vortrag heute Morgen hat er zur Veranschaulichung die Rose angeführt: »Wer eine Rose pflücken will, kommt auch mit Dornen in Berührung. Deshalb müssen wir uns mit den Dornen auskennen, ohne die keine Rose ist. Unsere negativen Gefühle sind wie solche Dornen. Die Blüten sind unsere Freude, und Blüten und Dornen treten immer zusammen auf. Denken wir also nicht, wir könnten nicht glücklich sein, nur weil ein paar Dornen vorhanden sind. Die Blüten sind ja auch da. Selbst wenn wir den Dorn der Traurigkeit im Herzen haben«, sagt Thay, »können wir doch die Blüte der Freude erleben.« Das lässt sich üben, und dann haben wir immer mehr Freude, wie die Umstände auch sein mögen. Warum das so wichtig ist? Weil die Freude zu den sogenannten Faktoren der Erleuchtung gehört.

»Beim Einatmen empfinde ich Freude. Beim Ausatmen empfinde ich Freude.« Thay lehrt uns diese Meditation, um die Freude in uns zu nähren, damit wir uns von dem in uns lösen können, was uns müde, traurig und bekümmert macht. Der Buddha lehrte, dass wir ohne Freude keine Befreiung finden können.

Der Neufundländer singt immer noch sein keltisches Liedchen.

Ob die Pilger da oben in diesem öden kalten Raum wohl gerade in Selbstmitleid baden und sich gegenseitig über ihre Nöte unterrichten? Benutzen sie diese Diskussionsrunde, in der es ja eigentlich um die Lehren des Buddha gehen soll, um ihr persönliches Unbehagen breitzutreten? Oh, ich mache mich lustig über meine Mitpilger, das ist nicht nett von mir. Aber die Alternative haben wir ja hier gerade. Ich blicke zu Stuart hinüber. Mit blitzendem Messer und kraftvollem Schwung schneidet er jetzt einen dicken Bund Thymian für die Suppe. Ganz versunken ist der junge Küchenchef. Ich weiß, dass er in seiner Familie viel Schlimmes erlebt hat. Aber er jammert nicht, er redet nicht ständig darüber. In den ganzen vierzig Tagen meines Aufenthaltes hier werde ich kein negatives Wort von ihm hören, nicht ein einziges. Er sieht einfach zu, dass er mit seiner Sache weiterkommt. Er gibt und gibt und dirigiert irgendwie die äußerst umfangreichen Küchenarbeiten, die so viel zur allgemeinen Freude beitragen.

So viel ist klar: Er weiß, wie man guten Kontakt zum Zuhause in seinem Innern hält, und das wirkt auf mich sehr inspirierend, was die Einrichtung meiner eigenen inneren Heimat betrifft. Stuart ist leise und integer, engagiert und von anhaltend gutem Einfluss auf mich – wie könnte ich ihn nicht lieben?

Demut
Weder durchsetzen noch aufgeben

Selig sind die Sanftmütigen,
denn sie werden das Erdreich besitzen.

MATTHÄUS 5,5

Im Wohngebäude von New Hamlet eskaliert ein bitterer Streit zwischen zwei Besucherinnen. Die Kontrahenten sind Rita, eine Brasilianerin mit feuerrotem Haar, einer sehr direkten Art und Gesichtszügen, die genauso stark ausgeprägt sind wie ihre Anschauungen; und Angelika, eine blasse, stille Deutsche mit beigefarbenem Haar, beigefarbener Haut und beigefarbenen Augen. Sogar ihr Kleid, die Socken und Schuhe sind kamelfarben, sodass sie alles in allem eher wie ein weiches, verstörtes Hündchen wirkt.

Es konnte nicht gut ausgehen.

Heute Morgen sind wir drei zufällig zusammen im Waschraum. Ich putze mir still die Zähne, als ich die beiden rechts von mir zanken höre. Ich meine mitzubekommen, dass eine Autofahrt ins Dorf bevorsteht, bei der nur noch ein Platz frei ist, den beide haben wollen. Wie es scheint, möchte die resolute Rita Angelika von dem Platz verdrängen, der ihr schon fest zugesagt worden ist. Schließlich hat Angelika Ritas unermüdliches Quengeln satt und sagt ihr – deutlich genervt, aber immer noch hündchenhaft –, sie könne den Platz haben, sie werde ja doch keine Ruhe geben. Das wiederum bringt Rita auf die Palme. Sie sei nun mal Brasilianerin und äußere sich gern geradheraus, und was Angelika als »hitzig« empfinde, sei einfach ihre Art, sich mitzuteilen, nicht bös gemeint. Die reservierte Deutsche wird daraufhin vollkommen unzugänglich, und der Streit eskaliert. Ritas herausfordernde Art führt dazu, dass sich die stille Angelika immer weiter in sich zurückzieht. Sie solle doch endlich mal offen reden, fordert die Brasilianerin, aber der gekränkten Deutschen scheint nichts ferner zu liegen als das. Ich in der Ecke, den Mund voller Schaum, würde mich am liebsten in ein Mauseloch verziehen. Eine höchst unerfreuliche Situation.

Ich schleiche mich in mein Zimmer und überlege, was das wohl war.

Viele, die nach Plum Village kommen, erhoffen sich Heilung für ihre tiefen Verletzungen, und vielleicht fühlen sie sich deswegen so ungeschützt und reagieren überempfindlich. Als Angelika nach New Hamlet kam, hatte sie etwas von schlimmen Erlebnissen durchblicken lassen. Sie hoffe hier Zuflucht zu finden, sagte sie. Was sie so sehr mitgenommen hatte, vertraute sie jedoch niemandem an. Nur bei einer Gelegenheit erwähnte sie einmal etwas, was auf eine gescheiterte Liebesbeziehung hindeutete. Mir schien, dass sie ihre Gefühle stark unterdrückte und dadurch alles noch viel schlimmer machte. In den Tagen nach dem schrecklichen Zusammenstoß mit Rita gelang es der scheuen Deutschen partout nicht, einen Schritt zurückzutreten, damit sich der Streit verflüchtigen konnte. Vielmehr schien sie sich immer mehr darin zu verbeißen. Wir sahen hilflos zu, wie sie immer tiefer in ihrer Verzweiflung versank, und das ausgerechnet hier – in einem Kloster! Ob Angelika wohl ahnte, dass ihr Schmerz im Grunde gar nicht viel mit Rita zu tun hatte? Vielleicht. Bei jedem Blick in ihr trauriges, hohläugiges Gesicht fühlte ich mich vollkommen hilflos. Alle möglichen Ansätze standen ihr zur Verfügung, um den Kummer ein wenig zu lindern, aber sie schien ausschließlich auf den Zwischenfall mit Rita fixiert, als hätte er verhindert, dass sie sich je wieder wohlfühlen könne.

Sie hat sich so in ihr Schneckenhaus zurückgezogen, dass mir, wann immer ich sie sehe, die Denkgewohnheiten einfallen, mit denen ich selbst meine Freiheit sabotiere: Wie oft habe ich nicht schon darauf bestanden, dass sich die Dinge genau nach meinen Vorstellungen entwickelten. Und wenn sie es dann nicht taten, wäre ich am liebsten weggelaufen.

Der Streit zwischen Rita und Angelika, die ja beide letztlich nichts als Frieden und Glück wollten, lief darauf hinaus, dass Angelika abreiste. Sie packte und war weg. Die sanftmütige Frau hatte vier Wochen bleiben wollen, und jetzt war sie nach zwei Tagen schon wieder fort. Niemandem war es gelungen, sie wieder aufzumuntern, und viele hatten es versucht, auch Rita und einige der Nonnen. Aber Angelika war nicht in der Lage, die Hände, die sich ihr entgegenstreckten, zu ergreifen. »Wie sie sich quälen muss«, dachte ich.

In diesen Tagen im Kloster werde ich Thich Nhat Hanh noch oft davon reden hören, dass es einen manchmal »juckt«, einfach abzuhauen, als könnte man ungeliebten Dingen und Menschen oder den eigenen Problemen damit entkommen. Einmal erzählt Thay von einem Mann, den sein Sohn derart enttäuschte, dass er ihn enterbte. Er bildete sich ein, seine Sorgen und Nöte würden mit dem Sohn verschwinden. Doch was ihn erwartete, war ein quälendes Leben voller Reue und Kummer.

Einige Zeit nach meiner Rückkehr aus Frankreich habe ich in der *Shambhala Sun* einen Artikel von Roshi Joan Halifax gelesen. Sie hat sich als buddhistische Nonne einige Jahre bei Thich Nhat Hanh geschult und dann zusammen mit Roshi Bernie Glassman das Upaya Zen Center gegründet. In diesem Artikel schreibt sie über ein Motto des Zentrums: *Starker Rücken, weiche Front.* »Starker Rücken ist unsere Fähigkeit, wirklich aufrecht zu sein. Weiche Front ist das Offensein für die Dinge, wie sie sind.« Als ich darüber nachdachte, fiel mir der bittere Kampf zwischen den beiden Frauen in New Hamlet wieder ein. War ihr Rücken nicht eher starr als stark gewesen, die Front nicht offen und fließend, sondern ebenfalls starr? Sie gaben keinen Fußbreit Boden auf, nicht einmal in diesem buddhistischen Kloster. Es war unübersehbar, dass die Sache beiden sehr naheging. Und natürlich war auch das Weiche da, aber eben begraben unter schützenden Schalen und kulturellen Unterschieden. Bei Joan Halifax lese ich, Mitgefühl komme daher, dass man gegenüber allem Lebendigen weich und offen und darin fest und entschlossen bleibe. Und das gilt wohl besonders für Leute, die einem nicht besonders liegen …

Bejahe alles Leben ringsum, lauf nicht davor weg.

Die zarte, unendlich schüchterne, tief verletzte und rundum unauffällige Deutsche hatte das Kloster fluchtartig verlassen. Ich mochte sie sehr und hätte mir gewünscht, etwas gegen ihre schwarze Traurigkeit tun zu können.

Auf den ersten Blick hätte man denken können, die hitzköpfige Brasilianerin sei besser dran gewesen. Jedenfalls lief sie nicht weg, sondern stellte sich den Dingen. Diese Standhaftigkeit wird Rita sicher zustattenkommen, wenn es gilt, den inneren Zufluchtsort in sich zu finden – obwohl sie unter ihrem feurigen Temperament bestimmt auch so ihre Schwierigkeiten hat.

Als ich mich schlafen lege, fällt mir noch etwas ein, was Thay vor ein paar Tagen gesagt hat: »Wir selbst sind es, die unsere Leiden verursachen. Wir erzeugen sie selbst. Wir sind unser eigener schlimmster Feind.«

Seelenruhe
Ein Wiegenlied für alle

Sanft schläft jetzt die Erde ein,
wenn sich der Abend senkt.
Schnell fallen dir die Augen zu,
schlaf du jetzt, mein Kleines.

AUS EINEM ALTEN

FRANZÖSISCHEN WIEGENLIED

Spät am Abend in New Hamlet. Ich liege zusammen
mit den Schwestern und Pilgerinnen still auf dem Tep-
pich in der nur von Kerzen schwach erleuchteten Meditationshalle. Die Kerzen breiten ihren goldenen Schmelz
über die erhellenden Worte, die mich jeden Morgen empfangen, wenn ich den Raum betrete: *Dies ist es.* Bevor ich
die Augen schließe, fällt mein Blick noch einmal auf Thays
vielsagenden Ausspruch, der in einem schlichten Rahmen
die graue Steinmauer ziert.

Eine der Nonnen, die ich besonders mag, und das sind
viele, stimmt leise ein französisches Lied an, dessen Melodie mich, auch wenn ich die Worte nicht alle verstehe, an
ein Wiegenlied denken lässt. Schwester Prunes Stimme hat
etwas so Wohltuendes und die Melodie ist so schlicht und

unschuldig, dass Bilder aus der Kindheit vor meinem inneren Auge auftauchen, Bilder mit meiner Mutter. Strophe für Strophe trägt mich die grenzenlose Musik in eine andere Welt, in das Reich des Friedens, in dem meine Mutter lebt.

Meine Augen soll ich also schließen und sanft mit der Erde einschlafen. Weitere Refrains lassen alles Äußere von mir abfallen, und ich tauche tief ein in eine Welt der Kindheitserinnerungen. Ich sitze in einem blau geblümten handgenähten Kleid in der Sonne und trinke ein Glas Limonade, die meine Mutter gemacht hat. Die Erinnerung ist so präsent, dass selbst meine damaligen Empfindungen lebendig werden. Ich stehe im sonnenbeschienenen Hof eines Hauses in Ottawa, ein kleiner Blondschopf mit sonnengebräunten Beinen, und der ganze Tag gehört mir. Dieses Mädchen bin ich jetzt. Die fröhliche Beschwingtheit geht auf mich über und macht mich so leicht, dass ich auf dem Gesang der Nonne schwebe und die samtigen Töne meine Erinnerungen in Visionen verwandeln. Meine Mutter ist da, ihr gütiges Gesicht, ihre milde Stärke. Ihre stille Art und nachgiebige Kraft werden in mir wach.

Mondschein.

Ich bin fünf Jahre alt und liege unter der rosa-weißen Steppdecke meiner Kindheit, neben mir auf dem Kopfkissen das orangerote Garnhaar meiner Lieblingspuppe. Meine Mutter ist in dieser Winternacht an mein Bett getreten und legt mir ganz leicht ihre warme Hand auf die Stirn.

Schwester Prune singt, dass ich in Frieden schlafen kann und träumen neben meiner Mutter, und dass ich fröhlich aufwache, wenn der Morgen kommt. Meine Mutter ist da.

Mit voller Hingabe gesungene Mantras wirken Wunder. Als Thay das sagte, wusste ich gleich, dass es stimmte. Und eben jetzt erlebe ich das Wunder.

Jeder Tag erinnert mich aufs Neue daran, dass ich ein Teil des kollektiven Ganzen von Plum Village bin. Und der *Sangha*, die Gemeinschaft achtsamer Einzelner, erzeugt eine kollektive Energie, die weit über das hinausgeht, was Einzelne vermögen. Vor jeder Meditation macht uns ein Mönch oder eine Nonne auf die Kraft all der hier versammelten Menschen aufmerksam. Die Buddhisten in Plum Village sprechen in diesem Zusammenhang vom »Sangha-Körper«. Jeder von uns, sagen sie, ist darin eine Zelle; wir sollen es darauf anlegen, als *ein* Körper zu rezitieren. Thich Nhat Hanh sagt, eine Gruppe von Menschen, die im Dharma, den Lehren des Buddha, verankert sind, könne enormen Schwierigkeiten standhalten. Die Lehre, unter der man sich versammelt, müsse nicht einmal unbedingt die des Buddha sein. Ein Sangha bestehe vor allem darin, dass seine Mitglieder innerlich auf Mitgefühl und Güte eingestellt sind.

Schwester Prunes überirdischer Gesang lässt mich die Kraft der Gemeinschaft von New Hamlet deutlich spüren. Sie lässt nicht nur in mir die heilsame Energie meiner Mutter auferstehen, sondern hebt uns alle auf eine höhere Ebene. Ihr Gesang gibt den hier versammelten Seelen Nahrung, und diese Nahrung ist Liebe. Sie singt in schlichter Hingabe und wirkt Wunder. Mein Geist strebt mit allen anderen empor, meine Zellen schwingen mit denen der anderen. Mein Herz blüht auf wie jedes hier. Ich bin ein Teil dieses Ganzen, das von gewaltiger erhebender Kraft ist. Wir alle sind Zellen des Buddha-Körpers. Wieder einmal fühle ich mich bestärkt auf meinem Weg. In mich selbst eintauchend, nehme ich Augenblick für Augenblick Zuflucht zu meinem weisen Ich.

Es war kein leichter Tag. Die hitzige Brasilianerin hat ein Treffen der Pilgerinnen von New Hamlet, das zum zwanglosen Austausch gedacht war, völlig an sich gerissen. Sie fing einfach an, Beschwerden über die Klosterführung vorzubringen, und hörte dann nicht mehr auf. Die erste und gewichtigste ihrer Beschwerden: nicht genügend Ablagemöglichkeiten im Zimmer. »Sie sollte mal in meine Butze kommen«, dachte ich, »da gibt es gar keine.«

Ritas mit unangenehm erhobener Stimme vorgetragener Beschwerdekatalog nahm kein Ende, aber ich schaltete ziemlich bald ab. Die zurückhaltende Schwester, die die Gesprächsrunde leitete, sagte kein Wort und ließ Rita in ihrer schockierenden Anspruchshaltung einfach gewähren. Mich erschreckte dieser Ausbruch, aber genauso groß war meine Bewunderung für die Engelsgeduld der Nonne.

Wer klug ist, würde ich sagen, erwartet keinen Luxus, wenn er im feuchtkalten französischen November in ein buddhistisches Kloster kommt, in dem gerade ein strenges Meditationsretreat stattfindet. Und überhaupt, auf dem spirituellen Weg sind Extravaganzen eher hinderlich.

Sanft verklingt Schwester Prunes Stimme, die uns alle in magische Geborgenheit gehüllt hat. Als ich die Augen aufschlage, fällt mein Blick gleich wieder auf Thays Kalligrafie an der Wand: *Dies ist es*. Ich richte mich auf. Rita steht auch schon. Sie hat ganz in meiner Nähe gelegen. Sie strahlt, ihr Gesicht wirkt glatt wie das Blatt einer Lotosblüte. Der Gesang hat uns alle in tiefe Seelenruhe versetzt.

Die Verzauberung geht noch in mir um, während ich mich bettfertig mache. Wäre es nicht herrlich, denke ich, wenn uns allen, Jung und Alt, Wiegenlieder gesungen würden, die uns jeglichen Stress nehmen und unsere Lieben vor dem inneren Auge auftauchen lassen? Jedenfalls bin ich von der Vorstellung geheilt, Wiegenlieder seien nur etwas für kleine Kinder. Schließlich lebt sie ja in mir, die fünfjährige Mary, und lässt sich so gern etwas vorsingen, gegen den Schmerz oder einfach so.

❧ 14. Tag ☙

Standhaftigkeit
Der Kopfhörerdieb

Wer andere besiegt, ist stark.
Wer sich selbst besiegt, ist allmächtig.

LAOTSE

Thay hält seine Dharma-Vorträge normalerweise auf Vietnamesisch, und da nur wenige diese Sprache verstehen, verfügt das Kloster über eine Soundanlage mit kabelgebundenen Kopfhörern, über die man die Rede, in mehrere Sprachen simultan übersetzt, mithören kann. Deshalb stehen heute überall zwischen den blauen Bodenkissen Anschlussboxen für die Kopfhörer, blockweise nach Sprachen angeordnet – Englisch, Französisch, Spanisch, Niederländisch und Deutsch. Man sieht zu, dass man rechtzeitig vor dem Vortrag da ist und seinen Kopfhörer schon irgendwo einstöpselt, denn es kommt vor, dass Anschlüsse nicht funktionieren oder die Soundanlage an irgendeiner anderen Stelle Probleme bereitet. Ich bin also wie immer eine Viertelstunde vor Beginn da, suche mir einen netten Platz im englischen Block, stöpsle meinen Stecker ein und lege den Kopfhörer vor mir ab. Alles bereit. Denke ich.

Die sogenannten zehn Achtsamkeitsübungen, eine Folge von zehn Bewegungsabläufen, von Thay entwickelt und angeleitet, sind beendet, ebenso wie die Eröffnungsrezitation. Gleich wird der Zen-Meister zu sprechen beginnen. Ich lege den Kopfhörer an, verfolge den üblichen Soundcheck. Alles scheint bereit. Mein Kopfhörer funktioniert, ich höre Schwester Chan Khongs melodiöse Stimme. Sie wird die Worte des Meisters ins Englische übersetzen und ist selbst eine bekannte Lehrerin. Ihr Name, Wahre Leerheit, lässt eine der Kernlehren des Buddha anklingen. Sie lernte Thich Nhat Hanh 1959 kennen und wurde 1988 von ihm ordiniert. Sie wirkt auf mich wie der Inbegriff des Friedens.

Rechts von mir rumort es. Hektisches Flüstern und Hantieren. Ich wende den Kopf und blicke in drei hilflose, angespannte Gesichter. Ein Mann und zwei Frauen sind recht spät gekommen, deshalb suchen sie jetzt hektisch nach freien Steckplätzen für ihre Kopfhörer. Ich möchte helfen und bedeute dem Mann mit Gesten, mir die Kopfhörerstecker zu reichen. Das tut er auch gleich, und jetzt kann ich versuchen, die Stecker in der nächsten Box unterzubringen. Da ich nicht ganz hinreiche, lege ich meinen eigenen Kopfhörer kurz ab und krieche zwischen den Sitzreihen zur nächsten Stöpselbox. Leider sind auch da bereits alle Buchsen belegt, und ich kann keinen einzigen Stecker unterbringen.

Hier im Kloster geht es alle Tage, jeden Moment und bei jeder Verrichtung darum, freundlich, mitfühlend, rücksichtsvoll, großzügig und hilfsbereit zu sein. Hilfsbereit bin ich gerade, ja, und es fühlt sich gut an. Zu gut? Wenigstens habe ich es versucht, sage ich mir.

Mit den Kabeln in der Hand krieche ich so störungsfrei wie möglich an den verständnisvoll und mit überkreuzten Beinen dasitzenden Pilgern vorbei zu meinem Platz zurück und setze meinen Kopfhörer auf. Entsetzt stelle ich fest, dass kein Ton herauskommt. Nun lässt sich in diesem Kabelsalat kaum ausmachen, an welchem Stecker welcher Kopfhörer hängt. Ratlos sitze ich da und versuche, dem Gewirr der Kabel irgendeine verständliche Botschaft zu entnehmen. Seltsam, eben ging mein Kopfhörer doch noch, immerhin habe ich ihn selbst eingestöpselt und mich davon überzeugt, dass er funktioniert.

Es wird still im Raum. Thay beginnt zu sprechen. Ich verstehe nichts von dem, was der Mönch und Gelehrte sagt. Fünf Minuten vergehen, und ich habe mich schon fast damit abgefunden, dass ich den Vortrag nur auf Vietnamesisch hören werde. Dann jedoch kommt mir ein Gedanke. »Ob vielleicht einer von den Nachzüglern meinen Kopfhörer genommen hat?« Der Mann, dem ich meine Hilfe angeboten habe, sitzt nämlich jetzt in schönstem Frieden da, hat einen Kopfhörer auf und versteht offenbar jedes Wort, das gesprochen wird. »Entschuldige«, sage ich leise, »hast du meinen Kopfhörer auf?« Er wirft mir einen ausdruckslosen Blick zurück, das beseligte Lächeln versiegt. Aha. Ich wiederhole meine Frage, diesmal mit Nachdruck. Er gibt es zu, aber so, als wäre nichts dabei. Ich koche. »Gibst du ihn mir bitte wieder?« Ohne jedes Anzeichen von Verlegenheit setzt mein Mitpilger den Kopfhörer ab und reicht ihn mir.

Das ist eine interessante Erfahrung: in einem buddhistischen Andachtsraum zu sitzen und zu spüren, dass dir gleich der Kragen platzt.

Während ich mich kriechend um Steckplätze für diesen Mann und seine beiden Freundinnen bemühte und der weise Mönch bereits über weise Dinge sprach, hat dieser Mann meinen Kopfhörer an sich genommen und seinen dafür hingelegt, der nicht eingestöpselt war und folglich stumm blieb. Doch, wirklich, das hat er getan. Habe ich schon erwähnt, dass wir hier gehalten sind, in jedem Moment Freundlichkeit walten zu lassen?

Die nächsten fünf Minuten sitze ich innerlich tobend da. Ich bekomme nichts von dem, was Thay sagt, mit, obwohl ich es deutlich und auf Englisch im Ohr habe. Dafür überschlagen sich in mir Gedanken wie diese: »Wie kann dieser Mensch so etwas tun? Ich habe ihm doch helfen wollen, ich und sonst keiner. Und dann nimmt er mir einfach meinen Kopfhörer weg. So eine Gemeinheit! Wie kann man nur derart egoistisch sein? Und das ausgerechnet hier, in einem buddhistischen Kloster!« Das und mehr in vielen Abwandlungen. Nichts anderes hat Platz in meinem Kopf.

Schließlich dringen aber doch ein paar von Thays Worten zu mir durch: »Geht zu eurem Ein-Atem. Geht zu eurem Aus-Atem. Das wendet euer Bewusstsein nach innen, dorthin, wo ihr sicher seid. Der Atem nährt euch, er heilt. Achtet gut auf die Insel, die ihr selbst seid – es ist sehr schön in eurem Inneren.« Endlich fange ich an, dem Meister-Lehrer doch zuzuhören.

»Geht zu eurem Atem.«

Ich schließe die Augen. Mein Atem strömt ein. Eins, zwei, drei, vier. Pause. Mein Atem strömt aus. Eins, zwei, drei, vier. Pause. Ich setze Bewusstsein hinter meinen Atem, und es weist den Weg. Die nährende Luft strömt ein und wieder aus, gleichmäßig, stetig, rhythmisch und tief. Das konzentrierte Atmen führt mich an einen sicheren Ort in mir. Die Revolution kann beginnen.

»Schafft euch Sonnenschein. Geht nicht nach draußen, um Schönheit und Sonne zu finden. Wenn es draußen dann einmal stürmisch ist, wisst ihr, wie ihr zu euch selbst zurückkehren könnt. Lasst Frieden in euch sein.«

Die Spannung fällt von mir ab, mein steifer Rücken wird weich, die gerunzelte Stirn glättet sich wie Seide, das ganze peinigende Unbehagen löst sich Schicht für Schicht. Ich bin ganz bei meinem Atem.

»Habt eure sichere Insel immer bei euch, überall.«

Der Groll lässt sich nicht aufrechterhalten. Der Ärger verfliegt. Ich bin leicht und licht.

»Sucht auf dem stürmischen Meer des Lebens Zuflucht bei euch selbst.«

Ich habe Zuflucht genommen.

Es ist zehn Uhr abends, ich habe mir die Zähne geputzt und liege im Bett. Ich nehme das von zu Hause mitgebrachte *Tao te king* zur Hand, das uralte Buch taoistischer Weisheit. Dieses Buch vom Weg des Lebens enthält Weisheiten des chinesischen Meisters Laotse, der im sechsten vorchristlichen Jahrhundert gelebt haben dürfte. Mit geschlossenen Augen schlage ich das Buch irgendwo auf. Eine Zeile fällt mir ins Auge.

»Wenn du andere beschuldigst, wird der Vorwürfe kein Ende sein.«

Später, wieder zu Hause in Kanada, habe ich mich immer an diese Kopfhörergeschichte erinnert, wenn ich mich schlecht behandelt fühlte. Etwas Befreiendes regte sich dann in mir. Was, wenn ich mich von allem in meinem Leben lösen könnte? Das müsste dann aber auch für Fälle gelten, in denen ich richtig sauer bin. Wie damals, als sie mir im Restaurant mein nagelneues iPhone geklaut haben – samt der braunen Lederhandtasche mit Portemonnaie, Ausweis und Hausschlüsseln. Was, wenn ich es dem Dieb nicht nachtrage? Man weiß vorher ja nie, ob etwas Gutes oder etwas Schlechtes daraus wird.

Zu diesem Thema erzählt Stephen Mitchell, ein zeitgenössischer Übersetzer des *Tao te king*, eine sehr alte Geschichte. Sie handelt von einem Bauern, dem sein kostbares Pferd durchbrennt. Die mitfühlenden Nachbarn bemitleiden ihn. Er sagt: »Wer weiß schon, ob das gutes oder schlechtes Geschick ist?« Irgendwann kommt das Pferd zurück und bringt sogar Nachkommen mit, die es mit einem anderen Pferd von hoher Zucht gezeugt hat – was den Besitzstand des Bauern erheblich mehrt. Wieder kommen die Nachbarn, diesmal zum Gratulieren. Aber der Bauer sagt auch diesmal nur: »Wer weiß schon, ob das gutes oder schlechtes Geschick ist?« Bald darauf stürzt sein achtzehnjähriger Sohn beim Reiten von ebendiesem Pferd und bricht sich ein Bein. Die Nachbarn schauen vorbei und beklagen das Pech des Bauern, zumal der verletzte Sohn jetzt nicht mehr bei der Arbeit wird helfen können. Wieder bleibt unser Bauer zurückhaltend. Bald darauf bricht im Land Krieg aus, alle jungen Männer müssen ins Feld und sehr viele sterben. Aufgrund seines gebrochenen Beins bleibt dem Sohn des Bauern dieses Schicksal erspart.

Als mir in dieser tristen Nacht in Toronto mein iPhone gestohlen wurde, war ich gezwungen, der Realität ins Auge zu schauen und mich auf Disziplin zu besinnen. »Das Leben ist kein Traum«, sagte ich mir, »du musst die Augen offen halten und alle Sinne beisammen haben.« Der Abend gab mir auch Anlass, mich auf die Wahrheit zu besinnen, dass jede Handlung zählt. Ich muss im Auge behalten, was *ich* tue. Auf diesen Diebstahl hin brachte ich eine Ecke meines Lebens in Ordnung, die ich etwas vernachlässigt hatte. Der peinliche Vorfall machte mir in aller Deutlichkeit bewusst, wie sehr es auf meine eigene Ehrlichkeit ankam.

In Thays *Das Herz von Buddhas Lehre* heißt es: »Hindernisse sagen uns etwas über unsere Stärken und Schwächen, und so lernen wir uns selbst besser kennen und sehen klar, welche Richtung wir wirklich einschlagen möchten.«

Diebstahl nicht irgendwo, sondern an einem buddhistischen Ort der Andacht – dieses Hindernis zwang mich, tief in die beruhigende und aufrichtende Kraft meines Atems einzutauchen und dort die Zuflucht zu finden, die von solchen Ungeheuerlichkeiten nicht erreicht wird. Und da, wenn ich es recht bedenke, ja auch der Besitz eines iPhones etwas beinahe Religiöses hat, war sein Diebstahl pietätlos, sündig. Aber dem Sieg über das eigene Ich widersteht nichts, wie sehr der Sturm draußen auch toben mag.

Klarheit
Zerwürfnis und Inter-Sein

I am he as you are he as you are me
and we are all together.

THE BEATLES

In der Meditationshalle übersetze ich die Gedanken einer amerikanischen Pilgerin für eine Schwester, die kein Englisch versteht, ins Französische. Alles läuft wie geschmiert, als Vanna mir plötzlich und auf erstaunlich hässliche Art vorwirft, ich würde ihre Gedanken völlig falsch wiedergeben. Weiß der Himmel, wie sie darauf kommt, schließlich versteht sie ja kaum ein Wort Französisch. Zuerst schweige ich betreten, dann strömt der Ärger in diese Leerstelle ein. Als wartete ich nur auf eine Gelegenheit, Vanna herunterzuputzen.

Es kommt ja vor, dass man Leuten begegnet, die einem einfach nicht liegen. Diese Person braucht dann nicht einmal etwas zu sagen, ihre bloße Gegenwart genügt, dass sich einem die Nackenhaare aufstellen. Das ist in einem Kloster nicht anders. Man kommt einfach nicht mit allen zurecht.

Vanna habe ich am Tag meiner Ankunft während der Fahrt vom Bahnhof zum Kloster kennengelernt. Sie wirkte sehr kühl und distanziert. Vielleicht hat sie mich und die anderen Frauen im Wagen kurz gemustert, aber sie sagte die ganze vierzig Minuten dauernde Fahrt über kein Wort, nicht einmal zu der Nonne, die uns liebenswürdigerweise nach Plum Village brachte. Sicher, man weiß nie, weshalb sich jemand so oder so verhält, und natürlich soll man sich immer um Mitgefühl bemühen, aber es gibt einfach Leute ...

Aus Vannas Zimmer sind immer wieder laute Weinkrämpfe zu hören, und dann kann niemand sie beruhigen. Ihr Jammern kommt mir zwar ein bisschen unecht vor, so als ginge es ihr lediglich um Aufmerksamkeit. Aber das ist wohl nur mein Eindruck und wahrscheinlich falsch – sicher sogar. Etwas jedoch gibt es, was ich richtig blöd finde: Wenn es am Morgen kalt ist, und das ist es meistens, trägt Vanna in der Meditationshallte ein Monstrum von einem Winterparka, der bei jeder kleinsten Bewegung so laut knistert und raschelt, dass ich mich wirklich gestört fühle. Solche Kleinigkeiten können einen völlig kirre machen, wenn man über längere Zeit mit so vielen Menschen auf engem Raum zusammenlebt.

Und das ist noch längst nicht alles. Bei den Gruppengesprächen über Thays Unterweisung des Tages setzt Vanna gern zu weitschweifigen und ermüdenden Monologen an, die sich um ihre Person drehen und wenig Bezug zum Thema haben. Ich bemerke an mir eine zunehmende Tendenz, die Gruppentreffen zu meiden, an denen Vanna teilnimmt. Kurz, es war nur eine Frage der Zeit, bis es zum direkten Zusammenstoß zwischen uns kommen musste. In der Welt da draußen kann ich Leuten, die ich nicht mag, aus dem Weg gehen. Hier nicht. Ich muss mit Vanna leben.

Ich muss zusammen mit einer Frau, die mir den Nerv tötet, meditieren, essen gehen und in Diskussionsrunden sitzen.

Seit dem Übersetzungsdebakel ertrage ich nicht einmal mehr ihren Anblick. Die Meisterworte Thich Nhat Hanhs fallen mir ein: »Ein tiefer Blick auf das, was da draußen ist, offenbart, dass du dich selbst betrachtest.« Dann bin ich ganz durcheinander, denn die unschuldige Pilgerin ist mir nicht nur wirklich zuwider, sondern diese Tatsache bedrückt mich auch noch. »Nein, mit dieser egozentrischen, unnahbaren Frau habe ich nicht das Geringste gemein«, denke ich.

Die Schwestern reden oft vom »Gießen der guten Samen in den Menschen«, und das ist einfach die Aufforderung, so zu sprechen und zu handeln, dass es in anderen die besten Eigenschaften und schönsten Gefühle fördert. Nach der buddhistischen Lehre weist unser Bewusstsein etliche Schichten auf, und eine davon ist das sogenannte Speicherbewusstsein. Thich Nhat Hanhs Darstellung zufolge werden dort Eindrücke empfangen und verarbeitet und dann als *Bijas* oder »Keime« beziehungsweise »Samen« abgelegt und gespeichert. In jedem Menschen finden sich positive Keime wie Achtsamkeit, Freude, Liebe und Mitgefühl, aber auch negative wie beispielsweise Diskriminierung, Ärger, Hass und Gier. Manchmal regen die Umstände oder auch andere Menschen solche bis dahin schlummernden Keime zum Sprießen an und lassen sie bis ins Oberflächenbewusstsein vordringen, wo sie sich dann als sogenannte geistige Formkräfte, als wirkende Energien, bemerkbar machen. Sobald sie sich einmal in dieser Weise manifestiert haben, empfinden wir sie auch.

Irgendwie bewässere ich offenbar Vannas negative Samen oder Keime des Ärgers. Und irgendetwas an ihr löst in mir die gleichen destruktiven Regungen aus.

Thay hat vor ein paar Tagen einen Kreis an die Tafel gemalt und mit einem senkrechten Strich halbiert, um den Subjekt *und* Objekt enthaltenden Geist zu veranschaulichen. »Sie werden im selben Moment geboren und existieren zusammen. Der Wahrnehmende und das Wahrgenommene manifestieren sich gleichzeitig.«

Nach der Rückkehr von meiner Reise fiel mir diese Lehre oft ein, wenn ich mir den Geldbaum anschaute, der in meiner Küche steht. Zunächst erschien er mir als ein äußeres Objekt, Gegenstand meines bewussten Sehens – bis ich mehr in die Tiefe blickte. Thay sagt, es sei ein fundamentaler Irrtum zu meinen, irgendein Ding existiere außerhalb unseres Bewusstseins. Dies sei in zweierlei Hinsicht falsch, denn wir nehmen dann an, dass der Geist etwas für sich Existierendes ist und die Gegenstände unseres Bewusstseins ebenfalls für sich und gesondert existieren. Wenn ich den Geldbaum als etwas außerhalb meiner selbst sehe, nicht mit mir verbunden, dann irre ich mich. »Bewusstsein ist immer Bewusstsein *von etwas*«, sagt Thay.

Die Verbundenheit von Subjekt und Objekt ist für mich leichter bei Dingen zu erkennen, die ich gern sehe. Bei Leuten, die ich nicht so mag, kommt mir das nicht in den Sinn.

»Gott und ich sind eins. Wenn ihr es ganz genau betrachtet, werdet ihr sehen, dass Gott nicht von euch getrennt ist.«

Ja, das sagt ein buddhistischer Mönch. Vor ein paar Tagen hat Thay die Einheit von Subjekt und Objekt erklärt: »Normalerweise denken die Leute, dass es den Schöpfer und das Geschöpf gibt. Tatsächlich aber *enthält* das Geschöpf den Schöpfer, die Tochter enthält die Mutter. Wir glauben gemeinhin, die Mutter sei vor der Tochter geboren.« Zuerst dachte ich, Thay wolle unsere Vorstellung von linearer Zeit aufbrechen, und das ist etwas, womit ich keine Schwierigkeiten habe. Doch dann fügte er einen erstaunlichen Satz an: »Eine Mutter wird aber erst Mutter, wenn sie ihr Kind zur Welt bringt.« Das stimmt natürlich, und erst so wird die Sache ganz klar. Mutter und Tochter werden zusammen geboren. Jetzt brauche ich diesen Gedankengang nur noch auf alle Subjekte und Objekte zu übertragen.

Subjekt und Objekt koexistieren, sie *inter-sind*, wie Thay es ausdrückt. Das Subjekt verhilft dem Objekt zum Sein, aber sie manifestieren sich zusammen und zugleich: Sie sind in ihrer Existenz eines vom anderen abhängig. Deshalb sind sie auch, wie man im Buddhismus sagt, »leer« von einem gesonderten, eigenständigen Ich.

Daraus folgt: Wenn ich für Vanna keine echte Wertschätzung aufbringe, erkenne ich auch meinen eigenen Wert nicht. Wenn ich mich als Subjekt und von Vanna als dem Objekt meiner Erfahrung, und zwar einer unangenehmen Erfahrung, getrennt sehe, befinde ich mich im Irrtum. Ihre Art ist durch meine bedingt, wir »stützen« uns darin eine auf die andere. Sicher, wir unterscheiden uns im äußeren Erscheinungsbild, aber wenn ich glaube, wir seien eigenständig und bestünden nicht aus den gleichen Grundelementen, liege ich völlig falsch. Damit diskriminiere ich einen Mitmenschen; ich verweigere mich der Wahrheit, dass wir koexistieren beziehungsweise inter-sind. Ich verfange mich in einer Wahrnehmung, die engstirnig und falsch ist.

Tatsächlich bestehe ich aus den gleichen universalen Elementen wie Vanna und alle anderen. Wir manifestieren uns zusammen und zugleich. Beide sind wir leer von einem eigenständigen Ich, aber erfüllt vom ganzen Universum. »Leerheit« ist ein äußerst hilfreicher buddhistischer Begriff, mit dem es gelingt, der wahren Natur der Dinge auf die Spur zu kommen. Die Lehren des Buddha erschließen sich mir, wenn ich erkenne, dass sich alles im Kosmos verbindet, um Vanna, mich, Sie, meinen lebenssprühenden grünen Geldbaum, die hellbraunen Zaunkönige dieser französischen Landschaft und alles andere auf der Erde hervorzubringen. Wenn ich mich selbst für meine negativen Ärger-Keime zuständig fühle und den positiven Samen der Achtsamkeit pflege, die mir destruktive geistige Formkräfte zu erkennen und anzunehmen erlaubt, wird meine Neigung zu Zornesregungen schwächer. Gegen diese Energie anzukämpfen oder sie unterdrücken zu wollen, wenn sie einmal in Bewegung ist, davon habe ich nichts. Nur Achtsamkeit vermag mich über diese negativen Regungen zu erheben. Und mit etwas Übung lässt sich vielleicht erreichen, dass die negative Saat weniger häufig aufgeht. Thay nennt das den »geschickten« Umgang mit Emotionen. Vielleicht kann ich sogar die guten Keime statt der unguten in Vanna gießen. Das wäre eine große Sache.

Thay unterstreicht immer wieder, wie wichtig es für unser Glück und Wohlergehen ist, zu geistiger Klarheit zu finden und die Wahrheit unserer tiefen Verbundenheit in unser Leben zu integrieren. Solange wir nicht klar sehen, leiden wir, aber mit einem klaren Geist können wir uns eine wirklich zuverlässige innere Zuflucht aufbauen.

Ich erinnere mich an die Worte des spanischen Biochemikers Joan Oró, der viel für die NASA gearbeitet hat: »Wenn Menschen die Erde aus dem Weltraum sehen, passiert etwas Seltsames und Revolutionäres: Sie denken um.« Ich habe die Fotos der über dem Mondhorizont aufgehenden Erde mit ihren blauweißen Wirbeln vor Augen. Da befinden wir uns: auf dieser kleinen Kugel vor der schwarzen Unendlichkeit des Universums. Alles ist miteinander verbunden und verwoben. Glauben wir ruhig, was die Perspektive der Astronauten offenbart. Die Beatles haben es wohl auch erfasst.

❧ 16. Tag ❧

Glaube
Neu anfangen

Glaube ist das, was uns befähigt,
nicht in Panik zu geraten.

ANONYM

Die Abendmeditation ist zu Ende. Drei Schwestern treten schweigend und mit gesenktem Blick bis zur Hälfte des Mittelgangs vor, legen die Hände zur Gebetshaltung zusammen und verneigen sich zur strahlenden Buddhastatue, dann zu den versammelten Schwestern und Pilgerinnen hin. Eine von ihnen sagt: »Wir sind so dankbar für das große Glück, getragen von Buddha, Dharma und Sangha hier in Plum Village leben zu können.« Es sind die Worte der Zufluchtnahme zu den drei Kostbarkeiten, eine buddhistische Grundpraxis, die ein Gefühl von Sicherheit und Geborgenheit vermittelt. Die Nonne bekräftigt damit, dass ihr der Buddha mit seiner Lehre, dem Dharma, den Weg des Verstehens, des Mitgefühls und der Liebe weist. Der Sangha ist in diesem Fall die Gemeinschaft der Schwestern, in der sie ein Leben der Bewusstheit und Harmonie führt. Sie fährt fort: »Wir möchten sagen, dass uns der gestrige Augenblick der Unachtsamkeit, der für unsere

Gemeinschaft Schwierigkeiten mit sich brachte, sehr leid tut. Wir geloben mehr Achtsamkeit.«

Die Sprecherin der drei Nonnen folgt einem regelmäßigen Ritual, das in Plum Village Neuanfang genannt wird und der Schlichtung und Aussöhnung zwischen Einzelnen, aber auch im Namen einer Gruppe dient. Die Übung hat vier Schritte: dankbare Wertschätzung zum Ausdruck bringen, sein Bedauern äußern, mögliche Verletzungen und Kränkungen ansprechen und schließlich die entstandenen Schwierigkeiten benennen. Dahinter steht der Gedanke, dass man durch das Ansprechen von wissentlich oder unwissentlich erfolgten bedauerlichen Handlungen die Entstehung weiterer Missverständnisse vermeiden kann und grundsätzlich die bewusste Wertschätzung zunimmt.

Die Schwester, die heute Abend spricht, hat ausdrücklich darum gebeten, das Wort ergreifen zu dürfen; das Ritual des Neubeginns aber gehört zu den festen Bestandteilen der regelmäßigen Gemeinschaftspraxis in New Hamlet. In der Zeit, in der ich hier bin, haben bislang zwei therapeutische Zusammenkünfte dieser Art stattgefunden, zu denen sich alle Schwestern und Pilgerinnen still im Kreis zusammensetzen, um dann eine nach der anderen zu bekennen, was jeweils zu bekennen ist.

Beim ersten Mal hatte ich nur dabei zugesehen, wie alle, die sprechen wollten, nacheinander eine kleine Vase mit gelben Tulpen in die Hände nahmen und vor sich abstellten, um dann ihr Bedauern über irgendetwas auszusprechen. Eine ältere Nonne hatte von ihrer tiefen Liebe zur Gemeinschaft der Schwestern gesprochen. Sie betonte, wie einsatzfreudig alle arbeiteten, und sprach ihr Bedauern aus, dass sie nicht mehr so mithalten konnte, weil sie körperlich nicht mehr voll leistungsfähig war. Es fiel ihr schwer, sich damit abzufinden.

Der gemeinschaftliche Charakter dieser »Geständnisse« gefiel mir weitaus besser als die katholischen Beichten meiner Jugend mit diesen beengenden Beichtstühlen und einem Priester, den man nicht sah. Nach einigen weiteren Bekenntnissen dieser Art fiel mir ein, dass ich vor ein paar Tagen meine Arbeitsmeditation des Laubrechens vergessen hatte. Als die Tulpenvase wieder einmal abgestellt wurde und eine kleine Pause entstand, ging ich in die Mitte des Kreises, nahm das Gefäß auf und begann: »Ich bin so dankbar für die Güte und Großzügigkeit aller Schwestern ...«, aber schon die nächsten Worte kamen dann nur noch gepresst und unter heftigem Schluchzen, »... die ihre Arme wahrlich weit aufmachen für alle Besucher ...«

Schon der Plan, mein kleines Fehlverhalten anzusprechen, brachte mir augenblicklich Erleichterung, und das war vielleicht der Grund für meine Tränen. Vor allem aber gab das Ritual meinen Gedanken eine klare Kontur. Als ich meinen Dank aussprach, wurde mir die Großzügigkeit der Schwestern von New Hamlet erst richtig klar. Wären die Worte in meinem Kopf geblieben, vielleicht hätte ich ihren tieferen Sinn nie wirklich realisiert. An diesem Abend spürte ich zum ersten Mal die ganze Kraft des Sangha, und von da an wusste ich, was wirklich hinter meinen erhebenden Gefühlen stand. Im Grunde war die Gemeinschaft eine Art Hebebühne für meine Lebensgeister, der sichere Rückhalt für meine Bemühungen um den Aufbau einer stetigen, verlässlichen Kraft in mir selbst. Die Gesellschaft dieser Menschen, die sich dem Geist und der Wahrheit verschrieben haben, linderte nicht nur den Schmerz über den Verlust meiner Eltern, sondern ließ mich auch klarer sehen, wie ich mich in den turbulenten Gewässern des Lebens am besten zurechtfinden kann. Ich erkannte mich als einen Teil des großen Ganzen, eine Zelle des Buddha-Körpers, und die in dieser Gemeinschaft herrschende Energie bewirkte, dass ich mich nicht mehr so einsam fühlte.

Ganz wichtig also: uns mit Leuten zu umgeben, die es wirklich gut mit uns meinen. Wir alle haben auch Menschen um uns, die uns nicht unterstützen. Thich Nhat Hanh legt viel Wert darauf, dass wir unsere unwiederbringliche Lebenszeit mit liebevollen, mitfühlenden und fürsorglichen Menschen verbringen, sonst, sagt er, könnten wir nicht glücklich sein. Ich glaube ihm.

Manchmal scheint mir der Sangha von enormer Schubkraft zu sein, zum Beispiel als Schwester Prune an jenem Abend ihr Wiegenlied sang. An anderen Tagen ist diese Dynamik zwar auch gegeben, kommt aber eher unauffällig daher – wie eine weiche Decke, die der Körper dankbar über sich breiten lässt.

Und natürlich greifen das individuelle und das kollektive Handeln ineinander, sie bedingen sich gegenseitig. Thay spricht gern vom »kollektiven Karma« der im Kloster Lebenden: Es ist so wichtig zu erkennen, dass sich alle Aktionen der Einzelnen auf die Gemeinschaft auswirken.

In den Sutras wird vielfach von Gesprächen des Buddha mit Zweiflern berichtet. Es gab ja im damaligen Indien sehr viele spirituelle Lehrer, und der Buddha war nur einer von ihnen. Aber er hat, und das ist wichtig, nie jemandem einzureden versucht, sein Weg der Befreiung sei der einzig wahre. Was der Buddha bei solchen Gelegenheiten sagte, hat Yongey Mingyur Rinpoche in seinem Buch *Heitere Weisheit* mit den folgenden Worten in die Sprache unserer Zeit übertragen: »So habe ich es gemacht, und das habe ich erkannt. Glaub nichts, was ich sage, nur weil *ich* es sage. Probier es selbst aus.«

So werden wir auch von Thich Nhat Hanh aufgefordert, die Lehren des Buddha eigenständig auf ihre Wirksamkeit hin zu überprüfen; schließlich sehen wir ja selbst am besten, ob unsere Meditationen und Studien positive Veränderungen bewirken oder nicht. Niemand muss irgendetwas blind glauben. Man muss den Lehren persönlich auf den Grund gehen. Das spricht mich sehr an.

Unter Glauben verstehen viele etwas, das keiner Beweise bedarf. Mit diesem Wort kann aber auch einfach Zutrauen gemeint sein, Vertrauen in eine Person oder Sache. Ein solcher Glaube verträgt es durchaus, dass man sich die Person oder Sache genau ansieht. Ich mache das auf meiner Pilgerreise immer wieder. Ich sehe mir die Glaubensinhalte genau an.

Heute habe ich im Garten ein paar Blätter Romanasalat gepflückt, und dabei ging mir auf, dass dieser Salat natürlich aus Romanasamen gewachsen ist. Aus solchen Samen wachsen keine Kartoffeln. Wenn mir jemand sagte, dass aus Romanasamen Kartoffeln werden, würde ich das nicht glauben – es sei denn, ich könnte mich mit eigenen Augen davon überzeugen. Thay empfiehlt eindringlich, die Entstehung aller Dinge zu beobachten und zu untersuchen. Das ist bei spirituellen Lehren nicht anders. Dem weisen Rat eines Zen-Meisters folgend erforsche ich, was mir hier nahegebracht wird, um zu sehen, ob es funktioniert.

Die Schwestern in der Meditationshalle heute Abend haben Glauben. Sie vertrauen darauf, dass ihr klösterliches Leben nach den Lehren des Buddha ein Pfad des Erwachens ist. Für mich zeugen der Glaube der Nonnen an die spirituelle Praxis, die Zeremonie des Neubeginns und die übrigen Rituale in Plum Village eher von Vertrauen als von blindem Glauben. Die tägliche Arbeit ist das Experiment und die Nagelprobe: Sie testen hier die entsprechenden Lehren und finden dadurch selbst heraus, ob der Ratschlag des Buddha etwas taugt oder nicht. So sieht für mich die Definition von »Glauben« aus.

Mit Verneigungen wird die Zeremonie des Neuanfangs abgeschlossen und alle verlassen den Raum. Die Schwester, die gesprochen hat, gehört zu denen, in deren Nähe ich mich besonders gern aufhalte, und so gehe ich jetzt zu ihr hinüber. Ich würde gern wissen, was hinter ihrem Bekenntnis steht. Manchmal werden bei der Zeremonie die genauen Gründe genannt, diesmal war es nicht so. Was denn gestern so Bedauerliches geschehen sei, frage ich. Wie ich erfahre, waren die drei in den Ort gefahren, und eine hatte sich nicht angeschnallt. Sie waren von der Polizei angehalten worden. Zwei der Nonnen stammten aus Vietnam, und die Polizisten wollten ihre Aufenthaltsgenehmigung sehen, die eine der beiden leider nicht bei sich hatte. Das brachte Unannehmlichkeiten für die gesamte Gemeinschaft von Plum Village mit sich.

Alles hängt mit allem zusammen.

Es ist schön, wenn man bestätigt bekommt, dass blinder Glaube nicht klug ist. Es verhindert auch, dass sich die geistige Trägheit, die zu nicht hinterfragtem Glauben neigt, in einem ausbreitet. Ich mag dieses Hinterfragen und Ausprobieren. Es gibt mir Vertrauen, und im Vertrauen fühle ich mich stark – wie zu Hause.

Freundlichkeit
Die Wohltat einer warmen Suppe

In meiner Jugend habe ich intelligente Leute bewundert.
Jetzt, da ich älter werde, bewundere ich
freundliche Menschen.

ABRAHAM JOSHUA HESCHEL

»Bonjour, mademoiselle, ça va?« Ich treibe mich auf dem Bauernmarkt in einem Örtchen unweit des Klosters herum und betrachte gerade Rote Bete, als ich von einer Französin so angesprochen werde.

»Oui, merci, ça va«, gebe ich dankend zurück. So beginnt ein schöner Tag mit einer netten Frau in einem hübschen Dorf. Brigette steckt zwei dunkelgrüne Zucchini in ihre Einkaufstasche und sagt, sie werde beim nächsten Mal zahlen. Auf dem Dorf geht so etwas noch, wie wunderbar. Schnell wird mir klar, dass ich längst eingemeindet bin wie ein zugelaufenes hungriges Kätzchen.

Doch, Brigette möchte mir unbedingt bei sich zu Hause etwas kochen. Sie wartet gar nicht erst meine Antwort ab, sondern geht voraus zu ihrem silberblauen Citroën und entschuldigt sich beim Öffnen der Tür erst einmal, weil ein Kinderbuch auf dem Beifahrersitz liegt, *Babar der Elefant*.

Dann sind wir unterwegs zu Brigettes Haus auf einem der umliegenden Hügel. Es ist eine wunderliche Mischung aus Landhaus und Bungalow, und als wir eingetreten sind, lässt mich Brigette am Küchentisch Platz nehmen.

Sie wäscht eine Zucchini und schneidet sie klein, und im Nu hat sie eine Suppe gezaubert, die jetzt dampfend vor mir steht. Bei dunkelgrüner Zucchinicreme und knusprigem Brot, dem Meisterstück der französischen Backkunst, plaudern wir über buddhistische Praxis und Plum Village. Als ich meine ständig schmerzenden Schultern erwähne, bietet mir Brigette sofort eine Massage an, sie ist Masseurin. Gleich darauf finde ich mich in einer Lage, in der ich nicht recht weiß, ob ich träume oder wache. Ich liege nackt unter einem Laken auf einer Massagebank in einem abgelegenen Haus in Frankreich, und mein Rücken wird von den Händen einer Frau bearbeitet, die ich ziemlich genau eine Stunde kenne. Die Massage ist unter technischen Gesichtspunkten nicht bemerkenswert, und Brigette plappert ununterbrochen und sehr schnell immer weiter, während ich mich zu entspannen versuche, doch das spielt überhaupt keine Rolle. Diese warmherzige Frau schenkt mir ihre liebevolle Zuwendung, und das allein ist es, was alle Verspannungen aus meinen Schultern vertreibt. Danach will mich Brigette ins Kloster zurückfahren, keine Widerrede. Anderenfalls hätte ich eineinhalb Stunden Fußmarsch vor mir. Außerdem leiht sie mir einen mollig warmen Pullover, als ich erwähne, dass ich dummerweise nicht genügend warme Sachen aus Kanada mitgebracht habe.

»Und?«, denke ich. »Wie oft habe ich schon wildfremde Leute zu mir nach Hause eingeladen, sie bekocht, massiert, mit warmer Kleidung versorgt und sie anschließend durch die Gegend kutschiert?« Noch nie.

»Sorgt dafür, dass sich jeder, der zu euch kommt, nachher besser und glücklicher fühlt. Seid der lebendige Ausdruck der Güte Gottes: Freundlichkeit in eurem Gesicht, Freundlichkeit in euren Augen, Freundlichkeit in eurem Lächeln«, hat Mutter Teresa einmal gesagt.

Ohne es zu wissen, hat die Frau, die mir Suppe gekocht hat, den Platz meiner Mama eingenommen. Dem Himmel sei Dank für Ersatzmütter.

Besonders viel Wohlwollen und Großzügigkeit sehe ich bei den Nonnen von Plum Village. Für die Schwestern kommen immer die Besucher zuerst. Und sie haben es wahrlich nicht leicht. Es verlangt ihnen viel ab, dieses riesige, auf vier Hamlets beziehungsweise Weiler verteilte Kloster so zu betreuen, dass alles glatt läuft, und trotzdem lassen viele Nonnen anderen lächelnd den Vortritt, in der Essensschlange beispielsweise. Eine der Schwestern hatte sich böse erkältet, aber sie stand trotzdem früh auf und verrichtete klaglos ihre Arbeit im Wohngebäude. Vielleicht erwachsen solche Fähigkeiten aus der Kraft der Schwesterngemeinschaft. Auch Thay hat mehr als einmal betont, wie wichtig ein liebevolles, fürsorgliches Umfeld ist. Wenn es uns gut gehen soll, brauchen wir freundliche und Rückhalt bietende Menschen um uns. Allmählich kommt das bei mir an: Ein Mensch, der wirklich hinter dir steht, ist eine unschätzbare Kostbarkeit. Solch ein Juwel von einem Menschen freut sich, wenn du glücklich bist, seine Geradlinigkeit und Echtheit sorgen dafür, dass du geistig und körperlich stark bleibst.

Brigette setzt mich an der Eingangstreppe von New Hamlet ab, ihr dicker Strickpullover wärmt mich, als ich mich von ihr verabschiede. Im Speisesaal begegne ich meiner Freundin Hannah, einer reizenden und beinahe übertrieben zuvorkommenden Niederländerin. Hannah hat Rita, der heißblütigen Brasilianerin, ihre Thermosflasche für heißen Tee ausgeborgt, weil sie schon tagelang über eine beginnende Erkältung klagt, die allerdings irgendwie doch nicht kommt. Sie hat das gute Stück jetzt schon über eine Woche, wird aber nicht krank, während Hannah mittlerweile tatsächlich stark erkältet ist. Jetzt bräuchte sie ihre Thermosflasche, um immer heißen Ingwertee für ihren rauen Hals zur Hand zu haben.

Heute Mittag am Teestand: Rita sieht, dass Hannah erkältet ist, bietet ihr aber nicht die Rückgabe der Thermosflasche an. Ich lasse Rita wissen, dass Hannah sie jetzt dringend braucht. Rita verzieht keine Miene. Sie kann sich offenbar schwer von Hannahs Thermosflasche trennen, bietet aber immerhin an, eine neue besorgen zu lassen, wenn jemand in den Ort fährt. Das wird allerdings nicht so leicht sein. Wir sind mitten im Winter-Retreat, und die Nonnen brauchen zum Einkaufen eine besondere Erlaubnis. Zudem darf es nur um wirklich notwendige Dinge gehen. Rita spricht mehrere Schwestern an, da sie aber niemanden findet, der ins Dorf fahren kann, behält sie Hannahs Thermosflasche einfach. Da haben wir es: Rita ist nicht krank, Hannah schon. Rita gibt Hannah die Thermosflasche nicht zurück. Hannah trägt das Ganze mit weitaus mehr Fassung, als ich unter solchen Umständen aufbringen würde. Ich werde das Gefühl nicht los, einem Haufen zankender Halbwüchsiger im Sommerlager anzugehören.

Der Gong ertönt und treibt uns auseinander, aber es hängt Missstimmung in der Luft. Das Schweigen in der

Schlange scheint das heutige Unbehagen zwischen den Klostermauern noch zu unterstreichen. Ich sehe mich um. Die Nonne mit dem schönen Gesicht steht am Kamin; sie wirkt müde und traurig. Eine ältere Schwester scheint sich körperlich unwohl zu fühlen und verlagert mehrfach ihr Gewicht von einem Bein aufs andere, wobei sie immer wieder zusammenzuckt. Die blasse kranke Hannah steht ohne ihre Thermosflasche da. Und viele weitere bekümmerte Seelen stieben hierhin und dahin. Alle sind mit ihren Gedanken beschäftigt, und die sind manchen Gesichtern leicht anzusehen. Ich entdecke eine Mitpilgerin, die lächelt, recht breit, fast kindlich sogar. Offenbar freut sie sich auf das Essen heute. Es muss sich um etwas handeln, was sie wirklich mag, an anderen Tagen habe ich sie nämlich eher finster dreinschauen sehen. Ich beobachte, wie sie beim Anblick des Abendessens schier platzt vor Begeisterung. Diese Frau ist aus einem anderen Hamlet geflohen, weil sie die Mitbewohnerin ihres Zimmers nicht ertrug. »Unser Glück hängt doch oft sehr direkt mit den Umständen zusammen«, denke ich. Wenn die Dinge unseren Vorstellungen entsprechen, sind wir happy. Aber wenn nicht, was dann? Thay sagt: »Macht euch klar, dass vieles in eurem Leben bereits Anlass zum Glücklichsein gibt.«

Kurz nach meiner Heimkehr habe ich Bill Clintons Buch *Giving* gelesen. Darin berichtet er anhand zahlreicher Beispiele über die Großzügigkeit von Menschen, die nie viel Geld verdienten und selbst nur über das Lebensnotwendige verfügten.

Einer dieser Menschen war Osceola McCarty, die der University of Southern Mississippi 150 000 Dollar für einen Fonds übereignete, aus dem Stipendien an afroamerikanische Studenten vergeben werden sollten. Das Geld hatte sie in fünfundsiebzig Jahren als Wäscherin und Büglerin zusammengespart. Als ich über diese Frau nachdachte, sagte ich mir: »Ganz sicher hat sie die Sachen *wirklich* gewaschen, und genau das macht ihre Weisheit aus.«

Eine alte Geschichte über einen berühmten Zen-Meister macht deutlich, was für Kräfte ins Spiel kommen, wenn wir wirklich in eine Sache vertieft sind. Der Meister hatte den Auftrag bekommen, hundert Tempel zu errichten, was bestimmt eine schwierige und wichtige Aufgabe war. Eines Tages sagte ein Schüler zu ihm: »Meister, Ihr müsst Euch mit dem Bau dieser herrlichen Tempel, in denen so viele Menschen meditieren und beten können, unermessliche Verdienste erworben haben.« Der Meister erwiderte: »Der Bau der hundert Tempel ist nicht verdienstvoller, als diese eine Teeschale wirklich abzuspülen.«

Keine Frage, dass Osceola McCarty wirklich gewaschen hat.

Die Nonnen von New Hamlet üben eine buddhistische Praxis, die *Dana-Paramita* genannt wird. Von den Schwestern erfahre ich, dass sie durch diese Praxis immer besser in der Lage sind, unter allen Umständen großzügig zu sein. Zum Beispiel: Wenn sich eine Schwester über eine andere geärgert hat, lässt sie ihr ein Geschenk zukommen. Als ich zum ersten Mal von diesem so weit außerhalb der Norm liegenden Schenken hörte, habe ich mir vorzustellen versucht, dass *ich* das tue. Es ging nicht. Doch der Buddha sagt: »Wenn ihr euch irgendwie zu dieser Geste aufraffen könnt, wird euer Ärger schnell verfliegen, und darüber hinaus wird es sehr wahrscheinlich zu einer freundlichen Reaktion des Empfängers eurer hochherzigen Geste kommen.«

Das ist sicher ein guter Weg, aber nach meiner Erfahrung leben in dieser taffen Welt auch Menschen, deren Schale zu hart ist, als dass irgendwer sie knacken könnte. In Toronto gab es einen Mann, mit dem ich mich ein paarmal getroffen hatte, bevor ich ihn mit irgendetwas verärgerte. Ich schickte ihm zur Entschuldigung eine orangerote Gerbera. Es gab keine Reaktion, und ich hörte nie wieder von ihm. Also bitte, wie oft kommt es wohl vor, dass eine Frau einem Mann eine Blume schickt? Aber der Buddha hat natürlich trotzdem recht. Selbst kleine Zeugnisse des Wohlwollens rufen gute Gefühle hervor – selbst wenn man sie der Reaktion nicht unbedingt ansieht.

»Und vor allem«, sagt der Buddha, »lindern Akte der Nächstenliebe unsere eigenen Leiden.«

Brigette, meine französische Ersatzmutter, ist offenbar ein ziemlich glücklicher Mensch, obgleich ihr Leben nach allem, was sie mir erzählt hat, durchaus nicht ganz einfach ist. Als alleinerziehende Mutter mit ständigen Geldsorgen und ohne Angehörige in erreichbarer Nähe hätte sie durchaus Grund, missmutig zu sein, aber sie ist es nicht. Sie ist einfach freundlich und großzügig. Ich denke über diese Wahrheit nach, die wir im Grunde unseres Herzens alle kennen: Wer freundlich und großzügig handelt, sorgt damit auch für sein eigenes Glück.

Ich nehme mir vor, freundlicher zu werden.

❧ 18. Tag ❧

Karma
Wie man sich um seinen Doktortitel
bringen kann

Sei mitfühlend, denn jeder Mensch, dem du begegnest,
kämpft einen schweren Kampf.

IAN MACLAREN

Rita gehört zu den Menschen, in deren Nähe man sich nie so ganz entspannt. Man rechnet immer damit, dass sie einen in die Pfanne haut wie die arme Angelika. Mir ist aufgefallen, dass viele lieber einen Bogen um die hitzköpfige Brasilianerin machen.

Es ist Mittag und Rita sitzt allein an einem der Tische im Speisesaal. Ich zögere kurz, gehe dann aber doch hinüber und setze mich zu ihr. Sie scheint sich zu freuen. Es dauert nicht lange, bis sie auf ihre Doktorarbeit zu sprechen kommt, in die sie etliche Jahre Arbeit investiert hat. An einem bestimmten Punkt verlangte der Gutachterausschuss gewisse Veränderungen an ihrem Text. Wir halten beide eine Tasse Grüntee in den Händen, und Rita sagt weiter: »Die hatten keine Ahnung von meiner Arbeit, folglich habe ich sie so gelassen, wie sie war.« Ich ahne schon, was jetzt kommt. »Ich habe die Dissertation trotzdem eingereicht, und sie haben sie nicht angenommen, kannst du dir *das* vorstellen?« Ja, das kann ich. Aber ich spreche es nicht aus.

Jede Handlung findet irgendeinen Widerhall. Nach buddhistischer Überlieferung gibt es zwei Arten von Karma. Beim ersten Typ werden die Auswirkungen sehr schnell spürbar, weshalb es auch »Sofortkarma« genannt wird. Wenn ich Ihnen eine Ohrfeige gebe, kann es sein, dass Sie augenblicklich zurückschlagen und ich die Früchte meines Tuns sofort zu schmecken bekomme.

Karma der zweiten Art zeigt seine Auswirkungen mit mehr oder weniger langer Verzögerung. Und dieses Karma macht mir mehr Sorgen. In seinem Buch *Körper und Geist in Harmonie* verdeutlicht Thich Nhat Hanh die Wirkungsweise dieses Karmas an der Ausstellung eines ungedeckten Schecks. Wenn Sie etwas mit einem Scheck bezahlen, ohne über ein entsprechendes Bankguthaben zu verfügen, bleiben Sie vielleicht noch eine Woche oder so unbehelligt, irgendwann aber werden Sie die unangenehmen Folgen Ihres Tuns spüren.

Wir können mit ziemlicher Gewissheit voraussagen, wie sich ein geplatzter Scheck auswirken wird, doch ganz sicher können wir nicht sein. Ich versuche mir bewusst zu machen, dass es so gut wie unmöglich ist, im Voraus zu wissen, was aus all den Dingen wird, die ich denke, sage und tue. Diese Ungewissheit birgt Risiken. Zum Beispiel könnte es sein, dass man – unwissentlich vielleicht – jahrelange Vorarbeit zu einer Promotion zunichtemacht. Selbst harmlos wirkendes Handeln kann Auswirkungen bekommen, die weit über den Anlass hinausgehen.

Ich habe einmal einen Yogi über Karma sprechen hören. Er sagte:

Du denkst vielleicht, du hättest oben am Berg nur ein kleines Steinchen losgetreten, aber dieses Steinchen kann auf seinem Weg nach unten alles Mögliche in Bewegung setzen, größere Steine zum Beispiel, die dann unten im Tal womöglich Menschen treffen oder Dinge beschädigen.

In diesem Fall brauchte die auslösende Aktion nichts weiter als Zeit. Es ist aber so gut wie unmöglich vorauszusehen, was der Stein auf seinem Weg nach unten alles in Bewegung setzt, wie lange es dauert und was unten im Tal ist.

Alle Wirkungen sind selbst wieder Ursachen, alle Ursachen sind auch Wirkungen. Eine Wirkung hat viele Ursachen, und eine Ursache kann viele Auswirkungen haben. Was aus einer Aktion wird, lässt sich folglich nie genau absehen. Deshalb ist Achtsamkeit unser bester Freund.

Thay sagt: »Die Energie der Achtsamkeit enthält Konzentration und Einsicht. Die Energie der Konzentration enthält Achtsamkeit und Einsicht. Die Energie der Einsicht enthält Achtsamkeit und Konzentration.« Das ist das ganze Geheimnis: Wenn wir uns ein bisschen Zeit für Achtsamkeit nehmen, können wir uns so manches unglückselige Fehlverhalten ersparen.

Während die Brasilianerin aufsteht, um ihre Tasse nachzufüllen, lasse ich mir Thays Worte durch den Kopf gehen. Draußen vor dem Fenster stehen ganze Wälder von hohem Bambus. Langsam rückt ihre Schönheit in den Vordergrund meines Bewusstseins. Die ehrwürdigen Pflanzen müssen von sehr weit herkommen, vielleicht aus Japan. Frisch und lebendig sind sie und haben doch etwas Uraltes an sich. Ihre glatten Schäfte sind unterschiedlich hoch und von leuchtendem Blassgrün. Sie stehen regungslos da, bis ein leichter Windstoß ihre Biegsamkeit demonstriert. Ich stelle mir das dichte Wurzelwerk vor, diese verborgenen Lebensadern, die Wasser und Nährstoffe führen, auf denen das Leben der ganzen Pflanze beruht. Da stehen sie, still, unbeirrbar, voller Kraft und Geschichte.

Meine einsame Freundin kommt mit einer Tasse dampfenden Tees zurück und der Bambushain tritt wieder in den Hintergrund. Aber im Moment ist es hier alles andere als behaglich, viel lieber würde ich bei den Pflanzen bleiben. Rita hat eine dicke Glocke von Negativität um sich, richtig finster – obwohl natürlich auch sie einfach nur glücklich sein möchte. Ihre trübe Stimmung geht mir unter die Haut, bis ich zuletzt auch ganz niedergeschlagen bin.

Für ein paar Augenblicke blende ich Rita aus. Ich schaue aus dem Fenster, und dabei fällt mir ein Bambus in der Mitte des Hains auf, stillvergnügt zwischen all den anderen. »Sei maßvoll wie dieser selbstbewusste Bambus«, denke ich. Wer voller Ehrgeiz drauflosstürmt, erlebt nur Enttäuschungen und vielleicht sogar schlimme Zusammenstöße. Einmal wollte ich die Straße vor einem herannahenden Bus überqueren, der noch weit genug weg war, doch dann wurde er von einem Wagen mit viel zu hoher Geschwindigkeit überholt, und der hätte mich um ein Haar erwischt. Dem Fahrer wird sicher das Herz stehen geblieben sein. Mangelnde Aufmerksamkeit kann verheerende Folgen haben. Kluge Bescheidenheit dagegen ist eine beständige Kraft. Diese Einsicht lässt mich wacher sein und verbindet mich mit dem Ort der Weisheit und Zuflucht in mir. Kluge Bescheidenheit ist schön, blinde

Selbstsicherheit nicht. Wieder einmal läuft alles auf die erleuchtete Sicht des Buddha hinaus: Halte dich an den
mittleren Weg.

Ganz echt sein
Die wahre Raffinesse

Man hat nichts im Ärmel stecken,
und diese Ehrlichkeit teilt sich anderen mit.

CHÖGYAM TRUNGPA

Es ist genau Mittag und gleich wird sich hier ein Kasperletheater abspielen. Ich stehe auf dem Rasen vor dem Hauptgebäude von New Hamlet, als ein paar Mönche auftauchen und gemächlich die Straße hinuntergehen. Ich halte den Atem an, und eine Mitpilgerin duckt sich hinter ein Gartentürchen, leise fluchend. Helena sollte eigentlich bei der Laienzusammenkunft sein.

Heute kommen alle Mönche und Nonnen in Thays Einsiedelei zusammen. Wo diese sich befindet, bleibt für alle anderen ein Geheimnis, was die Sache natürlich sehr spannend macht. Jedenfalls gibt es dort heute besondere Unterweisungen für alle ordinierten Klosterbewohner, während sich die Pilger in Lower Hamlet, der zweiten Nonnenunterkunft, zum wöchentlichen Treffen der Laienfreunde versammeln. Den Anfang bildet der »Begrüßungskreis«, dann folgen Gemeinschaftsaktivitäten dieser oder jener Art, zum Beispiel Singen, dann gemeinsames Mittagessen und anschließend Diskussionen über Thays Unterweisungen oder Yoga. Letzteres ist vielleicht der Hauptgrund für meinen Widerwillen. Einmal hat eine Pilgerin Lachyoga veranstaltet, aber diese gezwungene Fröhlichkeit fand ich einfach nur zum Heulen. Man kann mich gut zum Lachen bringen, aber zum Lachen *auffordern*? Diese Events werden von langjährigen Schülern geleitet, und sie können auch ganz nett sein, sogar Spaß machen, wie zum Beispiel der von unserem ehemaligen Katzenmörder aus Neufundland organisierte Schreibworkshop letzte Woche, aber vieles ist einfach ein bisschen abwegig, wie Spielstunde für Erwachsene. Ich mag es bedeutend lieber, wenn alle Mönche, Nonnen und Laien zusammen sind, da ist für mein Gefühl einfach die Atmosphäre besser. Zugegeben, meine Parteinahme für die monastischen Asketen ist ziemlich versnobt, jedenfalls wächst meine Hochachtung noch, als ich vom geheimen Zentrum höherer buddhistischer Unterweisung erfahre. Diese Seite mag ich gar nicht an mir. Lieber würde ich munter bei allem mitmachen, was so geboten wird. Das tue ich natürlich auch und muss mir am Ende eingestehen, dass ich von allen Beteiligten wieder einmal viel Wertvolles gelernt habe.

Nun habe ich aber, da mich diese Zusammenkünfte nicht so reizen, bei der Äbtissin von New Hamlet bereits um Dispens ersucht, und zwar unter dem Vorwand, dass ich einiges zu schreiben hätte. Sie gab mir die Erlaubnis, mich vom Treffen fernzuhalten. Aber dann …

Kaum hatte ich meiner Nachbarin Helena davon erzählt, fand sie diese Lösung ebenfalls erstrebenswert. Allerdings hatte sie keine Ausrede parat und kam deshalb auf die Idee, sich krank zu stellen.

Bald erfolgte der Aufruf an die Besucherinnen, sich vor dem Haus zu versammeln, damit man gemeinsam zum Treffen der Laien fahren könne. Ich war in meinem Zimmer und hörte, wie bei Helena nebenan geklopft wurde. Keine Antwort. Es entstand dann ein etwas aufgeregtes Hin und Her. Vermutlich wurde Helenas Intrige durchschaut. Ich saß derweil in meinem Zimmer am Boden und kritzelte eifrig und unter heftigen Gewissensbissen in meinem Tagebuch. Man wird ja nicht gern Zeuge der Irreführung einer tugendhaften Nonne, und zudem war mir durchaus bewusst, dass Helena die Idee für ihr falsches Spiel eigentlich von mir hatte. Was mich selbst anging, fühlte ich mich verrückterweise völlig im Recht, denn schließlich hatte ich ja von der Äbtissin höchstpersönlich Dispens erhalten. Dass ich meine wahren Gründe verschwiegen hatte, unterschlug ich geflissentlich. Hätte sie gewusst, dass ich diese Zusammenkünfte einfach nicht mag, wäre ihre Entscheidung wahrscheinlich anders ausgefallen.

Der tibetische Lama Chögyam Trungpa Rinpoche hätte zu diesem kleinen Komplott sicher einiges zu sagen gehabt. Hier seine grundsätzlichen Ansichten:

Redlichkeit heißt, dass man niemanden täuscht, niemanden. Man setzt nicht einmal dazu an. Vielmehr ist alles einfach und geradlinig … Redlichkeit herrscht da, wo keine Strategien gefahren werden. Das ist sehr wichtig: in allem einfach und geradlinig zu sein. Dadurch wird alles schön: Man hat nichts im Ärmel stecken, und diese Echtheit teilt sich anderen mit. Das ist Redlichkeit.

Helena jetzt also geduckt hinter dem Gartentürchen. Sie wartet auf ein Signal von mir, dass die Luft rein ist. Wieso, frage ich mich, sind diese Mönche noch nicht bei ihrer Zusammenkunft mit dem Meister an geheimem Ort? Ich lächle den ahnungslos vorbeigehenden Mönchen zu und werde allmählich etwas sauer auf Helena. Ich fühle mich in ein Täuschungsmanöver verwickelt, das mich letztlich gar nichts angeht.

Die Luft wird heute den ganzen Tag nicht mehr rein sein. Kaum ist die Gruppe von Mönchen außer Sichtweite, tauchen drei weitere auf. Betreten schlage ich die Augen nieder, und mein Blick fällt auf eine tote Feldmaus im grünen Gras vor mir. Das Blut an ihrem Hals wirkt noch frisch, der Schwanz schlingt sich in perfekter Rundung um ein Grasbüschel. Besonders effektvoll das eine geöffnete schwarze Auge, während das andere an irgendeinem Faserrest aus dem Kopf hängt. Vielleicht war das eine streunende Katze – oder etwa der große schwarze Hund des Bauern nebenan? Der hat mich einmal bei einem langen Spaziergang durch die Apfelbaumwiesen oberhalb des Klosters beschattet. Keine Menschenseele weit und breit. Ich sah schon die Schlagzeilen vor mir: »Von wilder Hundebestie angefallene Kanadierin erliegt im Krankenhaus ihren Verletzungen.«

Endlich sind die letzten Mönche weg, da fährt auch schon das Taxi vor. Helena taucht aus ihrem Versteck auf, wir steigen ein, und los geht es zum Mittagessen in den Ort. Stressfrei, wie wir es uns vorgestellt hatten, wird der Ausflug allerdings nicht. Unehrlichkeit wirkt sich auf allen Ebenen bedrückend aus. Offenheit ist so viel gesünder. Die krumme Tour kostet unnötig Energie.

Das Taxi setzt uns vor dem Restaurant ab, und als wir eintreten, sehen wir lauter Dorfbewohner, die zum Mittagessen ihren Rotwein trinken. Wir bestellen bei der freundlich zurückhaltenden Kellnerin Pilzomelett mit *frites*. Sie zeigt sich erstaunt, dass wir keinen Bordeaux wollen. Bald kommt die Mahlzeit, und sie wäre köstlich, hätten wir nicht diese Gewissensbisse. Wir essen Verzweiflung, wie Thich Nhat Hanh sagen würde. Sie schmeckt nicht gut.

Ich stelle mir vor, dass meine besonneneren Mitpilger jetzt munter ihren braunen Reis mit Nüssen und Miso futtern. Alles schmeckt gut, wenn man ehrlich und aufrichtig ist.

❧ 20. Tag ❧

Mut
Waisen unter sich

*Immer wieder muss man irgendwo abspringen und
kann erst unterwegs Flügel ausbilden.*

ANNIE DILLARD

Als mein Bruder anrief, um mir mitzuteilen, er sei bei
unserem Vater in der Notfallstation des Mount Sinai
Hospital, saß ich in meinem Wohnzimmer und wollte eben
ein Stück Karottenkuchen verspeisen. Stattdessen brach
ich in Windeseile auf und hielt schon bald die Hand eines
verwirrten alten Mannes in einem Klinikhemd.

Mein Vater war an diesem Tag ganz allein losgezogen,
eines der frühen Symptome einsetzender Demenz. Er war
ausgerutscht und mit dem Kopf auf den Asphalt geschla-
gen. Ein Straßenbahnfahrer hatte die Ambulanz gerufen,
und mein Vater wurde ins Krankenhaus gebracht. Jetzt sa-
ßen wir bei ihm und wussten nicht, wie es weitergehen sollte. Wie sich dann zeigte, begann für meinen Vater an diesem Tag das Sterben. Zehn Wochen später war er tot.

Man braucht schon Mut einer besonderen Art, um es
eine ganze Nacht lang in der sterilen Kälte einer Notauf-
nahme auszuhalten, zumal wenn man sich in einem Zu-

stand der Verwirrung befindet. Die ersten Stunden war ich für meinen Vater einfach eine tröstliche Präsenz. Als ich ihn fragte, ob er mich die ganze Nacht bei sich haben wolle, drückte er nur ganz fest meine Hand. Die Minuten vergingen. Nach vielleicht vier Stunden wurde mein Vater sehr unruhig, doch in seiner Benommenheit nach dem Unfall vermochte er nicht mitzuteilen, was ihn plagte. Aber er wurde immer unruhiger. Die überarbeiteten Schwestern merkten nicht, dass sein Bauch anschwoll, obwohl ich sie immer wieder bat, nach der Ursache seiner Beschwerden zu forschen. Durch das mintgrüne Klinikhemd, das mein Vater trug, erkannte ich nichts – und wäre auch nicht auf die Idee gekommen, nachzuschauen. Schließlich machte ich einem Pfleger deutlich, dass ich keine Ruhe geben würde, sodass er sich bereitfand, einmal näher hinzusehen.

Gleich darauf legte er einen Katheter. Die ganze Not meines Vaters hatte darin bestanden, dass er seit Stunden seine Blase nicht hatte entleeren können. Es war die erste von neunundsechzig verstörenden, nur von seltenen lichten Momenten unterbrochenen Nächten, die meinem tapferen Vater bis zum Morgen seines Todes bevorstehen sollten.

Ich sitze im Speisesaal, als eine mir unbekannte Gestalt hereinschwebt. Die neue Pilgerin trägt einen Geigenkoffer bei sich. Was mir an der schwarzhaarigen Frau sofort auffällt, ist ihre milde melancholische Ausstrahlung. Etwas zieht mich gleich zu ihr hin, und ich biete ihr heißen Tee an. Taka stammt aus Japan, doch jetzt befindet sie sich auf einer Konzerttournee durch europäische Opernhäuser und

Theater. Die Zeit zwischen den Engagements möchte sie für ein Retreat in Plum Village nutzen.

Ich habe mich daran gewöhnt, dass Freundschaften in der gemeinschaftlichen Nähe des Klosterlebens ganz schnell entstehen können. Wer in diese Freistatt kommt, sucht Zuflucht vor irgendetwas. Bloßes Plaudern um des Plauderns willen wirkt hier irgendwie gegenstandslos. So erfahre ich bereits in den ersten zwanzig Minuten unserer Bekanntschaft, dass auch Taka schon beide Eltern verloren hat, ihre Mutter vor nicht langer Zeit. Anders als ich hat sie jedoch keine Geschwister und nahen Angehörigen. Sie wisse nur von ein paar sehr entfernten Verwandten, sagt sie. Sie sieht aus wie Anfang dreißig, viel zu jung, um ganz allein in der Welt zu stehen.

Wenn ich mir die so unterschiedlichen Gesichter hier ansehe, bewegt mich hin und wieder die Frage, von welchen Kämpfen ihr Ausdruck wohl erzählt – und Schweres gab es bei allen, so viel ist sicher. Die Dharma-Diskussion der Pilgerinnen von New Hamlet moderierte heute Vormittag ein baumlanger, hagerer, blasser und sehr bedrückt wirkender Mönch mit einer gigantischen Hakennase. Eine Pilgerin ließ durchblicken, sie sei deprimiert, und der blasse Mönch antwortete: »Manchmal wird das innere Unbehagen so schlimm, dass man nur stundenlang völlig still dasitzen kann, um das Leben wenigstens in seinen Grundfunktionen aufrechtzuerhalten.«

Mut beweist, wer die aus der Vergangenheit stammenden Schmerzen und die unbekannten Leiden der Zukunft mit Würde und Achtsamkeit annimmt und bejaht. Das tat die sanfte Geigerin Taka mit ihrem Entschluss zu diesem Kloster-Retreat, und das hat sich der so schwer belastete hakennasige Mönch mit seinem Eintritt ins Kloster auch vorgenommen. Mein Vater legte in jener ersten Nacht im Krankenhaus und in allen weiteren Nächten bis zu seinem Tod ebenfalls großen Mut an den Tag. Viele andere aber leben nicht tapfer im Augenblick. Der amerikanische Journalist und Dramatiker Fulton Oursler schreibt: »Viele reiben sich zwischen zwei Dingen auf, die ihnen alles nehmen: Bedauern und Zukunftsangst.«

Chögyam Trungpa Rinpoche sprach von Menschen, die eine besondere Art von Mut besitzen – eine, die intelligent, sanft und furchtlos ist. Solche Menschen bezeichnete er in der tibetischen Tradition als »spirituelle Kämpfer«. »Auch ein spiritueller Kämpfer kann noch erschrecken, aber er oder sie ist mutig genug, Leid zu erfahren, sich der Grundangst zu stellen und aus Schwierigkeiten Lehren zu ziehen.«

Solch eine spirituelle Kämpferin ist Taka.

Hätten wir keine Ängste, könnten wir auch unseren Mut nicht kennenlernen und die Schätze, die er birgt. Von Rilke hören wir dazu: »Vielleicht sind alle Drachen unseres Lebens Prinzessinnen, die nur darauf warten, uns einmal schön und mutig zu sehen.« Das fällt mir jetzt ein, während ich mit Taka beim Tee sitze. Vielleicht formt dieses einsame Leben ihre hohe musikalische Begabung, von der ich morgen eine Kostprobe bekommen werde, die mir die Tränen in die Augen treibt – ein Bach-Stück voller wohlgesetzter Mollakkorde und Traurigkeit. Auch der hakennasige Mönch fällt mir ein. Ob wohl die in seine Aura einsickernden Ängste, die wie ein ständiger düsterer Nebel um ihn sind, etwas strahlend Kostbares verhüllen, das er irgendwann entdecken wird, wenn er dem Blick dieser

Drachen standhält? Und ist es nicht schon ein Beweis von Mut, wenn jemand Besitz, Bindungen, sinnliche Lust, Bluejeans, eigenes Geld hinter sich lässt und sich (speziell als Frau) den Kopf rasiert? Nun, ich habe gut reden. Ich werde zu meinen Lavendelschaumbädern zurückkehren, aber im Kloster gibt es nicht einmal eine Badewanne. Ich kann vierzig Tage lang Stärke zeigen und bemühe mich wirklich darum; aber in einem Weinland, *dem* Weinland, zu leben und nie einen Tropfen Bordeaux an die Lippen zu führen, das ist noch einmal etwas anderes.

Bei der Anleitung zur heutigen Morgenmeditation war ich aufgefordert, mir die Verbindung zwischen meinem Atem und meinem Leben zu vergegenwärtigen: Beim Einatmen weiß ich, dass ich lebendig bin. Thay beleuchtet da ein Problem, das viele von uns haben. Wenn wir einatmen, wissen wir nicht, dass wir einatmen, wir sind nicht achtsam, wir gehen wie Schlafwandler durchs Leben.

Taka beendet die Erzählung vom Tod ihrer Mutter und setzt die Teetasse ab. Ihre Mutter ist an Krebs gestorben. In Takas Gesicht mischen sich Schmerz und Würde. Sie hat das alles nicht als Schlafwandlerin durchlebt. Sie weiß, dass sie atmet und ihre Mutter nicht mehr. In ihrer Präsenz pulsiert der Mut. Ich bin mir sicher: Im Kloster werden sich ihre Einsichten noch vertiefen.

Manchmal werden wir über den Rand eines Abgrunds gestoßen und müssen im Sturz Flügel ausbilden. Etwas anderes bleibt uns nicht. Taka nimmt Zuflucht, sie betrachtet ihre Leiden mit den Augen der Weisheit. Sie nutzt ihre Leiden optimal, wie Thay in seiner praktischen Sicht der Dinge sagt. Taka, das spüre ich, ist dabei, Schwingen auszubilden, die sie hoch und weit tragen werden.

❧ 21. Tag ❧

Vergänglichkeit
Wie Musik

Wer eine Freude an sich bindet,
der stutzt dem Leben die Flügel;
wer die Freude küsst, wie sie ihm zufliegt,
der lebt im Sonnenaufgang der Ewigkeit.

WILLIAM BLAKE

Ich sitze mit Taka und ihrer Geige am Boden der Buddha-Halle. So melancholisch meine neue Freundin ist, ihre Fragilität hat etwas dermaßen Ehrliches, dass ich ihre Gesellschaft in vollen Zügen genieße, auch wenn etwas von ihrer Traurigkeit auf mich übergeht.

Unser Leben kennt Augenblicke einer unfassbaren Schönheit, und solch ein Augenblick steht mir jetzt bevor. Meine schwermütige Freundin nimmt ihre Violine aus dem Kasten, und ich erkenne schon an der Art ihres Umgangs mit dem Instrument die musikalische Meisterschaft. Langsam steht sie auf, hebt die Geige an die Schulter, um sie sorgfältig unter dem Kinn zu platzieren. Das lange schwarze Haar verhängt ihren Blick und umrahmt das wunderbare Holz des Instruments. Alles andere tritt für mich in den Hintergrund. Bis jetzt war noch kein Ton zu hören, doch dieses Bild allein treibt mir die Tränen in die Augen. Und dann ist es so weit: Taka entlockt der Violine schwebende Töne, mit denen der Körper leicht schwingt und die im nächsten Augenblick verflogen sind. Eine Traurigkeit und ein Zauber liegen über der Halle, die sich mit jeder Note weiterspinnen und steigern. Sie spielt Bach, und aus ihrem meisterhaften Spiel tönt für mich die Wahrheit der Vergänglichkeit.

Sogyal Rinpoche schreibt in *Das tibetische Buch vom Leben und vom Sterben*:

> Was ist unser Leben anderes als ein Tanz vergänglicher Formen? Ändert sich nicht alles ständig, das Laub an den Bäumen … die Jahreszeiten, das Wetter, die Tageszeit? … Und wie steht es mit uns? Ist nicht alles, was wir je getan haben, jetzt wie ein Traum? Die Freunde, mit denen wir groß geworden sind … die Ansichten, die wir so bestimmt und leidenschaftlich vertreten haben. All das haben wir hinter uns gelassen.

Töne setzen ein und verklingen in diesem Gebäude, in dem die Mönche meditieren, und in ihrem Verschwinden werden sie in mir zu Erinnerung. Wie diese Worte, die Sie gerade lesen – im nächsten Augenblick sind sie Erinnerung. Sogyal Rinpoche weiter:

> Die Zellen Ihres Körpers sterben … Ihr Gesichtsausdruck ändert sich ständig … Was wir als unseren Charakter bezeichnen, ist einfach ein Geiststrom, sonst nichts.

Heute lösen Bachs Mollakkorde wehmütige Freude in mir aus, morgen vielleicht etwas ganz anderes. Und wo ist dann diese süße Traurigkeit? Es kann nur so sein, wie Sogyal Rinpoche sagt:

> Wir sind vergänglich, die Einflüsse sind vergänglich, und nirgendwo ist etwas Festes und Dauerhaftes, auf das wir deuten könnten.

Der letzte, lang angehaltene Ton klingt in mir nach. Taka hat dieses Stück sicher schon Hunderte Male gespielt, ein Gedicht in Noten, das ihr in Fleisch und Blut übergegangen ist – und jetzt mir. Behutsam legt sie ihre Geige in den Kasten zurück, ganz hingebungsvoll dienende Musikerin, und wir verlassen die Halle wie zwei Schwestern. Wir verstehen uns, sowohl, was das musikalische Erlebnis angeht, als auch in Bezug auf den Tod. Auf dem Fußweg zurück nach New Hamlet sprechen wir das Sterben nicht direkt an, aber wir wissen, dass wir wissen.

Sogyal Rinpoche sagt:

> Wie könnten wir den Tod kennenlernen, wenn er nur einmal vorkäme? Zum Glück ist das ganze Leben ein einziger Tanz von Leben und Tod, ein Tanz des Wandels.

In der Zeit, in der mein Vater starb, habe ich Sogyal Rinpoches Buch gelesen. Ich fand darin eine Übung, die mir half, die Wahrheit anzunehmen, dass sich alles verändert. In einem besonders verzweifelten Augenblick machte ich diese Übung. Ich nahm eine Münze und hielt sie in der

Faust, die geschlossene Handfläche nach unten. Die Münze vertrat das, woran ich festhielt: Ich wünschte mir, dass mein Vater nicht sterben würde. Wenn ich die Hand in dieser Haltung öffnete, würde die Münze – das, woran ich hing – zu Boden fallen. Deshalb hielt ich sie fest. Mein Vater sollte lebendig und gesund sein. Es gab jedoch eine zweite Möglichkeit. Ich konnte meine Hand umdrehen und zum Himmel hin öffnen; so würde ich die Münze loslassen und doch behalten. Ich tat es, ich drehte die Faust und öffnete sie, und die Münze war noch da. Ich hatte losgelassen. Rings um die Münze war offener Raum, und doch blieb sie mir. Ich wünschte mir weiterhin, dass mein Vater lebte, kämpfte aber zugleich nicht mehr gegen die Realität an, dass er starb.

Es gibt die Möglichkeit, mit der Vergänglichkeit des Lebens ins Reine zu kommen und das Leben doch zu achten und zu genießen – ohne dass wir uns daran klammern.

Jetzt bin ich in der Höhle meines Zimmerchens und sitze in Gedanken an den Tod auf der Bettkante. Seit ich mich erinnern kann, hat der Tod für mich etwas Faszinierendes. Ich will damit nicht sagen, dass ich keine Angst vor dem Tod kenne, aber der Verlauf meines Lebens hat mir schon früh abverlangt, mich mit diesem Übergang in eine andere Dimension zu beschäftigen. In der Kindheit habe ich meine geliebten Nagetiere feierlich in Schuhkartons bestattet, die mit Löwenzahngebinden geschmückt waren. Aber als ich dann siebzehn war und bei meiner Mutter Brustkrebs festgestellt wurde, musste ich mich der Tatsache stellen, dass der Tod sich nicht mit meinen pelzigen Freunden begnügen würde, sondern auch die Menschen traf, die mir am liebsten waren.

Nach buddhistischer Auffassung bringt uns die Betrachtung des Todes den Gedanken der Loslösung und des Verzichts näher. Je häufiger und tiefer diese Betrachtung angestellt wird, desto leichter können wir gewohnte und untaugliche Muster hinter uns lassen. In diesem Loslassen, heißt es, liegt außer Traurigkeit auch Freude, und das kann ich bestätigen. Wenn wir die Vergänglichkeit alter Lebensformen erkennen, stimmt uns das traurig, und die Aussicht auf ein Leben ohne solche fesselnden Gewohnheiten macht uns froh. Dazu noch einmal Sogyal Rinpoche:

> Das ist keine gewöhnliche Freude. Aus dieser Freude steigt eine neue, tiefe Kraft auf, eine Zuversicht, eine anhaltende Begeisterung, die sich der Tatsache verdankt, dass wir nicht zu unseren Gewohnheiten verdammt sind, sondern über sie hinauswachsen können, dass wir uns ändern und immer freier werden können … Die reine Todesbetrachtung ist aber in sich selbst nicht ausreichend. Sie müssen sie auf Ihr Leben anwenden.

Diese praktische Anwendung besteht nach seinen Worten darin, dass wir die Veränderungen in unserem Leben mit sehendem Blick durchdringen. Schon dadurch lösen sich manche unserer inneren Verkrampfungen, mit denen wir auf die Situationen des Lebens reagieren. Auch schmerzliche Veränderungen werden so ein wenig abgefedert, und unser Leben gewinnt an Tiefe und Weite.

Taka und ich, scheint mir, sind durch die Konfrontation mit der rauen Wirklichkeit des Lebens bereichert worden.

Die Todesfälle in unseren Familien fordern uns zur Auseinandersetzung mit der Vergänglichkeit aller Dinge auf. Und trotzdem: Wie schwierig ist es doch, diese Realität des Lebens anzunehmen! Taka steht jetzt ganz für sich allein in der Welt. Wie soll sie sich unter diesen Umständen geborgen, geliebt und zugehörig fühlen? Da sie nach Plum Village gekommen ist, sucht sie wohl bewusst oder unbewusst dasselbe wie ich. Vielleicht, überlege ich weiter, ist es das im Grunde, was wir uns alle hier wünschen: eine verlässliche Heimat in uns selbst zu finden, die unabhängig ist von den möglichen Tragödien in unserem Leben. Der Gedanke an Taka macht mich sehr traurig, doch Thich Nhat Hanhs Weisheit setzt mit einem Sprung darüber hinweg. In *Das Herz von Buddhas Lehre* schreibt der Meister:

> Nicht die Vergänglichkeit selbst ist leidvoll. Wir wünschen uns Dauerhaftigkeit bei Dingen, die nicht dauerhaft sind, und daran leiden wir … Wenn wir wissen, dass ein geliebter Mensch sterblich ist, wird er uns dadurch nur umso kostbarer. Die Vergänglichkeit lehrt uns, jeden Augenblick und alle Kostbarkeit um uns und in uns zu achten und wertzuschätzen … Wir sind froh, weil wir es wirklich darauf angelegt haben, jeden Augenblick unseres Lebens zu genießen und andere glücklich zu machen.

Inzwischen habe ich mich hingelegt. Die schweren Gedanken kosten Kraft. Der bleiche Augenblick fällt mir ein, in dem meine Mutter von ihrer Krebserkrankung erfuhr. Seltsamerweise kam die Nachricht telefonisch, und ich war gerade in der Nähe. Erst Jahre nach dem Tod meiner Mutter wurde mir ganz bewusst, dass ich – und das galt auch für meinen Vater und meine Brüder – die letzten Jahre mit ihr besonders intensiv erlebte, weil immer diese Ungewissheit bestand und der Tod eigentlich jederzeit eintreten konnte. Jetzt frage ich mich, wie es wohl wäre, die Vergänglichkeit alle Tage deutlich vor Augen zu haben, aber ohne den bitteren Druck, der durch die tödliche Erkrankung eines geliebten Menschen entsteht. *So* wach zu sein, das wäre sicherlich ein großer Fortschritt.

Der Gong ruft zum Abendessen. Ich richte meinen erschöpften Körper auf und bleibe auf dem Bettrand sitzen. Volle zehn Minuten brauche ich zum Aufstehen und dann noch einmal zehn Minuten für den Weg die Treppe hinunter zum Speisesaal. Taka, meine neue Schwester, steht am Kamin, in der einen Hand eine Teetasse, in der anderen den Geigenkasten. Dann geht sie schnell den Gang hinunter, um das kostbare Instrument, das mir von der Vergänglichkeit erzählt hat, in ihrem Zimmer in Sicherheit zu bringen, bis seine Weisheit wieder gebraucht wird.

❧ 22. Tag ☙

Erde
Ich bin das hungrige Kind

Was die Erde bereitstellt, reicht zu Befriedigung
der Bedürfnisse aller Menschen aus,
aber nicht zur Befriedigung ihrer Gier.

MAHATMA GANDHI

Meine Ballettausbildung als Kind hat mir ein so unmögliches Schlankheitsideal eingeimpft, dass meine Beziehung zu Nahrungsmitteln immer etwas angespannt geblieben ist. Nicht dass ich eine Essstörung gehabt hätte; eher war es wohl so, dass ich unbewusst gegen die strikte Disziplin eines Tänzerlebens rebellierte. Jedenfalls halte ich mich manchmal an Essbares, wenn ich versuche, Anflüge eines nicht näher definierten Unbehagens zu beschwichtigen.

Der aus Indien stammende spirituelle Lehrer Meher Baba befand: »Gier zeugt von Ruhelosigkeit des Herzens.«

Es ist Mittag. Eine der Schwestern von New Hamlet liest das Tischgebet. Ich habe es auch schon an den ersten einundzwanzig Tagen meines Aufenthalts hier gehört. Heute aber erreichen mich die goldenen Worte wirklich: »Diese Speisen sind das Geschenk des ganzen Universums.

Mögen wir achtsam essen, mögen wir unsere Gier durch maßvollen Verzehr zügeln. Möge unsere Art zu essen die Leiden der Lebewesen verringern und zur Bewahrung unserer Erde anregen.«

In der anschließenden Stille schweift mein Blick über den Teller vor mir – brauner Reis, gedämpfte Karotten, Brokkoli und Linsen, dazu Miso. Ich schaue zu meiner Nachbarin, dann zu der still beschaulichen Schwester mir gegenüber und schließlich den ganzen Tisch mit seinen sorgfältig arrangierten Mahlzeiten hinunter. Plötzlich bin ich von all dem Heiligen in diesem Raum erfüllt.

Im Kloster verlaufen die Mahlzeiten ganz anders als draußen in der Welt. Hier heißt es: immer nur eins auf einmal. Man liest zum Tee nicht die Zeitung, sondern trinkt nur Tee. Das kann schwierig sein. Nimm das pausenlose Plaudern weg, das Fernsehen und alles andere, was man immer noch zwischendurch tut, und es bleibt nichts als … ja, das Essen. Es kommt sogar vor, dass jemand beim schweigenden Essen plötzlich in Tränen ausbricht, erst gestern war es so. Eine Pilgerin muss sich wohl in dieser Stille so ihren Gedanken ausgeliefert gefühlt haben, dass eine überwältigende Traurigkeit über sie kam und sie nur noch dasitzen und weinen konnte. Einige der Klostergäste, darunter auch ich, reagierten leicht betroffen, doch die Nonnen müssen dergleichen gewohnt sein, jedenfalls blieben sie vollkommen ruhig.

Während seiner Suche nach Befreiung von den Leiden der Welt – Alter, Krankheit, Tod und Wiedergeburt – fastete der Buddha bekanntlich oft viele Tage am Stück. Wie es heißt, hat er sich einmal sogar wochenlang nur von einem einzigen Reiskorn am Tag ernährt. Für ihn war das

Wünschen die Ursache aller Leiden, und so versuchte er durch strenges Fasten alles körperliche Verlangen auszuschalten. Doch zu tiefer Einsicht gelangte er auf diesem Weg trotzdem nicht.

Thich Nhat Hanh merkt dazu an, der Buddha habe so aus erster Hand erfahren, dass man für den Weg der Verwirklichung einfach nicht genügend Kraft hat, wenn man sich die Gesundheit ruiniert. Das andere Extrem, fährt er jedoch fort, also das hemmungslose Schwelgen in sinnlichen Genüssen wie allzu reichlichem Essen, ist ebenso gefährlich. Der Buddha erkannte (und lehrte später) den mittleren als den richtigen Weg zur Erleuchtung. Diesen mittleren Weg nennt Thich Nhat Hanh auch den »Weg der Überwindung aller Gegensätze«.

Jeder Tag hier führt mir den Wert dieses maßvollen Lebens vor Augen, und all die kleinen Anstöße, die ich erhalte, bringen mich an einen Ort in mir selbst, an dem mich die Winde des Wandels nicht mehr hierhin und dorthin wehen.

Ich nehme einen Löffel dunkelgrüne Linsen in Miso und kaue und kaue und kaue. Ich koste sie aus, nehme ihre Beschaffenheit auf der Zunge wahr, und der reine, erdige Duft zieht mir in die Nase. Ich spüre: Das hier nährt mich wirklich. Ich habe heute eine kleinere Portion genommen als sonst und esse auch langsamer. Ich denke an die Gier. Abermillionen Menschen in der Welt haben nicht genug zu essen. Doch *weiß* ich das wirklich? Bei diesem Gedanken lösen sich die beklemmenden Gefühle, die sich für mich immer mit dem Essen verbinden. Ich habe eine innere Zuflucht gefunden, mit der sich das erfreuliche Gefühl verbindet, meine eigene Wahl treffen zu können.

Heute esse ich nur so viel, dass ich nicht ganz gesättigt bin.

Nach dem Mittagessen werfe ich einen Blick in die Zeitung und lese einen Artikel, in dem eine globale Nahrungsmittelknappheit vorausgesagt wird. In vielen Teilen der Welt werden die Menschen nicht genug zu essen haben, wobei die Gesamtbevölkerung in den kommenden vierzig Jahren noch einmal um zwei bis vier Milliarden steigen soll. Von dieser Knappheit werden alle möglichen miteinander verflochtenen unerfreulichen Wirkungen auf die Menschen ausgehen – von der Umwelt einmal ganz abgesehen. In Afrika beispielsweise wird der Hunger so schlimm sein, dass die Menschen ihre Nahrung im Dschungel suchen werden. Sie werden wildern und dadurch ihre Umwelt empfindlich aus dem Gleichgewicht bringen. Außerdem kann dieses »Buschfleisch«, etwa von Affen, Nagetieren und Schlangen, von allerlei Viren kontaminiert sein, die auf den Menschen übertragbar sind. Alles hängt mit allem zusammen, da haben wir es wieder. Jetzt schon essen viele Afrikaner Buschfleisch, weil sie sonst verhungern würden.

Ich schließe die Augen, die Zeitung sinkt mir auf den Schoß. Thays Gebet klingt in mir an: »Möge unsere Art zu essen die Leiden der Lebewesen verringern und zur Bewahrung unserer Erde anregen.«

In einem Vortrag habe ich ihn sagen hören, dass wir sowohl global als auch lokal denken müssen. Das sehe ich auch so, beide Perspektiven sind notwendig. Wir müssen über die Weltereignisse Bescheid wissen, aber bloße Kenntnisnahme reicht nicht, wir müssen uns persönlich einbringen.

Wenn wir begreifen, dass unser Körper ein *mikrokosmisches* Abbild des *Makrokosmos* Welt ist, dann kann es nur so sein, dass wir die Welt erkennen, wenn wir unseren Körper kennen. Wer über seine eigene Natur Bescheid weiß, hat keine Mühe, global zu denken – aber es muss die wahre Natur und keine eingebildete Natur sein. Wer nicht wirklich nach innen gegangen ist, spinnt sich leicht in ein Netz von Vorstellungen und voreiligen Schlussfolgerungen ein und glaubt dann, so sei die Welt.

Dazu gibt es eine wunderbare buddhistische Erzählung. Sie handelt von einem alten Frosch, der sein ganzes Leben in einer nassen Kuhle verbracht hat und eines Tages von einem anderen Frosch besucht wird, der am Meer lebt. Patrul Rinpoche erzählt die Geschichte so:

»Wo kommst du her?«, fragt der Frosch aus der Kuhle.

»Vom großen Ozean«, sagt der andere.

»Wie groß ist denn dein Ozean?«

»Riesig.«

»Aha, also ungefähr ein Viertel von meiner Kuhle hier?«

»Nein, nein, größer.«

»Größer? Du meinst, halb so groß?«

»Nein, größer.«

»Doch nicht etwa so groß … wie meine Kuhle?«

»Viel größer, gar kein Vergleich.«

»So etwas gibt es nicht, das muss ich mit eigenen Augen sehen!«

Sie machen sich zusammen auf den Weg. Als der Frosch aus der Kuhle das Meer erblickt, ist er so schockiert, dass ihm der Kopf zerspringt.

❧

Ich liege unter einer Ausgabe des *International Herald Tribune* auf meinem Bett in einem französischen Kloster, den Blick durch das uralte Bogenfenster meiner Zwergenbude nach draußen gerichtet, und denke mir meinen Körper als den eines hungernden Kindes in Afrika oder den eines alten Mannes, der Insekten und Buschfleisch essen muss, oder den der humpelnden Nonne, die ich täglich im Kloster sehe. Mein Körper ist ihrer. Solche Überlegungen tragen mich über das hinaus, was ich als mein Ich und meinen Körper zu betrachten gewohnt bin. Ich – das scheint jetzt nur noch mein Atem zu sein. Die Grenzen meines Körpers werden durchlässig und lassen mich im Raum aufgehen.

Es liegt Jahre zurück, dass ich auf einem Berg in New Mexico eine ähnliche Erweiterung meiner selbst erlebt habe. Nach einem langen Tag der Meditation im Sitzen stand ich auf und streckte mich und machte in der Abenddämmerung einen Spaziergang den Berg entlang, allein, fernab der vielen Menschen, die an dem Retreat teilnahmen. Ich sah struppige moosgrüne Yuccabüsche, den blauen Abendhimmel und sonst nichts. Jeder meiner Schritte schien in die trockene Erde einzusinken, und der weite Himmel durchflutete mich. In diesen Augenblicken bestand kein Unterschied zwischen »mir« und allem ringsum. Ich empfand ein Gefühl von Einssein, kurze Augenblicke der Wahrheit, vielleicht dem ähnlich, was Walt Whitman in dem Teil seiner berühmten *Grashalme* schildert, der »Gesang von mir« heißt:

Was mich bindet und beschwert, verlässt mich,
meine Ellbogen stützen sich in Meeren ab,
ich umrande die Hochebenen, meine Hände bedecken

Erdteile,

ich bin gleichauf mit meiner Vision.

Manchmal denke ich, mein Kopf könnte zerspringen von all dem Dehnen und Weiten hier. Zum Glück geht es langsam genug vor sich, sodass mir das Schicksal des alten Froschs wohl erspart bleibt.

Da es so vieles gibt, was ich nicht weiß, versuche ich mich auf das zu besinnen, was ich weiß. Wenn ich still dasitze und achtsam atme, alle Türen geöffnet und das Licht einlassend, entsteht eine kühle blaue Klarheit und Antworten werden laut. Dann weiß ich einfach, dass ich auf der energetischen Ebene von keinem einzigen hungernden Kind auf der Welt getrennt bin, auch nicht von dem alten Mann in Afrika oder der humpelnden Nonne hier in New Hamlet. Wenn mein Geist still ist, weiß er. Die Worte fallen mir ein, die der Buddha bei seinem Erwachen sprach: »Ich habe gesehen, dass nichts für sich selbst sein kann und alles mit allem verwoben ist. Und ich habe gesehen, dass alle Wesen von Natur aus mit der Fähigkeit des Erwachens begabt sind.«

Möge ich nie mehr haben wollen, als ich brauche.

❧ 23. Tag ☙

Wasser
Wie sich ein Mönch das Gesicht wäscht

Kein Frosch trinkt den Tümpel aus, in dem er lebt.

INDIANISCHES SPRICHWORT

Heute Abend ist Wasser für mich keine Selbstver-ständlichkeit. Heute spüre ich das Wunderbare der warmen Flüssigkeit, die mir über die Hände rinnt.

Heute Morgen hat Thay in seinen Dharma-Vortrag eine detaillierte Schilderung der vorausgegangenen morgendli-chen Gesichtswäsche eingebaut. Seine heiter-klare Miene kündete von echter Wertschätzung, als er das herrliche Ge-fühl des Wassers im Gesicht genau beschrieb und seiner Freude über das Wissen um den tiefen Ursprung dieses Wunders namens Wasser Ausdruck gab:

Meine Finger spürten das Wasser, das von so weit her kam, aus den Bergen oder aus den Tiefen der Erde, und jetzt wunderbarerweise, einfach durch eine Drehung am Wasserhahn, hier auf meinen Händen war, auf meinem

Gesicht. Beim Eintauchen des Gesichts in die gefüllten Hände dachte ich an all das Leben auf der Erde, das nur sein kann, weil es Wasser gibt. Es war so frisch und kalt. Ich freute mich. Meine Achtsamkeit machte mich froh.

Zuvor hatten sich die Mönche und Nonnen wie gewohnt im vorderen Teil der Halle versammelt, um ihre wunderbaren Rezitationen anzustimmen – eine Stimme, ein Körper. Ich hatte wie immer hingerissen gelauscht, aber heute schienen mir die Mantras etwas zutiefst Transzendentes zu haben. Zwischendurch blickte ich einmal zufällig zu meinem Freund Stuart hinüber. Ich sah ihn vollkommen verwandelt, stille Tränen liefen über sein zartes, junges Gesicht. Im nächsten Moment intensivierte sich mein Zuhören. Die wunderbare Rezitation eröffnete mir eine neue Stufe des Klangbewusstseins, und ich wusste, dass dieses Gefühl von Transformation etwas damit zu tun hat, wie weit ich mich einlasse. Dieses Einlassen lag in meiner Verantwortung, ich durfte nicht erwarten, dass die heiligen Klänge mich ohne meine Bereitschaft mit sich nehmen würden. Tiefes Hineinhorchen in die buddhistischen Mantras, scheint mir, macht die Überfahrt ans Ufer der Freiheit von alten Leiden schneller und leichter. In Stuart, der sich diesen lichtvollen Gesängen ganz öffnete und sie tief in sich hineinließ, fanden sie einen tiefen Widerhall, das war deutlich zu sehen. Später erzählte er mir, er habe diese köstliche Musik seinen Eltern gewidmet, die, wie ich heraushörte, einen Segen gut gebrauchen konnten. In der Entrückung des Lauschens, sagte er, habe er eine Veränderung in seinem Inneren gespürt und gewusst, dass etwas für die ganze Familie Heilendes geschehen war.

Ein hingebungsvoll angestimmtes Mantra wirkt Wunder.

Nach seinem Bericht von der transzendenten Morgenwäsche erzählte Thay eine Begebenheit aus seiner Jugend in Vietnam. Bei einem Schulausflug hatten Hunderte von Kindern in kleinen Gruppen einen Berg erklommen. Der junge Thay war ganz besonders gespannt auf das Abenteuer, weil er von einem geheimnisvollen buddhistischen Einsiedler gehört hatte, der irgendwo in diesen Bergen lebte und meditierte. Thay und die anderen Kinder in seiner Gruppe stürmten in ihrer Begeisterung so schnell voran, dass sie viel Durst bekamen und bereits auf halber Höhe des Berges ihr Wasser ausgetrunken hatten. Zu Thays großer Enttäuschung war der Einsiedler, dieses buddhagleiche Wesen, nirgendwo zu sehen. Die Kinder setzten sich hin, um ihren mitgebrachten Proviant zu verzehren; Thay wollte derweil noch ein bisschen nach dem Einsiedler suchen und durchstreifte allein den Wald. Bald hörte er Wasser gluckern und stieß auf eine Quelle. Er freute sich sehr. Als er gerade den ersten Schluck trinken wollte, kam ihm der Gedanke: »Was, wenn der heilige Mann sich in diese Quelle verwandelt hat?« Beim Genuss des Wassers war er dann so zutiefst froh und in Frieden, dass er den Einsiedler danach gar nicht mehr unbedingt finden musste – nicht in der Gestalt eines Menschen. Dann schlief er neben der Quelle ein und wusste beim Aufwachen nicht, wo er sich befand. Nur das war dem künftigen Zen-Meister bewusst: Er hatte das köstlichste Wasser der ganzen Welt getrunken.

Den anderen Kindern hatte er damals nichts davon erzählt. Für ihn war es eine tiefe spirituelle Erfahrung gewesen, und die wäre nur abgeschwächt worden, wenn er darüber gesprochen hätte. Viele Jahre später und nach langen Studien erzählte er die Geschichte vom Eremiten und der Quelle schließlich doch, weil er von dem Wunsch beseelt war, dass jeder Mensch seinem Einsiedler begegnen möge.

Der heutige Morgen hielt für mich zwei einfache und einprägsame Botschaften bereit. Die eine von Stuart: sich rückhaltlos auf die herrlichen Buddha-Gesänge einzulassen und darin Heilung zu finden. Und die andere von Thay, nämlich in der Achtsamkeit nicht nachzulassen, damit wir unseren »Einsiedler« erkennen, wenn er sich uns zeigt, und damit die Achtsamkeit uns nicht nur den Weg zu dauerhafter Geborgenheit und Freude zeigt, sondern auch zur Achtung vor all dem erzieht, was das Leben auf dieser Erde trägt und erhält. Die Quelle war Thays Einsiedler gewesen, die heilige Musik heute der von Stuart. Was zu geschehen hat, ist klar, aber es gestaltet sich nicht einfach, jederzeit so gesammelt zu sein und sich nicht ablenken zu lassen oder in den eigenen Gedankengängen zu verzetteln.

Etwas tut sich in meinem Bewusstsein, als ich den entzückten Pilger sehe und den Mönch erzählen höre. Aber natürlich, Wasser *ist* ein staunenswertes Wunder. Wie könnte es auch anders sein, wenn es sich sogar als Einsiedler präsentiert?

Thay hat eine ganz eigene Art, beim Sprechen kleine Pausen zu machen. In diesen Leerräumen kann ich seine Worte verarbeiten. Die allermeisten Lebensformen auf der Erde bestehen zu mehr als drei Vierteln aus Wasser – es ist eine Untertreibung zu sagen, wir seien von diesem Stoff abhängig. Ich bestehe zu über 70 Prozent aus Wasser. Sie bestehen zu über 70 Prozent aus Wasser. Wir sind daraus gemacht. Wer die Heiligkeit des Wassers nicht achtet, dem bedeutet offenbar das Leben nichts. Wasser ist ein Einsiedler, keine Frage.

Mein Lebenselixier ist mir jetzt viel deutlicher bewusst. Ich sammle meine Kräfte noch entschlossener.

An vielen Stellen des Klostergebäudes hängen in verschiedenen Farben mit Tusche auf weißes Papier geschriebene Gebete – in den Waschräumen und Speisesälen, in den Küchen und Meditationsräumen. Überall, wo es einen Wasseranschluss gibt, wird der Wert des Wassers besonders hervorgehoben. Heute Abend lese ich über dem Becken im Waschraum: »Möge ich die Hände, über die jetzt das Wasser fließt, klug zum Schutz unserer Mutter Erde einsetzen.« Ich drehe den Hahn auf, höre das Rauschen, öffne meine Hände im warmen Strom. Ich schließe die Augen, und mein Atem strömt mit dem Wasser. Ich spüre den Boden unter meinen Füßen und lasse mich an die Erde erinnern. Ihrer Tiefe entspringt dieses Wasser. Es ergießt sich warm über meine Hände. Ich atme. Ich benetze mein Gesicht mit dem warmen Nass. Ich streiche mit dem Finger über meine geschlossenen Augenlider, und eigentlich ist es das Wasser, das sie streichelt. Wieder halte ich meine Hände, zu einem Gefäß gewölbt, in den warmen Strom, spüre die Freude dort, die reinigende Kraft. Mein Gesicht ist warm unter dem wohltuenden Druck meiner Hände und den auf den Lidern kreisenden Fingern. Und noch einmal warmes Wasser auf den Händen und im Gesicht. Ich atme. Ich öffne die Augen. Ich drehe das Wasser ab und lese erneut die laubgrünen Worte über dem Becken: »Möge ich die Hände, über die jetzt das Wasser fließt, klug zum Schutz unserer Mutter Erde einsetzen.«

Thich Nhat Hanh hat in seinem Vortrag gesagt: »Vielleicht habt ihr euren ›Einsiedler‹ schon gesehen, ihn aber nicht erkannt. Er muss keine Quelle sein, er kann auch ein Stein, ein Baum, ein Kind, ein Berg sein. Aber wenn ihr ihn einmal gefunden habt, wisst ihr, wo es langgeht. Und ihr werdet Frieden finden.«

Wenn wir dem klugen Mönch darin folgen, dass wir uns das Gesicht im vollen Wissen um den Wert des Wassers waschen, achten wir unsere Heimat, den Planeten Erde. In unserem inneren Zuhause angekommen, erkennen und schätzen wir auch das Zuhause ringsum, die wunderbare Erde.

Auch wenn ich nur diesen einen Tag im Kloster hätte, wäre die weite Reise nach Plum Village schon der Mühe wert gewesen.

❧ 24. Tag ❧

Feuer
Der fröhliche Ire

Die sengenden Flammen des Zorns haben den Strom
meines Seins austrocknen lassen.

DILGO KHYENTSE RINPOCHE

Verschlafen werfe ich einen Blick auf meinen Wecker – eine Minute nach fünf. Und da sind sie auch schon wieder: die hastig polternden Fersen auf dem Flur. Meine Nachbarin auf ihrem eiligen Weg zum Waschraum. Sie verspätet zur Morgenmeditation? Undenkbar! »Wie kann man um diese Zeit nur mit solcher Geschwindigkeit unterwegs sein?« Zehn Minuten später Rückkehr in der gleichen Eile. Ich muss unbedingt noch ein bisschen nachschlummern. Der zweite Gongschlag hallt durchs Haus, die weichen Schwingungen holen mich sanft aus dem Schlaf, bis ich dann endgültig hochschrecke, als meine Nachbarin zum letzten Mal über den knarrenden Flur hastet. Viertel nach fünf. Die eifrige Pilgerin wird eine geschlagene Viertelstunde zu früh in der Meditationshalle sein. Um diese Zeit stehe ich an normalen Tagen auf. Das sind die Tage, an denen Thay nicht da ist. Wenn er da ist, springe ich beim ersten Gongschlag auf.

❧❧❧

Am Nachmittag spaziere ich durch das feuchte Gras von Upper Hamlet, neben mir ein schlagfertiger Nordire mit frisch gerötetem Gesicht, der in den Fünfzigern sein dürfte. Aidan, ein guter Katholik, vertraute mir vor ein paar Tagen an, er habe Thay einmal auf einem Weg begleitet und dabei das Gefühl gehabt, dass es so wohl seinerzeit auch gewesen sein musste, wenn man an der Seite Jesu ging. Jetzt frage ich ihn, was ihn nach Plum Village geführt habe. Er erzählt von seiner Familie. Er war eines von acht Kindern in einem katholischen Belfaster Haushalt, der nach dem Prinzip »Wer sein Kind liebt, der züchtigt es« geführt wurde. Später, erfahre ich weiter, heiratete er eine Frau, die seiner mit fester Hand regierenden Mutter in vielem ähnlich war und sich auch am selben Leitsatz orientierte. Die Familie erlebte sehr unruhige Zeiten, die dazu führten, dass Aidan diese Erziehungsmethoden zunehmend infrage stellte. Da seine Frau jedoch weiterhin mit harter Hand regieren wollte, kam es zu endlosen Streitigkeiten zwischen ihnen. Die Eheprobleme förderten bei ihm einen tief sitzenden Zorn zutage, eine Feuergrube, die mit den Jahren noch tiefer wurde, bis er schließlich auch beim kleinsten Anlass in die Luft ging. Aidan beschreibt das so: »Es war eine Flamme, die gewaltig aufflackerte, sobald sie auch nur ein bisschen Nahrung bekam. Mir war klar, dass ich diese Hitzköpfigkeit einfach nicht mehr beherrschte und für mich selbst, meine Familie und unser gesamtes Umfeld immer mehr zu einer schweren Belastung wurde.« Er wusste, dass sich etwas ändern musste.

Auf unserem Weg über das Gelände der Mönchsunterkunft lächelt Aidan jetzt und sagt, Thich Nhat Hanhs Buch

Ärger habe sein Leben verändert. Aus diesem Buch erfuhr er, wie man mit destruktiven Emotionen umgeht, und danach begann er, seine Aggressionen anzunehmen und sich um sie zu »kümmern«, wie er es ausdrückt. Der Anleitung im Buch folgend visualisierte er die Hitze seiner Wut im Bauch. Dann nahm er sich seines Zorns in Achtsamkeit an und umfing ihn wie ein geschundenes Kind. So lernte er, das Negative zu akzeptieren und richtig einzuschätzen, was wie von selbst auf Mitgefühl hinauslief, Mitgefühl mit sich, Aidan. »Bald war ich in der Lage«, sagt er, »dieses Feuer so weit einzudämmen, dass es nur noch eine Zündflamme war.«

Ich habe Thay schon mehrfach sagen hören, dass wir unsere negativen Emotionen nicht unterdrücken dürfen. Gefühle, mit denen schwer umzugehen ist, sollen achtsam angenommen werden. »Solange wir Ärger nicht als Ärger erkennen, schubst er uns herum.« Nur Achtsamkeit erlaubt uns Mitgefühl und Verständnis uns selbst gegenüber. Zur Veranschaulichung spricht Thay gern von einer Mutter, die ihr Kind weinen hört und sofort zu ihm geht, es aufnimmt und liebevoll in den Armen hält. Die Mutter ignoriert ihr Kind nicht, schon gar nicht, wenn es durch irgendetwas verstört ist. Obwohl sie nicht immer weiß, weshalb ihr Kind weint, spürt es doch ihre Fürsorglichkeit und findet Trost darin. So kann es auch mit dem als negativ Empfundenen in uns selbst sein, wenn wir es liebevoll annehmen, es verliert dann an Durchhaltevermögen. Wenn wir uns selbst fürsorglich annehmen und bejahen, lässt das Weinen nach und Mitgefühl tritt an seine Stelle. Wir müssen nicht einmal wissen, weshalb wir diese unguten Gefühle gerade haben. »Es braucht nur Aufmerksamkeit und etwas Übung«, sagt Thay, »um das, was uns plagt, wieder in tiefere Schichten absinken zu lassen, in das, was im Buddhismus als Speicherbewusstsein bezeichnet wird. Dort bleiben diese Gefühle inaktiv und können keinen Schaden mehr anrichten.«

An diesem kühlen Nachmittag schlendern Aidan und ich jetzt durch die offene französische Landschaft. Vanna und unser Zerwürfnis fallen mir ein, die bitteren, harten Worte in den heiligen Mauern der Buddha-Halle, die mich verstummen ließen. Vanna bringt meine negativen Keime zum Sprießen, Ärger und Enttäuschung. Jetzt wird mir klar, dass ich diese schwierigen Gefühlsregungen nicht verständnisvoll angenommen habe und sie deshalb an mir kleben. Vannas bloßer Anblick lässt die schrecklichen Gefühle wieder in mir hochkommen. Ähnlich wie Aidans finstere Gefühle durch seine Frau ausgelöst wurden und ihn in große Nöte brachten, so habe ich zugelassen, dass Vanna alten Schmerz in mir aufwühlt. Es fehlt mir noch an Mitgefühl mit mir selbst – und mit Vanna.

Wir alle haben diese Keime plagender Emotionen wie Ärger in uns, aber da sind auch Keime der Freude, des Mitfühlens und der Liebe. Der besonnene Ire hat gelernt, seinen schmerzlichen und schwierigen Gefühlen mit Achtsamkeit und Bewusstheit zu begegnen. Das macht sie schwächer, sodass sie mehr in den Hintergrund treten und nicht mehr das ganze Bild beherrschen. Ich erkenne, dass Aidan gelernt hat, mit seinen Gefühlen besser umzugehen, und zugleich denke ich an Thays Rat, unsere Gefühle nicht zu unterdrücken. Bei mir ist die Tendenz, sie wegzuschieben, anstatt sie verständnisvoll anzunehmen, noch vorhanden. Aber heute sehe ich die Möglichkeit einer neuen, einer mitfühlenden Beziehung zu meinen schwierigen Gefühlszuständen, und schon das fühlt sich wie ein freudiges Erwachen an.

Mein neuer irischer Freund ist das geworden, was Thay so unnachahmlich als »Gärtner im eigenen Garten« bezeichnet. Thich Nhat Hanh nennt das Geist-Bewusstsein einen Gärtner, der in den Tiefen des Geistes sorgsam den Boden bearbeitet und im Garten des Speicherbewusstseins die Saat der Freude und Liebe pflegt. Achtsamkeit lässt die guten erfreulichen Keime sprießen und veranlasst die plagenden unguten Keime, sich auf die Ebene des Speicherbewusstseins zurückzuziehen, wo sie unschädlich sind.

Im Lotos-Sutra, dessen Lehren der Buddha gegen Ende seines Lebens dargelegt haben soll, findet sich die Aussage, dass Achtsamkeit die Feuer, die uns zu verbrennen drohen, in einen kühlen, klaren Lotossee verwandeln kann. Thay vertieft das in *Das Herz von Buddhas Lehre* und sagt: »Wenn es in unserem Geist Begierden, Zorn und den Wunsch zu schaden gibt, sind wir wie ein brennendes Haus. Wo solche Gefühle nicht vorhanden sind, erzeugen wir einen kühlen, klaren Lotossee.«

Der wackere Ire, der mit seiner tiefen Wut ein lichterloh brennendes Haus gewesen sein muss, blickt jetzt ein bisschen wehmütig drein, als er mir erzählt, dass seine Ehe zu Ende ging, aber er ist in Frieden damit. Seit er allem in seinem Leben mit immer mehr Achtsamkeit begegnet, werden die Beziehungen zu seinen Kindern und zu seiner Exfrau merklich besser. Er möchte seinen Kindern gern von Plum Village erzählen, möchte ihnen die Lehren Thich Nhat Hanhs nahebringen.

Der vor Lebendigkeit geradezu sprühende Mann aus Belfast ist eine höchst anregende und interessante Beglei-

tung beim Spazierengehen. Merke: Innerer Frieden macht
weder langweilig noch träge. Dass Aidan das weiß, ist nicht
zu übersehen.

❧ 25. Tag ❧

Luft
Schwere Koffer können
die Kapitulation erleichtern

Materialismus vergröbert und versteinert alles, er
trivialisiert, er verkehrte jede Wahrheit in Trug.

HENRI-FRÉDÉRIC AMIEL

Je zwei der leitenden Mönche und Nonnen sitzen wie Buddhas vorn in der Dharma-Halle von Upper Hamlet, alle mit dieser Ausstrahlung von buddhistischer Kultiviertheit. Wir Pilger sind das Publikum, und manche haben Fragen eingereicht, die das Gremium der Ordinierten jetzt beantworten wird. Wir sind etwa zweihundert, die still dasitzen.

Eine Schwester liest die erste Frage vor: »Wie gelingt uns das Nicht-Anhaften, wie können wir wahrhaft loslassen?« Die Nonne verharrt einen Moment, um dann mit einer anmutigen Bewegung den Kopf zu heben. Sie sagt: »Von Vorstellungen abzulassen ist viel schwieriger, als Habseligkeiten aufzugeben.« Dann ergänzt sie: »Wenn man sich von Besitztümern löst, ist das eine gute Vorübung für das Loslassen von Vorstellungen. In Plum Village«, erzählt sie, »wechseln die Mönche und Nonnen jedes Jahr das Zimmer.« So wird verhindert, dass man am Ende an einem bestimmten Raum oder Mitbewohner hängt. Und dann sagt sie: »Sich um seine eigenen Angelegenheiten zu kümmern, das heißt eigentlich: Schau tief in dein eigenes Inneres. Scher dich nicht darum, was andere tun. Achte nur auf das, was du selbst tust.«

Für meine Reise nach Frankreich hatte ich zwei große Koffer mit allem für meinen viermonatigen Aufenthalt *Notwendigen* gepackt. Ich war für jeden Anlass mit Kleidung ausgestattet, dazu kamen Bücher, meine heiß geliebten biologischen Pflegeprodukte und sonst noch so allerlei. Wie sich beim Einchecken herausstellte, hatten beide Koffer Übergewicht, sodass recht heftige Gebühren fällig wurden. Im Netz der Pariser Metro mit seinen vielen Rolltreppen ging das Drama weiter: Der Kampf mit den beiden schweren Gepäckstücken war nahezu aussichtslos. Das alles zog mich ganz schön runter, in diesem Fall buchstäblich. Nach dem ersten Monat in Europa bot sich mir dann *die* Chance. Eine kanadische Freundin besuchte mich in Paris und erklärte sich bereit, eines meiner Gepäckstücke mit zurück nach Toronto zu nehmen. Der verbleibende Koffer war dann freilich bis zum Platzen bepackt, und mir ging allmählich auf, dass meine Habe nicht mehr nur eine körperliche Belastung war. Als ich schließlich in Plum Village ankam, fühlte ich mich von dem Riesenkoffer auch mental ziemlich aufgerieben.

»Wenn man sich von Besitztümern löst, ist das eine gute Vorübung für das Loslassen von Vorstellungen.« Diesen Rat hätte ich in Kanada beim Packen gut gebrauchen können.

Der Buddha sagt: »An Meinungen haften, an Ideen haften, an Wahrnehmungen haften – das sind die großen Verdunkler der Wahrheit.« Thich Nhat Hanh erläutert in seinem Buch *The Art of Power*:

> Das ist wie beim Besteigen einer Leiter. Auf der vierten Sprosse meint man vielleicht, es ginge nicht weiter, also hält man sich da fest. Aber es gibt eine fünfte Sprosse, und wenn man auf die möchte, muss man bereit sein, sich von der vierten zu lösen. Von Ideen und Ansichten lässt man am besten ständig wieder ab, damit Raum für bessere Ideen und mehr der Wahrheit entsprechende Ansichten entsteht. Deshalb sollten wir uns ständig fragen: »Bin ich mir sicher?«

Bei seinem Dharma-Vortrag heute Morgen, vor der Diskussionsrunde mit den vier Mönchen und Nonnen, hat Thay betont, wie notwendig es ist, »unsere Vorstellungen zu verbrennen« – alles, was uns davon abhält, die wahre Wirklichkeit zu sehen, vor allem unsere nicht hinterfragten Ansichten über Geburt und Tod: »Euer wahres Wesen ist: keine Geburt, kein Tod. Ihr seid etwas Fortdauerndes.« Er goss ein wenig Tee in eine Schale und sagte, er »gieße eine Wolke«. Das fand ich wunderbar anschaulich. Eine Wolke stirbt nicht. Eine Wolke wandelt sich einfach und nimmt mal diese, mal jene Form an, hier die Form von Teewasser. »Wir sehen die Wolke nicht als ›Zeichen‹, aber sie ist eindeutig im Tee gegenwärtig.« Buddhisten sprechen hier von »Zeichenlosigkeit«, die sie neben Leerheit und Ziellosigkeit als eines der sogenannten drei Tore der Befreiung betrachten – der Befreiung von Angst, Verwirrung und Traurigkeit. Thay fuhr fort: »Wir sind wie die Wolke. Wir sterben nicht. Wir existieren einfach in anderen Formen weiter.« In diesen tiefgründigen buddhistischen Gedanken sind alle Vorstellungen von Geburt und Tod transzendiert.

Ich blicke in das fein geschnittene Gesicht einer vietnamesischen Nonne, die viel jünger wirkt, als sie tatsächlich ist. Ihr kahl geschorener Kopf glänzt im Licht der Meditationshalle, während sie über das Loslassen spricht. Mich bewegt die Frage, ob ich an meinem langen blonden Haar »hafte«. Ich drehe eine Strähne um den Zeigefinger. Doch, ich mag mein Haar sehr, es ist ein lieb gewordener Besitz, ungefähr wie Kleidungs- oder Schmuckstücke, die ich besonders mag. Wenn ich von meinem Haar abließe, würde das meinen Geist befreien?

Die alterslose Nonne spricht weiter. Sie möchte uns vermitteln, wie man loslässt, und zwar nicht nur materiellen Besitz, sondern alles im Leben.

> Wenn du dein Leben jetzt intensiv lebst, kannst du dich von deiner Vergangenheit heilen. Du kannst dein Glück schreiben, das lässt sich lernen. Was siehst du, hörst du, fühlst du? Spür die Bewegung deiner Hand beim Schreiben. Die Hand, das Papier, der Stift, die Bewegung sind eins. Da ist niemand, der schreibt. Schreib einen Brief an dich mit fünf Jahren. Dadurch wird sich ganz von selbst Mitgefühl in dir regen. Mach das in allem so, und Schmerz wird sich in Mitgefühl verwandeln. Geh mit dir als Fünfjähriger spazieren, iss mit dir als Fünfjähriger, geh auf das Kind in dir ein. Du wirst lernen, allem an dir mit Liebe und Verständnis zu begegnen.

Manchmal liege ich in meinem Zimmer still auf dem Bett und blicke an die Decke, und dabei geht mir durch den

Kopf, was ich wieder alles mit mir herumschleppen muss, wenn ich das Kloster verlasse. Oft denke ich: »So ein Klosterleben ist eigentlich sehr frei.« Mönche und Nonnen besitzen gar nichts, nicht einmal Haar, das zu pflegen ist. Da muss man doch aufatmen können!

Es gibt so viele diesseitige Dinge, die man sich wünschen kann. Die Befriedigung hält freilich nie lange an. Mein Leben unter diesen glücklichen besitzlosen Nonnen wirft ein besonderes Licht auf diese Wahrheit. Hier freue ich mich jedes Mal, wenn mein Besitzstand schrumpft, zum Beispiel wenn ein Shampoo alle, eine Seife aufgebraucht, ein Cremetöpfchen leer ist. Es ist immer ein kleines Fest, wenn wieder etwas in die Recyclingbox wandert. Ein Stück weniger, das ich in Frankreich herumkarren muss.

In den Yogalehren des Ostens heißt es, dass uns die Abkehr von materiellen Wünschen stärker an die atmenden, lebenden Wesen heranführt. Unser falsches Denken zeigt sich darin, dass wir Menschen bewundern, denen es gelingt, gewaltige Besitztümer anzuhäufen. Als erfolgreich und entsprechend respektabel gelten wir, wenn wir so viel gearbeitet und so viel Geld an uns gebracht haben, dass wir alles anschaffen können, was uns vorschwebt. Aber so saugen wir die Erde aus, und was könnte daran bewundernswert sein? Es ist ein zutiefst unsinniges Denken und Leben. Hier in Plum Village wird mir das deutlicher denn je vor Augen geführt.

Später am Abend treffe ich die Schwester, die mich mit ihrem Wiegenlied an meine Mutter erinnert hat. Ich habe mich schon nach ihr umgesehen, weil ich Näheres über die buddhistische Zeremonie des Kopfrasierens hören möchte. Schwester Prune sitzt auf einem niedrigen Schemel im kältesten Raum des Klosters, der Spülküche. Die junge französische Nonne knackt geduldig mit einem Stein Walnüsse und legt die runden braunen Nusshälften eine nach der anderen in eine Silberschale. Ich komme mir vor wie in einer Filmszene über das Klosterleben im achtzehnten Jahrhundert. Ich hole mir einen zweiten Schemel heran und frage, ob ich helfen kann. Schwester Prune blickt auf und lächelt bejahend, wobei sich ihre sommersprossige Nase kräuselt. Ich gewöhne mich allmählich an die immer wiederkehrenden Dinge, die hier im Kloster geduldig zu verrichten sind, aber diese Art Nüsse zu knacken erscheint mir doch allzu zeitaufwendig. Wirklich, es gibt effektivere Methoden, Kerne von ihren Schalen zu befreien. Aber ich genieße Schwester Prunes Gesellschaft, und deshalb fällt es mir leicht, einfach hier zu sitzen, Nüsse zu knacken und mit ihr zu sprechen. Ich nehme ebenfalls einen Stein und schlage damit vorsichtig auf eine Nuss am Boden. Es dauert eine Weile, bis mein Schlag genau die richtige Festigkeit hat, um die Nuss zu öffnen, ohne das Innere zu beschädigen. Nicht zu fest und nicht zu leicht. »Wie im Leben«, denke ich. »Richtig dosierter Nachdruck ist wichtig.«

Ich frage Schwester Prune, wie es war, als sie die Gelübde ablegte und eine buddhistische Nonne wurde. »Sehr schön war das«, sagt sie sofort. Wie sie es empfand, als ihr Kopf rasiert wurde, möchte ich von der sommersprossigen Nonne weiter wissen. Ihr Gesicht, das immer einen sanften Ausdruck hat, wird noch weicher, als sie von ihrer Ordination erzählt, bei der neben Thich Nhat Hanh auch die anderen Schwestern in ihren feierlichen safrangelben Gewändern über der braunen Arbeitskluft zugegen waren. Es wurden die Gelübde und dann Sutra-Texte rezitiert, anschließend schnitt Thich Nhat Hanh eine Strähne von ihrem Haar ab und verließ den Raum. Danach entfernten die Schwestern unter fröhlichen Gesängen den Rest der Lockenpracht. »Es war alles so liebevoll, und wir haben viel gelacht«, erzählt sie. »Es war der schönste Tag meines Lebens.« Mir fällt dabei ein Film ein, in dem Natalie Portman der Kopf rasiert wird; sie weint und schreit dabei ununterbrochen, als wäre es die reine Folter.

Viel später erfahre ich von der aus Amerika stammenden älteren Schwester Pine, sie sei Schwester Prune, als sie noch Anwärterin war, zu gern durch das dichte, schimmernde Haar gefahren. Während ich ihr zuhöre, beschleicht mich ein Anflug von Traurigkeit über den Verlust von Schwester Prunes dunkler Lockenpracht, aber in Schwester Pines Stimme sind nur Freude und Freiheit zu hören.

Zwischen Schöpflöffeln, Pfannen und gewaltigen Töpfen, die hundert Schalen Suppe fassen, sitze ich in der Spülküche des Klosters mit einem grauen Stein in der Hand über Bergen von Nussschalen und lasse mir von einer jungen französischen Nonne erzählen, wie sie auf den Weg des Buddha kam und dort nicht nur bereitwillig ihr Haar ließ, sondern sich auch ohne große Mühe von allem Besitz löste. Ich bin sicher, sie kann sich ebenso leicht auch von all den hinderlichen Ideen lösen, an denen so viele von uns noch festhalten.

Ich denke an die Fragestunde heute Morgen. Nicht allein mit ihren klugen Worten, sondern bereits durch ihr Erscheinungsbild, das Freiheit, Licht und Glück vermittelte, hatten die Mönche und Nonnen den Wert des wahren Loslassens erkennbar gemacht. Meine nächste Reise werde ich mit weniger Gepäck antreten, so viel ist sicher.

❧ 26. Tag ☙

Ehrfurcht
Ein Mönch und ein Anwärter

Lass immer und in allem Ehrfurcht walten.

KONFUZIUS

Ich sitze am Boden der Meditationshalle, und als ich eben aufstehen will, geht ein Mönch vorbei, der mich auf den ersten Blick beeindruckt. Eine Schwester macht uns miteinander bekannt. Er ist Amerikaner. Und sieht aus wie der junge Willem Dafoe. Als ich ihm das ein paar Tage später sage, kennt er den berühmten Schauspieler nicht einmal, was ich köstlich und erfrischend finde, zumal dieser Mönch, der Willem Dafoe doubeln könnte, erst ein Jahr in dieser filmfreien Klosterwelt lebt. Als ich anfange, von Thay zu schwärmen, stimmt er mir eifrig zu. Dann sagt er: »Wie schön, dass du hier bist, Mary.«

Ich habe soeben einen Mönch kennengelernt, der mein Männerbild verändern wird.

Klare blaue Augen, glänzender Verstand, um die vierzig muss er sein. Er hat ein Elektrotechnikstudium abgeschlossen, sogar mit einem Doktortitel, und da überrascht es mich schon ein wenig, dass er jetzt im Kloster lebt. Ich frage ihn, was ihn dazu bewogen hat. Dabei ist mir natürlich bewusst, dass die klar ausgestalteten und ungeheuer weitreichenden Lehren des Buddha gerade intelligente Menschen stark ansprechen. Er sagt, als Junge habe er sich sehr für das Christentum interessiert, und diese Wissbegier habe sich später eben auf die Lehren des Buddha ausgedehnt.

Ich fühle mich in seiner Gesellschaft so ungezwungen, dass ich zu meiner eigenen Überraschung – schließlich kenne ich diesen Menschen gerade einmal fünf Minuten, und er ist, wie gesagt, Mönch – leichthin frage: »Macht es dir nichts aus, ohne Partnerin zu sein?« Er verneint. Dann sagt er, er habe nie den Wunsch nach eigenen Kindern verspürt, die Rolle des Familienvaters sei einfach nicht seine. »Sex war natürlich schön«, bekennt er freimütig, »aber mir war klar, dass ich Mönch werden würde, eigentlich gab es da gar nichts zu entscheiden.« Er sagt, das zölibatäre Leben eines buddhistischen Mönchs liege ihm einfach und leuchte ihm auch ein. Mit einer Partnerschaft sind nach seiner Auffassung so viele praktische Dinge und Beziehungsfragen verbunden, dass wenig Zeit für das Vorankommen auf dem Pfad der Weisheit bleibt. Natürlich wisse er, dass für viele andere gerade eine Partnerschaft der richtige Weg zu tiefem Verstehen sei.

Was mir auffällt: Er ist im Gespräch mit mir so vollkommen präsent, dass auch ich ganz im Augenblick sein kann. Ich bin innerlich nicht bei anderen Dingen. Selbstsicher und dabei entspannt steht er mir gegenüber und schaut mich ganz offen und direkt an. Sein Blick wendet sich nicht ab, er ist unverstellt und voller Achtung. Darüber hinaus spielt sich nichts darin ab, auch nicht die stumme Frage, was ich wohl von ihm halte. Das Spannungsmoment, das zwischen den Geschlechtern sonst immer gegeben ist, besteht hier nicht. Unser Gespräch fließt ganz locker dahin und ist doch höchst anregend. Wir haben es beide nicht auf etwas Bestimmtes abgesehen, aber nach einer Weile wenden wir uns um und gehen schweigend zusammen nach draußen. Ich empfinde eine besondere Art von Nähe zu diesem Menschen, eine tiefe und zugleich respektvolle Zuneigung. Wir haben uns füreinander sichtbar gemacht, einfach weil irgendetwas uns zusammenführte. Mich berührt diese Offenheit, dieses reine Erkennen sehr. Es ist keine der gewohnten Begegnungsformen. Sogyal Rinpoche sagt:

> Der Buddha verglich das Universum mit einem alles umspannenden Netz unzähliger miteinander verbundener glitzernder Edelsteine. In jedem dieser Edelsteine spiegeln sich alle anderen in diesem Gewebe, und jeder ist eins mit allen anderen.

Ich verabschiede mich von dem Mönch und setze meinen Spaziergang auf dem Gelände von Upper Hamlet zwischen den Weinstöcken, die so manche Flasche Bordeaux hervorbringen, allein fort. Ich denke, dass Ehrfurcht gegenüber allem im Universum sicher wie von selbst kommt, wenn ich nur erkenne, dass alles Lebendige in die vom Buddha so wunderbar umschriebene Allverwobenheit eingebunden ist. Jeder Tag fordert mich erneut auf, mich auf die Wahrheit des Inter-Seins zu besinnen. Je tiefer ich das erfasse, desto besser werde ich alle meine anderen Erkenntnisse integrieren können. Das spüre ich jetzt. Allverwobenheit ist eine sehr tiefe Erkenntnis. Thay zitiert immer wieder die Worte, die der Buddha bei seinem Erwachen sprach: »Ich habe gesehen, dass nichts für sich allein sein kann. Alles muss mit allem anderen inter-sein.« Und auch das betont er immer wieder: Dass der Buddha nicht vom Verstand her zu dieser Erkenntnis gelangte, sondern durch tiefe Meditation. Ich lasse meinen Blick den Horizont entlangwandern. Weisheit kann nur wachsen, wenn man die Lehren des Buddha praktiziert und auf das Leben anwendet. Weisheit kennt keine Verwirrung und keine Angst. Verwirrung und Angst sind eng miteinander verklammert.

Dies ist mein sechsundzwanzigster Tag. Ich baue an dem Zuhause, das ich selbst bin. Von hier aus sieht es so aus, als gingen die Bauarbeiten jetzt schon ein bisschen geordneter vonstatten.

»Vater und Sohn sind nicht getrennt«, sagt Thay gern. Als er heute die Lehre des Inter-Seins anhand dieses Beispiels verdeutlichte, fiel mir ein Cousin von mir in England ein, der den Kontakt zu seinem Vater gänzlich abgebrochen hatte. Das blieb über viele Jahre so, auch als der Vater an einem degenerativen Leiden erkrankte und sogar über seinen Tod hinaus. Mein Cousin nahm nicht an der Beerdigung seines Vaters teil. Er wusste nicht einmal davon, bis ihn irgendwann ein Onkel aufspürte und davon unterrichtete. Ich weiß nicht, wodurch es zu diesem Zerwürfnis zwischen Vater und Sohn gekommen war, schließlich lebten wir auf verschiedenen Erdteilen und hatten einander nur ein paarmal gesehen. Ich wusste nur, dass die Eltern meines Cousins sich hatten scheiden lassen. Die Spannungen müssen groß gewesen sein, wenn man bedenkt, dass der

Sohn den Namen seines Vaters ablegte und den Familien-
namen seiner Mutter annahm. Wollte er vergessen, dass
sein Vater ein Teil von ihm war?

Es ist nicht möglich, irgendeinen Menschen als »nicht
zu mir gehörig« von sich zu weisen. Wenn Thay über die
buddhistische Lehre der Allverwobenheit spricht, wird das
sehr klar. Und was für eine seltsame Ausdrucksweise – *gehören*. Niemand gehört irgendwem. Aber jemanden von
sich zu weisen, das geht ebenso wenig. Zu glauben, wir
könnten die Verbundenheit mit unseren Angehörigen wi-
derrufen, scheint tatsächlich eine Illusion zu sein. Die Verbindung ist einfach da, und es handelt sich um mehr als
Blutsbande. Mein Cousin muss wohl gemeint haben, er
könne entkommen, wenn er alle Verbindungswege zu seinem Vater kappt. Ob er wohl jetzt, Jahre nach dem Tod
seines Vaters, immer noch so denkt? Ich hatte seinen Vater,
meinen Onkel, immer gemocht und weiß, dass er sehr unter der Trennung von seinem einzigen Sohn litt.

In seinem Dharma-Vortrag heute Morgen hat Thay gesagt: »Mit der rechten Anschauung verschwindet alles Leid
… Du enthältst deinen Vater, dein Vater enthält dich.
Wenn du weißt, dass du von deinem Vater kommst, dann
weißt du auch, dass du dein Vater *bist*. Das ist die nicht
dualistische Sicht der Welt: die Welt als Inter-Sein.« Dann
sprach er von den »fünf Konzentrationen«, die der Buddha
als Spaten zum Umgraben unseres Geistes empfahl: gegen-
seitige Abhängigkeit, Leerheit, Inter-Sein, Vergänglichkeit
und Nicht-Ich.

Etliche spirituelle Traditionen bedienen sich der Metapher der Meereswelle, um zu verdeutlichen, dass wir im
Grunde kein Ich, keine Identität, besitzen, durch die wir

uns unterscheiden. Besonders gut gefällt mir Sogyal Rinpoches Darstellung:

> Denken wir uns eine Meereswelle. In gewisser Weise besitzt sie so etwas wie Identität – Anfang und Ende, Geburt und Tod. Aber aus einer anderen Perspektive existiert die Welle eigentlich nicht, sie ist einfach eine Verhaltensweise des Wassers: leer von eigenständiger Identität, aber voll Wasser. Wenn wir also ernsthaft über die Welle nachdenken, kommen wir zu dem Schluss, dass sie eine durch Wind und Wasser zeitweilig hervorgerufene Erscheinung ist, ganz und gar abhängig von den ständig wechselnden Umständen. Klar wird dann auch, dass jede Welle mit jeder anderen zusammenhängt.

Dieses Zitat spricht alle fünf Konzentrationen an: Eine Welle ist von Umständen (Wind und Wasser) abhängig. Die Welle zeigt ein bestimmtes Verhalten, aber sie ist trotzdem einfach Wasser und besitzt folglich keine eigenständige Identität, sie ist Nicht-Ich. Die Welle steht, wie leicht nachzuvollziehen, mit allen anderen in Verbindung, ist also eingebunden in das Inter-Sein. Und diese Welle besteht nicht ewig, sie entsteht und vergeht, Vergänglichkeit liegt in ihrer Natur.

»Leere oder Leerheit«, sagt Thay, »ist nichts, was man fürchten müsste.« In seinem Buch *Kein Werden, kein Vergehen* beleuchtet er diesen wichtigen buddhistischen Begriff: »Leerheit bezeichnet einfach das Löschen von Ideen. Leerheit ist nicht das Gegenteil von Vorhandensein. Leerheit bedeutet nicht Nichts oder Vernichtung.« In seinem Vortrag verdeutlichte er das Prinzip anhand zweier Gläser. Wir sollten uns zwei Gläser vorstellen, eines mit Tee darin, eines ohne Tee. Dann sagte er: »Um leer oder nicht leer zu sein, muss erst einmal ein Glas vorhanden sein. Leerheit heißt also nicht, dass überhaupt nichts da ist. Die Leerheit des Glases besagt nicht, dass kein Glas da wäre. Das Glas ist da, nur eben leer.«

Im Herz-Sutra unterrichtet Avalokiteshvara, der Bodhisattwa des Erbarmens, den Mönch Shariputra über die Vervollkommnung der Weisheit und spricht ein berühmtes buddhistisches Paradox aus: »Form ist Leere. Leere ist Form.«

Nach dem Mittagessen sehe ich einen jungen Mann allein dastehen und gehe zu ihm hinüber. Tom ist einundzwanzig und sieht aus wie ein Bilderbuchkalifornier – blond und blauäugig und mit der Ausstrahlung eines Surfers. Er hat etwas Stilles und zugleich Kraftvolles an sich. Wir machen zusammen einen Spaziergang. Tom erzählt mir von seinem Wunsch, Mönch zu werden. Das erstaunt mich erst einmal. Bei älteren Menschen kann ich diese Regung verstehen. Sie haben gelebt, vielleicht hatten sie Familie, und irgendwann haben sie dann genug vom Getriebe in der sogenannten realen Welt. Ich verstehe sogar die Entscheidung meines Willem-Dafoe-Doubles, der immerhin doppelt so alt ist wie Tom. Natürlich gibt es hier viele junge vietnamesische Nonnen und Mönche, aber für sie entspricht diese Lebensform einer starken kulturellen Tradition. Doch weshalb möchte ein einundzwanzigjähriger, gut aussehender, smarter junger Amerikaner Mönch werden?

Ich mag ihn, sehr sogar. Er drückt sich gewählt aus, ist nachdenklich und ehrlich. Es dauert nicht lange, bis ich den Mut fasse, ihn zu fragen, weshalb er kein »normales« Leben mit Freundin, Football und Pizza führen möchte. Er sagt, als Halbwüchsiger habe er einmal ein Buch über Meditation in die Hand bekommen und damit experimentiert. Es habe ihn wirklich gepackt, und seitdem interessiere er sich sehr für spirituelle Dinge. Zuerst, erzählt er, habe er bei seinen autodidaktischen Versuchen wohl einiges falsch gemacht, sodass es zu einigen ziemlich sonderbaren Erlebnissen gekommen sei. Also bemühte er sich um sachkundige Anleitung. Dabei stieß er bald auf die Lehren des Buddhismus und insbesondere auf Thich Nhat Hanh. Jetzt ist er hier, weit von seiner Heimat Missouri entfernt, im Kloster ebendieses Mönchs.

Wir haben uns im sonnendurchfluteten Garten von Upper Hamlet einen Sitzplatz gesucht, vor uns im Seerosenteich spiegelt sich die majestätische Tempelspitze. Jetzt will ich es wirklich wissen und frage noch direkter. Lieber Himmel, dieser attraktive junge Mann muss doch sexuelle Bedürfnisse haben. Seine Antwort fällt sehr einfach aus. Er habe eine behütete Kindheit gehabt und liebevolle Eltern. In seinen frühen Jahren sei ihm auch nichts Traumatisches widerfahren, versichert er mir. Aber der Umgang mit einer höheren Energie bedeute ihm einfach mehr; alles andere erscheine ihm dagegen eher belanglos, oberflächlich.

Wir sitzen schweigend da. Ich werfe einen Stein in den Teich und sehe zu, wie sich seine moosgrüne Oberfläche kräuselt. Die kleinen Wellen laufen zusammen, und schon nach wenigen Augenblicken kann ich sie nicht mehr als getrennt voneinander ausmachen. Auch der Amerikaner und die Kanadierin scheinen getrennt zu existieren, jeder eine Welle auf dem Teich, letztlich aber sind sie miteinander verbunden und von *einem* Wesen. Sie berühren einander in dem Sinne, dass sie beide an diesem Wesen teilhaben. Diese Einsicht bringt Verantwortung mit sich. Alles, was ich denke, sage oder tue, schlägt unübersehbar viele miteinander verbundene Wellen, wie sie hier auf dem Wasser zu sehen sind. Welcher Art und von welchem Ausmaß diese Ausläufer sein werden, kann ich nicht wissen. Ich nehme den Seerosenteich tief in mich auf. Es gibt unzählige »Toms« in der Welt, und alle Erscheinungsformen des Lebens sind irgendwie mit mir verknüpft.

Jede Welle steht in Beziehung zu jeder anderen. In *Das Herz von Buddhas Lehre* schreibt Thay: »Befreiung liegt in der Fähigkeit, von der Welt der Zeichen in die Welt des wahren Wesens überzuwechseln. Wir brauchen die relative Welt der Welle, aber wir müssen auch das Wasser berühren, den Grund unseres Seins … Lassen wir nicht zu, dass uns die relative Welt so in ihren Bann zieht, dass sie uns von der absoluten Wahrheit fernhält. Ein tiefer Blick in die relative Wahrheit offenbart uns auch das Absolute. Relative Wahrheit und absolute Wahrheit umfangen einander.«

Der Teich liegt wieder still da, und mich beschäftigt immer noch der Geschlechtstrieb eines einundzwanzigjährigen Mannes. Ich frage Tom, wie er denn mit sexuellen Impulsen umgehe. Er muss nicht lange nachdenken. Wenn er eine attraktive Frau sieht, sagt er, wendet er einfach den Blick ab und betrachtet einen Baum oder etwas anderes, bis sich das Verlangen wieder legt. Dadurch findet er in das weite Gefühl des Einsseins mit allem zurück und kommt über die momentane Regung des sexuellen Urtriebs hinweg.

Tom ist aus meiner Sicht dabei, ebenjene Ehrfurcht zu entdecken, die mein Willem-Dafoe-Double bereits ausstrahlt. Für mich ist das Kloster als Weg nichts, das weiß ich, aber zu gern möchte ich lernen, allen Menschen und allem Leben achtungsvoll zu begegnen, zu gern möchte ich das Inter-Sein so weit verstehen, dass ich jedem einzelnen Edelstein im glitzernden Netz dieses verflochtenen Universums achtungsvoll begegnen kann.

❧ 27. Tag ❧

Sich einlassen
Dem Leid ins Auge blicken

Mit der Differenz zwischen dem, was wir tun,
und dem, wozu wir fähig sind, ließen sich
die meisten Probleme der Welt lösen.

MAHATMA GANDHI

Eine beginnende Demenz hatte die geistigen Kräfte meines Vaters schon eine gute Weile vor dem Sturz beeinträchtigt, der zu seiner Hirnblutung führte. Der Arzt beschrieb mir das Gehirn meines Vaters als »eine geschrumpfte Masse, die im Schädel herumschwimmt«. Ein alterndes, bereits geschwächtes Gehirn hat nicht mehr viel, worauf es im Falle eines schweren Traumas zurückgreifen kann.

An diesem siebenundzwanzigsten Tag meines Retreats sehe ich Taka ein paar Reihen weiter in der Buddha-Halle sitzen. Von düsterer Traurigkeit umgeben, lauscht sie den Worten des Meisters andächtig. Taka stellt sich ihren Schmerzen ohne Selbstmitleid. Unsere ähnlichen Schicksale lassen mich wieder an die letzten Tage meines Vaters denken.

Es war für alle Beteiligten eine schwierige, quälende Zeit. Die ganze Familie litt, aber für meinen Vater müssen die Qualen entsetzlich gewesen sein. Die reine Tortur – wenige lichte Momente, lange verwirrte Phasen und die Unfähigkeit, selbstständig zu essen, sich zu bewegen, die Toilette zu benutzen oder sich auch nur verständlich mitzuteilen. Wenn die Schwestern ihn waschen oder seine Windel wechseln wollten, wehrte er sich erbittert; er schob sie wirklich mit all seiner verbliebenen Kraft von sich. Es ging immer nur zu zweit, ein Familienmitglied hielt meinem Vater die Hände fest, während die Schwester in Windeseile das Notwendige tat. Vom Tag des Sturzes bis zum Tod meines Vaters hatten alle in der Familie dieses Leiden direkt vor Augen. Siebzig Tage dauerte es, und ich weiß nicht, wie wir es länger hätten ertragen können, die Qualen unseres geliebten, jetzt so gebrechlichen Vaters mitanzusehen.

»Weicht der Berührung mit Leidvollem nicht aus, schließt nicht die Augen davor. Macht euch nicht blind für die Realität des Leidens im irdischen Leben. Seid auf irgendeine Weise bei den Leidenden, sei es im persönlichen Kontakt oder durch Bilder oder das, was man hören kann. Mit solchen Mitteln könnt ihr euch und andere für die Realität des Leidens in der Welt wach halten.«

In seinem Dharma-Vortrag spricht Thay heute über seine Maxime zum Phänomen des Leidens, die er während des Vietnamkriegs formuliert hat.

In der *Shambhala Sun* schilderte Andrea Miller, wie Thich Nhat Hanh während des Vietnamkriegs den Notleidenden half:

In sieben mit Lebensmitteln gefüllten Booten ruderten Thich Nhat Hanh und seine wenigen freiwilligen Helfer den Fluss Thu Bon aufwärts bis hoch hinauf in die Berge, wo die verfeindeten Lager einander beschossen und der Geruch von Leichen in der Luft hing. Sie waren nicht mit Moskitonetzen und Trinkwasservorräten ausgerüstet, sie schliefen bei eisigem Wind in den Booten und nahmen dort auch ihre einfachen Reismahlzeiten ein. Thich Nhat Hanh war einige Zeit zuvor sowohl an Malaria als auch an Ruhr erkrankt, und beides flackerte jetzt wieder auf.

Die Verhältnisse, die 1964 in Südvietnam herrschten, beschreibt Miller so:

Nach tagelangen schweren Regenfällen in der Region wurden die Schluchten so plötzlich überflutet, dass nur wenigen die Flucht gelang. 4000 Menschen starben und Tausende Häuser wurden von den Fluten mitgerissen. Das ganze Land rüstete sich zu Hilfseinsätzen, aber in den Kampfgebieten war das Leid am größten, und niemand außer Thich Nhat Hanh und seinen Leuten mochte das Risiko auf sich nehmen, in die Schusslinie zu geraten ... Thich Nhat Hanh und sein mutiges Team halfen überall und machten keinen Unterschied. Sie versorgten verwundete Soldaten beider Seiten mit Nahrungsmitteln und Erster Hilfe.

Als zu Weihnachten 2004 der große Tsunami zuschlug, meditierte ich in einem buddhistischen Zentrum ganz in der Nähe der Stadt Chennai an der ostindischen Küste. Bei diesem Meditationskurs hatte ich eine Australierin kennengelernt. Nach dem Tsunami bot uns eine Amerikanerin, die in Indien als Lehrerin arbeitete, großzügig an, bei ihr zu Hause unterzukommen. In jener Nacht schliefen wir also zu dritt in ihrer Wohnung, die nur einige Hundert Meter vom Meer entfernt lag. Es hatte Warnungen vor einer zweiten Flutwelle gegeben (die dann glücklicherweise ausbleiben sollte), und die hilfsbereite Amerikanerin hatte vergessen zu erwähnen, dass sie so nah an der Küste wohnte. Am nächsten Morgen konnten wir uns am Fernseher ein Bild vom ungeheuren Ausmaß der Katastrophe machen.

Dann sagte die Australierin etwas Erstaunliches. Sie werde sich durch nichts von der Fortsetzung ihrer Reise abhalten lassen und sich weiterhin genau an das vor dem Tsunami geplante Reiseprogramm halten. Weniger diese Tatsache als vielmehr die Art und Weise der Mitteilung ist mir all die Jahre in Erinnerung geblieben. Ich glaube nicht, dass sie kein Mitgefühl hatte; es war ihr einfach nicht möglich, die Tatsache an sich heranzulassen, dass praktisch vor ihrer Tür Tausende Leichen im Meer trieben. Und tatsächlich brach sie sofort auf, als nach wenigen Tagen die öffentlichen Transportmittel ihren Betrieb wieder aufnahmen. Die Amerikanerin und eine weitere Lehrerin unternahmen eine Menge, um den Familien der gestorbenen Fischer zu helfen, und daran konnte ich mich ein wenig beteiligen.

Diese Episode fällt mir ein, nachdem ich gehört habe, wie Thich Nhat Hanh Gesundheit und Leben aufs Spiel setzte, als er sich in die Kampfgebiete Vietnams vorwagte und sehr krank wurde. Nach dem Tsunami beteiligten sich viele Menschen aus der Gegend an der Bergung der Leichen. Helfende Hände waren hochwillkommen, doch der Aufruf war nur an Fachpersonal ergangen. Trotzdem meldeten sich auch viele, die nicht zu diesem Kreis gehörten. Im Übrigen waren bereits Gerüchte über Typhusfälle in Umlauf, und es wurden Seuchen befürchtet, die von verwesenden Leichen ausgehen können. Ich hielt mich folglich lieber fern. Der Gedanke an hochansteckende Krankheiten machte es mir unmöglich, direkt Hand anzulegen.

Hier im Kloster des Mönchs, der dem Leid in der Welt unmittelbar ins Auge blickt, frage ich mich, wie es wohl ist, so furchtlos und mitfühlend zu sein wie er. Er und seine Helfer ließen sich aktiv auf das Leben ein, sie schreckten vor nichts zurück, gingen aber trotzdem mit Bedacht ans Werk. In diesem buddhistischen Kloster, das von ebendem Mönch geleitet wird, der im Vietnamkrieg Unglaubliches vollbrachte, wird mir klar, dass auch ich zu weitaus mehr fähig bin.

Nach Thays heutigem Vortrag habe ich weniger Angst. Wenn wir Angst haben, was wollen wir dann in der Welt ausrichten? So also sieht es jetzt aus: In diesem neuen Ich, das hier zwischen den Klostermauern heranwächst, ist keine Angst. Es ist ein starkes Ich, das sich mutig auf das Leben einlassen möchte, einfach weil keine Gefahr mehr besteht, dass es einknickt. An Thay ist es deutlich zu erkennen: Sein inneres Fundament ist durch nichts mehr zu gefährden, dafür besteht es aus viel zu viel Weisheit.

Nach dem Tod meines Vaters fand mein Bruder Iain einen Brief, den unser Vater von einem führenden Krebsforschungsinstitut erhalten hatte, für das er sich nach dem Tod seiner Frau aktiv einsetzte. Es war ein Dankesbrief, in dem unter anderem dem Wunsch Ausdruck verliehen wurde, man könnte ihn klonen, so wertvoll sei sein Einsatz für die Krebshilfe. Ja, die Mutigen lassen sich ganz auf das Leben ein.

❧ 28. Tag ☙

Schönheit
Ein Sterbender, ein geschmeidiger
Mönch, ein Neugeborenes

Alles besitzt Schönheit, doch nicht jeder
vermag sie zu sehen.

KONFUZIUS

In den Nächten vor dem Tod meines Vaters schlief ich neben seinem Bett auf einer Matratze am Boden. Tagsüber waren meine Brüder bei ihm. Ich hatte mich für die Nachtschicht gemeldet, weil die meisten Menschen in dieser Zeit sterben – und ich wollte gern da sein, wenn es so weit war. In einer dieser Nächte war mir, als würde mein Vater jetzt sterben, und da erst wurde mir bewusst, dass ich innerlich noch nicht darauf vorbereitet war. Ich wusste, dass sein Bewusstsein dieser Welt immer mehr entglitt, hielt seine Hände und bat ihn, noch ein wenig zu bleiben.

Wenige Tage darauf war die Zeit dann gekommen.

Ich habe seinen sanften Tod immer als ein ganz besonderes Geschenk meines Vaters an unsere Familie betrachtet. Es war kurz nach neun Uhr am Morgen. Ich kniete neben meinem Vater, während sich mein Bruder Iain in einer Ecke des Krankenzimmers wacker hielt – näher an seinen geliebten Vater heranzutreten vermochte er nicht. David, mein älterer Bruder, war in aller Eile unterwegs zur Klinik. Atmung und Gesichtsfarbe unseres Vaters begannen sich zu verändern, Anzeichen der Nähe des Todes. Behutsam stöpselte ich die Infusion an seinem Arm ab und drehte ihn vorsichtig auf die rechte Seite. Ich schärfte meine Konzentration so gut wie möglich, um ihm den Übergang zu erleichtern. Darin folgte ich der Anleitung in *Das tibetische Buch vom Leben und vom Sterben*.

In dieser Haltung, die »schlafender Löwe« genannt wird, verstarb auch der Buddha. Seine linke Hand lag auf dem linken Oberschenkel, die rechte so unter der Wange, dass sie die rechte Nasenöffnung verschloss. In der rechten Körperhälfte verlaufen Kanäle feinstofflicher Energie, die im Buddhismus als karmische Winde der Verblendung bezeichnet werden. Die möchte man vor dem Tod verschließen, und das geschieht dadurch, dass man den Menschen auf die rechte Seite legt. So hat es der Sterbende leichter, die strahlende Grundklarheit seines Geistes zu erkennen, die »großes Leuchten« oder »klares Licht« genannt wird. Unter diesen Bedingungen kann das Bewusstsein den Körper leichter durch den Scheitelpunkt des Kopfes verlassen. Dazu *Das tibetische Buch vom Leben und vom Sterben*:

Unser Bewusstsein ist an einen »Wind« gebunden und braucht deshalb eine Öffnung, durch die es den Körper verlassen kann. Jede der neun Körperöffnungen kommt dafür infrage. Von dem Ausgang, den unser Bewusstsein nimmt, hängt es ab, in welchem Daseinsbereich wir wiedergeboren werden. Nimmt das Bewusstsein den Weg durch den Scheitelpunkt des Kopfes, so heißt es, werden wir in einem reinen Land (das ist ein Geisteszustand, in dem wir von unseren Leiden befreit sind) wiedergeboren, in dem wir Schritt für Schritt weiter in Richtung Erleuchtung gehen können.

Als ausgebildete Ballerina habe ich mein Leben lang getanzt. Es war mir vergönnt, erstaunliche künstlerische Leistungen der weltbesten Tänzer zu sehen, der vollendet verkörperten Anmut aber begegne ich erst hier in diesem französischen Zen-Kloster. Ich sitze in der dritten Reihe der Buddha-Halle von New Hamlet und sehe Thay mit dem gleitenden Schritt eintreten, an dem er jederzeit zu erkennen ist. Seine Hände bewegen sich, als wären sie aus Luft. Kein Zweifel, Thay bewegt sich aus der Freiheit heraus, die in der Tiefe jedes Augenblicks gegeben ist. Wenn ich diese Anmut verfolge und mich die Strahlkraft des Meisters in ihren Bann schlägt, werde ich ein paar kostbare Augenblicke lang aus meinen Sorgen und Nöten herausgehoben. Seine Schritte fließen, als ginge er auf Wasser. Und die Hände … wirklich, eine solche Feinheit und Harmonie habe ich noch bei keiner anderen Hand gesehen.

Durch Thays Gegenwart werde ich zunehmend auf mich selbst aufmerksam. Wie hält *meine* Hand den Stift? Bin ich beim Schreiben irgendwo angespannt? Wie sitze und atme ich? Was geht in mir vor? Ist mein Körper locker? Thays Vorbild regt zu dieser inneren Überprüfung an. Wenn ich die Qualität des Augenblicks tief in mein Bewusstsein aufnehme, kommt etwas wie Gnade über mich. In der Gegenwart dieses sanften Mönchs empfinde ich große Erleichterung.

Was Bewegungen angeht, gibt die taoistische Überlieferung eine Erklärung, die mir ausgesprochen gut gefällt. Ein Neugeborenes, heißt es da, ist noch ohne Selbstbewusstsein; aber wenn wir dann älter werden, bekommen die Bilder, die wir von uns selbst haben, immer mehr Gewicht. Unser Tun ist dann von Gedanken geleitet wie: »Soll ich das jetzt tun? Ist diese Bewegung richtig so?« In einer modernen Übersetzung des *Tao te king* von Stephen Mitchell wird das noch vertieft. Dort heißt es, die Muskulatur verändere sich parallel zur Entwicklung des Selbstbewusstseins und verliere zunehmend an Geschmeidigkeit. Ein ganz kleines Kind ist noch vollkommen im Fluss; es ist sich keiner Getrenntheit bewusst und alle seine Bewegungen sind spontan, lebendig, ungeteilt und vollkommen. Wenn dagegen der Körper eines Erwachsenen wahrhaft geschmeidig wird, sind seine Bewegungen von einer Qualität, die bei Kindern noch nicht gegeben ist, denn in ihnen liegen Zeit und Erfahrung. An den Handbewegungen eines Vierundachtzigjährigen erkennen wir: »Ja, diese Hand hat gelebt« – sie bringt Erfahrung zum Ausdruck. In den Bewegungen einer Kinderhand erkennen wir, dass es eben erst angekommen ist; sie haben noch dieses Frische und Unschuldige, das uns so verzaubert. Im Unterschied dazu erfüllt uns wahre Geschmeidigkeit in den Bewegungen eines erwachsenen oder alten Menschen mit staunender Ehrfurcht, weil sie voller gelebtem Leben sind.

Einige Monate nach meiner Heimkehr aus Frankreich habe ich einen Freund und seinen erst kürzlich geborenen Sohn besucht. Mein Freund hat eine angeborene kleine

Fehlbildung, die Syndaktylie genannt wird und darin besteht, dass einzelne Gliedmaßen, in seinem Fall Finger, zusammengewachsen sind. Schon auf dem Weg zu den beiden fragte ich mich, ob das Kind wohl auch diese Fehlbildung haben würde. Mein Freund empfing mich fröhlich an der Tür, und wir gingen zusammen nach oben ins Wohnzimmer. Hier schlief das niedliche Kerlchen friedlich in seiner Wiege. Ich bewunderte das weiche dunkle Haar, die wunderbar zarte Haut des kleinen Engelsgesichts. Als ich sanft über das Köpfchen strich, sah ich die kleine Hand gleich neben der rosigen Wange. Er hatte die verwachsenen Finger seines Vaters.

Thich Nhat Hanh sagt: »Wenn ihr nach Hässlichem Ausschau haltet, werdet ihr Hässliches sehen. Wenn ihr nach Schönem ausschaut, wird es sich euch zeigen.«

Das Schöne in diesem Kind zu sehen war für mich nicht schwierig, Kinder haben einfach dieses wunderbar Frische und Unschuldige. Selbst die missgestalteten Händchen erschienen mir vollkommen. Schön? Hässlich? Thay lässt keinen Zweifel daran, dass Gegensätze *inter-sind*. Man sieht es nur nicht immer gleich.

Mein sterbender Vater, der vierundachtzigjährige Mönch mit seinem gleitenden Gang und ein schlafendes Neugeborenes – aus ihnen allen sprechen Anmut und Gnade. Das ist es, was die Welt gesund macht. Wir haben so viel Spannung und Rigidität in uns und um uns, und diese zähe Energie tut uns nicht gut. Dem Himmel sei Dank für alle, die Anmut und Schönheit ausstrahlen und die harten Kanten des Lebens glätten.

❧ 29. Tag ❧

Außer Atem
Was die Achtsamkeit vermag

Und Gott ist immer da, wenn du auch weidwund bist.
Er kniet über seiner Erde, ein göttlicher Arzt,
und seine Liebe bringt das Heilige in uns zum Auftauen.

TERESA VON AVILA

Neunundsechzig Tage nach seinem Sturz trat bei meinem Vater der endgültige Atemstillstand ein.

Bei Menschen mit Gehirnverletzungen, die dem Tod nahe sind, kommt es häufig zu einer Veränderung des Atemrhythmus, die Cheyne-Stokes-Atmung genannt wird. Am Morgen des Tages, an dem mein Vater starb, bemerkten mein Bruder Iain und ich, dass er immer schneller und flacher atmete und dann beängstigend lange Pausen folgten, in denen er überhaupt nicht atmete. Urplötzlich setzte der Atem dann wieder ein, langsam zunächst, schließlich immer schneller, bis wieder ein langer Stillstand eintrat. Immer weiter ging das so bis zu jenem letzten Ausatmen, das auch uns den Atem nahm.

Am 22. November 1991 saß ich früh um halb zwei im Krankenhaus am Bett meiner Mutter und beobachtete sorgenvoll ihr immer noch junges und schönes Gesicht und ihren Atem, der mühevoll schnappend ein und aus ging. Dann war plötzlich Stillstand. Die Halsschlagader pulsierte noch dreimal, dann nichts mehr.

Wir leben in dem Irrglauben, wir würden immer atmen. Es fehlt uns an Wertschätzung für diese tiefe, das Leben tragende Kraft. Würden Sie aufhören zu atmen, wären Sie nach wenigen Minuten tot.

In New Hamlet haben wir eine wieselflinke Irin, ein winziges Persönchen. Flink nenne ich Mona, weil sie regelmäßig stundenlange Spaziergänge macht, die eher etwas von Dauerlauf haben. Und winzig – nun ja, sie misst nicht einmal einen Meter fünfzig. Das Schneckentempo der Nonnen, sagt sie, wäre für sie einfach zum Auswachsen. Ich mag ihre forsche Art. Heute begleite ich die elfenhafte Pilgerin zu Fuß von der Ortschaft zurück nach New Hamlet. Im Sturmschritt.

Sie ist so viel kleiner als ich, aber ich kann kaum mithalten. Gewaltmarsch nenne ich so etwas. Noch ein bisschen schneller, und wir rennen. Mona kann dabei sogar noch irgendwie sprechen: »Der eigene wehe Hintern ist immer der beste«, meint sie. »Hm«, denke ich, »vermutlich tut ihr der Hintern weh, weil sie ihm ständig so viel abverlangt bei diesem Tempo.« Doch dann sagt sie, dass Irland ihr fehlt und dieser irische Spruch so viel bedeutet wie »Zu Hause ist es doch am schönsten«. Ich erzähle ihr von einem anderen Spaziergang, den ich vor einigen Tagen mit zwei Französinnen unternommen habe, die ich auf Anfang, Mitte fünfzig schätze. Wir waren auf dem Rundweg um das Gelände von New Hamlet unterwegs, und da mir ausgesprochen wohl und auch ein bisschen wunderlich zumute war, hakte ich mich links und rechts bei den beiden ein und schmetterte: »Wir ziehen los zum Zauberer, zum wunderbaren Zauberer von Oz.« Und was soll ich sagen, die beiden Frauen hatten noch nie von Dorothy oder Toto oder vom Blechmann, von der Vogelscheuche und vom feigen Löwen gehört. Ich unternahm gar nicht erst den Versuch einer Erklärung.

Mona findet es auch unglaublich, dass jemand diesen Film nicht kennt. Dann berichtet sie von Schwierigkeiten mit dem Atmen. »Gehen kann ich, das weiß ich, aber ob ich *atmen* kann – da bin ich mir nicht so sicher.« Ich denke an Thays Anleitung zur Atemmeditation: »Beim Einatmen weiß ich, dass ich lebendig bin.« Die Erklärung meiner irischen Freundin erstaunt mich aber doch. Ich mustere ihren kleinen Körper und denke: »Wenn sie bei diesem Powerwalking auch noch reden kann, muss sie doch wohl atmen.«

Das Kleinkraftwerk an meiner Seite ruft mir meinen ersten achtsamen Atemzug in Erinnerung. Es war beim Yoga, nicht lange nach dem Tod meiner Mutter. Dabei ging es um etwas auf den ersten Blick ganz Einfaches; ich sollte nur dasitzen und das Ein und Aus meines Atems verfolgen, das Geräusch und die Empfindungen. Deshalb weiß ich, was Mona meint, nämlich, dass sie ihren Atem nicht bewusst wahrnimmt. Erst hier im Kloster ist ihr anhand der Anleitung zum bewussten Atmen aufgegangen, dass da irgendetwas fehlt. Jetzt erzählt sie, sie habe über Jahre Antidepressiva verschrieben bekommen und sei von ihrem Körper derart abgeschnitten gewesen, dass ihr nur ein extrem schwaches Bewusstsein ihrer Lebenskraft – ihres Atems – geblieben war. Ganz leicht verlangsamt Mona ihren Schritt, sodass ich einen Moment Zeit habe, die dunklen Reihen brauner Sonnenblumen auf pelzigen Stielen am Wegesrand zu betrachten, deren Blütenblätter sich zu den novemberkalten Köpfen hin eingerollt haben.

In der Anfangszeit war das bewusste Atmen voller Überraschungen für mich gewesen. Das bloße Achtgeben auf die Tatsache, dass ich atmete, brachte in mir das zum Vorschein, was im Yoga »latente Kraft« genannt wird. Immer wenn ich mich ganz auf den Atem konzentrierte, fand eine Verschiebung vom Denken zum Fühlen statt. Mein Geist kam zur Ruhe und dadurch auch mein Körper. Ich habe viele Geschichten von erheblichen Gesundheitsstörungen gehört, die sich durch einfache Atemmeditation beheben ließen, und ich selbst bin durch diese Praxis körperlich kräftiger geworden. Hier, auf diesem Feldweg, geht jetzt eine Woge der Dankbarkeit über mich hinweg; es erscheint mir wie ein Wunder, dass etwas dermaßen Einfaches wie achtsames Atmen so vieles so tief greifend verändern kann. Und reagiert nicht alles, dem wir echte Aufmerksamkeit schenken, entsprechend? Pflanzen zum Beispiel gedeihen besser, wenn man sich liebevoll um sie kümmert. Da ist es nur natürlich, dass sich Vitalität und Einsicht entfalten, wenn wir bewusst atmen.

Wie schön, dass auch diese kleine Frau, die mir auf unserem Heimweg immer zwei Schritte voraus ist, jetzt im Kloster das achtsame Atmen lernt. Denn groß ist die heilende und verwandelnde Kraft, die darin liegt.

Jetzt sind wir wieder in New Hamlet, und ich muss mir eingestehen, dass der Marsch strapaziös war. Das nächste Mal gehe ich mit einer Nonne. Die kleine Fee ist viel zu schnell für mich, ich habe jetzt noch Herzklopfen. Ich möchte nicht ohne volle Aufmerksamkeit atmen müssen, es tut mir nicht gut. Der Atem ist es, der mich mit meiner inneren Heimat verbindet. Wir sollten die Kraft des bewussten Atmens nicht unterschätzen. Der Atem bleibt uns nicht endlos.

❧ 30. Tag ❧

Boten
Tsunamis, Kriege und
ein brennender Mönch

Das Wachs stieg im Körper des eingetauchten Falters auf
bis zu dem ausgefransten Ende, wo der Kopf sitzen sollte,
und hier fächerte es sich auf zu einer Flammenkrone,
einer safrangelben Flamme, die den ganzen Körper bis
zum Grund einhüllte wie einen Mönch,
der sich selbst verbrennt.

ANNIE DILLARD

Am 16. Juni 1963 verbrannte sich mitten in Saigon der Mönch Thich Quang Duc. In vielen Berichten hieß es dazu, Quang Ducs Protest habe sich nicht gegen den Vietnamkrieg selbst gerichtet, sondern vielmehr gegen die Unterdrückung der Buddhisten unter dem südvietnamesischen Diem-Regime. Aber Diem verdankte seine Machtstellung allein dem amerikanischen Einfluss in Vietnam. Der heldenhafte Mönch saß ohne Anzeichen von Schmerz in den Flammen, als schwebte er auf einem Lotosblatt. Er ließ sein Leben, um den Menschen in den Zeiten eines brutalen Krieges und eines repressiven Regimes Anstöße zum Umdenken zu geben.

Etwas ist heute anders in Thich Nhat Hanhs Gesicht, während er über seinen Mönchsgefährten spricht. Was ich darin sehe, kann ich nicht genau sagen, aber mir ist so, als würde der Mönch gerade jetzt brennen, in ebendiesem Moment. Es entsteht eine lange Pause, während deren man eine Stecknadel hätte fallen hören. Der Raum ist erfüllt von der ungeheuren Wucht dieser Selbstverbrennung.

Der Journalist David Halberstam war Zeuge des geschichtsträchtigen Augenblicks: »Ein buddhistischer Mönch sitzt regungslos wie aus Stein da, von Flammen eingehüllt. Sein Körper wurde runzlig und schrumpfte, der Kopf färbte sich schwarz und verkohlte. Der Geruch von verbranntem Fleisch hing in der Luft … Ich war viel zu entsetzt, als dass ich hätte weinen können.«

Thich Nhat Hanh spricht die Botschaft des sterbenden Mönchs in aller Deutlichkeit aus: »Als Thich Quang Duc sich selbst zur Fackel machte, war die Welt gezwungen zu erkennen, dass Vietnam in Flammen stand und dringend etwas geschehen musste.«

Thay hat seinen heutigen Vortrag mit Gedanken an den Tsunami von 2004 eingeleitet, an die vielen Opfer und an die Botschaft, die in der Katastrophe lag. Für Thay brachte der Tsunami die ganze Trauer über die vielen Opfer zurück, die der Krieg in seiner Heimat gefordert hatte.

Seine Worte haben mich hellwach gemacht. Erst vor drei Tagen hatte ich Gelegenheit, mich an meinen Indienaufenthalt und die Folgen des Tsunamis zu erinnern, als Thay uns erklärte, wie wichtig es sei, die Realität des Leidens in der Welt an sich heranzulassen. Jetzt sprach er von diesem Tsunami selbst.

Jener 26. Dezember 2004 war der sechste Tag eines zehntägigen Meditations-Retreats, an dem ich teilnahm. Für die gesamte Dauer des Retreats war striktes Schweigen geboten. Als der Tsunami die nahe Küste traf, beschlossen die Leiter des Retreats, das Schweigegebot trotzdem nicht zu brechen, sodass keiner der Teilnehmer von dem Unglück erfuhr. Meine Familie in Kanada machte sich vier Tage lang größte Sorgen um mich. Zudem war das indische Telefonnetz vollkommen überlastet, weil Menschen aus der ganzen Welt wissen wollten, ob ihre Angehörigen oder Freunde wohlauf waren. Viele kamen nicht durch, und so erging es auch meiner Familie.

Als der Meditationskurs am 30. Dezember endete, wurden die Teilnehmer endlich über die Katastrophe informiert. Ich ließ nichts unversucht, um eine Telefonverbindung nach Kanada zu bekommen, hatte aber keinen Erfolg. Irgendwann konnte ich eine Vermittlungsstelle von der Dringlichkeit meines Anliegens überzeugen, und als ich dann schließlich die Stimme meines Bruders David hörte, brach ich in Tränen aus. Mein treu sorgender Bruder war schon drauf und dran gewesen, nach Indien zu fliegen und seine einzige Schwester zu suchen. Es wurde ein Gespräch, das ich nie vergessen werde. Unter Geschwistern hält man es ja vielfach für selbstverständlich, dass man einander mag und füreinander einsteht, wenn aber eine Krise eintritt und es so aussieht, als könnte nichts mehr so sein wie früher, schrecken wir aus dieser Gedankenlosigkeit auf. Dann sagen wir es. Wir sagen, wie sehr wir einander lieben. Bei diesem Telefonat nun konnte ich meinem Bruder mitteilen, dass ich wohlauf war, und habe mich unglaublich über seine Erleichterung gefreut.

»Du bist wie eine Lotosblüte in einem Meer von Feuer – ringsum Leid, und doch wahrst du deine Freiheit.«

Thich Nhat Hanh vergleicht den unbewegt in den Flammen sitzenden Mönch mit unserer Situation, mit unserer Chance, dem Leiden ringsum mutig entgegenzutreten. Bei lebendigem Leib zu verbrennen, ist zweifellos mit extremen Schmerzen verbunden, und kaum einer von uns wird sich je in einer solchen Lage bewähren müssen, um sie mit Haltung durchzustehen. Doch das Bild ist mir wie eingebrannt, ich fühle den Mut in mir wachsen und erinnere mich, dass auch dies Tapferkeit verlangt: die Zuflucht in sich selbst zu suchen.

Thay hat eine milde, aber bestimmte Art, wichtige Mitteilungen zu unterstreichen. Mehrmals und ganz ohne kritischen Unterton hat er uns im Laufe dieses Monats ermahnt, unsere Schmerzen nicht zu übertreiben. Übertreibung schadet nur. Zur Veranschaulichung schilderte er, wie es ist, wenn man von einem Pfeil getroffen wird. Da entsteht eine Verletzung, und die Wunde schmerzt natürlich. »Wenn dann aber ein zweiter Pfeil dieselbe Wunde trifft, vervielfachen sich die Schmerzen und Leiden. Übertreibung ist wie solch ein zweiter Pfeil. Wer klug ist, riskiert gar nicht erst, von ihm getroffen zu werden. Dieser zweite Pfeil ist eure Entrüstung über den vom ersten Pfeil verursachten Schmerz.« Der zweite Pfeil, unsere Verzweiflung und unser Ärger über den ursprünglichen Schmerz, verdoppelt den Schmerz nicht nur, sondern verzehnfacht ihn.

Ich überlege, wie oft ich meine Schmerzen schon übertrieben und mich diesem zweiten Pfeil ausgesetzt habe, den quä-

lenden Gedanken und Ängsten irgendeiner Verletzung wegen. Hier gilt es nach Thays Worten, die Kraft der Achtsamkeit
zu nutzen und einfach zu erkennen, was ist. »Rechte Achtsamkeit nimmt alles an, ohne zu urteilen und zu reagieren.«

Schon oft habe ich das, was gerade der Fall war, zu etwas
verstärkt, was eigentlich nicht der Fall war. Zeit, damit auf-
zuhören.

Nach meiner Rückkehr aus dem Kloster habe ich mir ein
Foto des brennenden Thich Quang Duc auf dem Platz der
Nationalversammlung im damaligen Saigon an die Kühl-
schranktür gehängt. Das Bild von seiner Selbstverbrennung
erinnert mich an den Tod wie hier das geschmückte Skelett
in der Meditationshalle. Vor allem aber ruft es mich auf,
Mut zu zeigen und keine Zeit zu vergeuden. Die erste
Freundin, die ich nach dem Anbringen dieses Fotos bei mir
zum Essen einlud, zeigte sich weniger aufgeschlossen für
seine Botschaft. Sie verstand nicht, wie ich mir wünschen
konnte, tagtäglich solch ein Bild vor Augen zu haben. Und
den Gesichtsausdruck meines Bruders Iain bei der ersten
Konfrontation mit dem Foto will ich gar nicht erst versuchen zu beschreiben.

Thich Quang Duc ist mein Memento mori. Er ruft mir
zu, jeden Augenblick voll und ganz zu leben, denn nur so
kann man sich wahrhaft zu Hause fühlen. Wir brauchen
solche Anstöße. Das Leben ist im Nu vorbei.

Entfaltung
Lass endlich dein kleines Ich hinter dir!

Ein Mensch fängt erst an zu leben,
wenn er sich aus der Enge seiner persönlichen Belange
erhebt und für die Belange der Menschheit engagiert.

MARTIN LUTHER KING

Die Nonnen in New Hamlet haben alle ihren festen Meditationsplatz, und die Besucher können sich unter den übrigen Plätzen einen aussuchen. Einmal frage ich eine Schwester am Morgen, weshalb das so ist, und sie sagt, an dem Platz, an dem man immer wieder sitze, baue sich eine bestimmte Energie oder Schwingung auf, die sich förderlich auswirke. Das erklärt vielleicht auch, weshalb wir Laien ebenfalls immer zu den gleichen Plätzen hin tendieren. Ob man »seinen« Platz aber wiederbekommt, hängt natürlich auch davon ab, wann man eintrifft. Ich gehöre zu denen, die eher später kommen, sodass mir manchmal bis zum Beginn der Meditation nur noch wenige Minuten bleiben, und dann sind viele Plätze bereits besetzt. Am ehesten bleiben die Plätze frei, auf denen man praktisch mit der Nase an der Wand sitzt. Einen solchen habe ich heute erwischt.

Die Glocke gibt das Signal zum Beginn der Meditation. Die leitende Schwester stellt eine Rezitation an den Anfang, die uns auffordert, »mit dem majestätischen Berg einzuatmen und mit dem majestätischen Berg auszuatmen«. Ich habe es heute nicht so mit den Bergen. Meine Nachbarin atmet laut aus. Laut raschelt Winterkleidung. Und dann auch noch dieses graue kalte Gestein direkt vor mir. Im nächsten Moment setzt wie ein Orchester aus schlecht gestimmten Instrumenten ein Gedudel verschiedenster Missempfindungen ein, dem sich allerlei schräge Stimmen hinzugesellen: Das linke Auge zuckt. Die Kehle ist wie zugeschnürt. Im Genick juckt es, und an der Stelle, an der sonst mein Herz sitzt, lastet ein Stein. Es dauert keine drei Minuten, bis ich ein einziges Bündel aus Unbehagen, Ungeduld und geistiger Ermattung bin.

Ich will nicht so beengt und bedrängt sitzen. Ich will nicht alle zwei Minuten das Schleifen von Kunststoff auf Kunststoff hören und schon gar nicht dieses schwer beladene Ausatmen. Eigentlich will ich heute überhaupt nicht meditieren. Mir ist völlig klar, wenn ich diese Halle nach zwei Stunden verlasse, werde ich mich kein bisschen konzentriert haben.

»Die Meditation im Sitzen darf kein Kampf sein«, sagt Thay immer wieder. »Ihr müsst Freude daran haben.«

In den Gängen von New Hamlet breitet sich schleichend ein tückisches Grippevirus aus. Mich hat es auch schon erwischt. Der fiebernde Kopf dröhnt, im Schlund ein Gefühl wie von Glasscherben, und dann diese Gliederschmerzen überall. Beim Frühstück in der Warteschlange zähle ich um mich herum zehn Grippegeplagte. Ich bin die elfte arme Seele.

Nach einem Frühstück aus flüssigen Bestandteilen wieder in meinem Zimmer, wird alles nur noch schlimmer. Diese Grippe scheint mich irgendwie in meine verfahrene jüngere Vergangenheit zurückzuschleudern. Ich werde überschwemmt von Erinnerungen an meine mitunter geradezu komischen, allerdings immer kurzlebigen »Mesalliancen« der letzten Zeit. Inzwischen ist mir zwar aufgegangen, dass all diese Männer, die überhaupt nicht zu mir passten, erst nach dem Tod meines Vaters aufgetaucht waren und meine Fehlgriffe vielleicht so zu erklären sind; trotzdem weiß ich bis heute nicht, wie ich zum Beispiel auf Alfred verfallen konnte, der einfach so falsch war … falscher geht nicht. Hätte mir dieses eine unstete und immer halb geschlossene Auge nicht von vornherein verraten müssen, dass er einige finstere Neigungen hatte? Im Jammer meines Erkältungsdeliriums tauchen die verheerenden Missgriffe meiner Vergangenheit als dunkle Erinnerungen auf und stürzen mich in ein Loch, aus dem ich nicht herausfinde.

Natürlich übertreibe ich mein körperliches Ungemach und die peinigenden Gedanken. Ich lasse mich vom zweiten Pfeil in den Hals treffen, der ohnehin schon brennt und sticht. Endlos drehen sich die Grübeleien im Kreis. Ich verzerre die Probleme ins Groteske, und natürlich geht es nur um mich und mein Wohlbefinden und wie ich es zurückbekomme. Und nachdem ich nun meine Übertreibungen und die ganze eklatante Selbstbezogenheit erkannt habe, kommt auch noch Selbsthass dazu, um den Reigen zu komplettieren. »MARY, LASS ENDLICH DIESES KLEINE ICH HINTER DIR!«, schreibe ich in mein Tagebuch.

Wie recht hatte doch Blaise Pascal mit seinen berühmten Worten: »Alle Probleme des Menschen entstehen aus seiner Unfähigkeit, still für sich allein in einem Zimmer zu sitzen.«

Auch wenn ich meine Verrücktheiten heute ganz offensichtlich nicht im Griff habe, weiß ich immerhin, dass ich meine Pein nur vergrößere, wenn ich zulasse, dass die unguten Gefühle immer weiter Raum greifen. Thay hat auf diese meist eher verdeckt auftretende Neigung des Menschen aufmerksam gemacht, die Überzeichnung unserer Schmerzen und Probleme. Jetzt sehe ich das ganz deutlich. Aber der zweite Pfeil hat sich inzwischen doch richtig in mir verhakt. Ob ich es wohl je schaffe, mich zuverlässig auf meine Stärke zu besinnen? Bin ich in der Lage, Geist und Körper so auszurichten, dass ich geborgen in der Behaglichkeit meines ruhigen inneren Zuhauses leben kann, wie wild der Sturm ringsum auch toben mag?

Wenn ich mich ausschließlich auf mein ganzes Elend konzentriere, merke ich jetzt, geht es mir noch schlechter. Also sage ich mir: »Lieber an das Wohlergehen anderer denken, als immer den Lichtkegel auf meine eigenen verzwickten Probleme zu richten.« Dieser Gedanke löst den Krampf schließlich ein wenig, aber es ist richtig Arbeit.

Thay sagt, wir sollten nicht zu viel allein sein, das würde den Hang zum Grübeln nur verstärken. Die Fixierung auf unsere persönlichen Angelegenheiten laugt uns aus. Ich weiß, dass ich in der Lage bin, mich über meine Person hinaus zu weiten, warum also tue ich es dann nicht immer? Warum denke ich nicht einfach mehr an all die anderen Menschen auf der Welt? In diesem Schuhkarton von einem Klosterzimmer, so fern von zu Hause, fällt mir heute wieder ein, dass ich diese fehlgeleitete Selbstbezogenheit ablegen muss, wenn ich innerlich ausgeglichen sein und womöglich auch noch etwas Sinnvolles bewirken möchte. Es ist höchste Zeit.

Selbstverbrennung aus Protest gegen das von den USA gestützte repressive Regime im Südvietnam kostete über dreißig Mönchen das Leben. Wie das Onlinemagazin *Time Asia* berichtete, schrieb Thich Nhat Hanh 1965 nach einer weiteren buddhistischen Selbstverbrennung einen Brief an Martin Luther King, in dem es hieß: »Die Mönche, die sich selbst verbrennen, sind nicht auf den Tod der Unterdrücker aus, sondern möchten nur, dass sie ihre Politik ändern. Nicht Menschen sind ihre Feinde, sondern das, was das menschliche Herz birgt: Intoleranz, Fanatismus, Diktatur, Gier, Hass und Diskriminierung.« Damit bewog er King und in der Folge auch die amerikanische Öffentlichkeit, sich gegen die Kampfhandlungen in Vietnam zu wenden.

Einige Wochen nach meiner Rückkehr aus Frankreich habe ich James Lovelocks Buch *The Vanishing Face of Gaia* gelesen. Ihm ist wie Thich Nhat Hanh und jedem Mönch, der sein Leben für die Freiheit des vietnamesischen Volkes gab, bewusst, wie wichtig es ist, über das kleine Ich hinauszudenken. Dieser inzwischen dreiundneunzigjährige unabhängige Wissenschaftler hat die Gaia-Theorie formuliert, der zufolge die Erde mitsamt ihren Ökosystemen und allen Lebewesen ein Organismus ist, ein einziges selbstregulierendes System. Lovelock sieht sehr deutlich, dass Menschen nicht gern umdenken und ihre Lebensweise entsprechend verändern. Die egozentrische Haltung, die er hier anspricht, hält uns davon ab, umweltschädigende Verhaltensweisen aufzugeben. Genau diese umweltschädigenden Gewohnheiten, von denen sich die Menschen Glück versprechen, sind es aber, die ihr Glück beeinträchtigen. Ich zum Beispiel fühle mich beim Radfahren viel besser als im Auto; trotzdem setzt sich mein kleines Ich oft durch und verhindert, dass ich mich von letztlich freudlosen Gewohnheiten verabschiede. Aber ich kenne auch das Gefühl der Weitung über das kleine Ich hinaus – und wünsche mir mehr solcher Augenblicke.

Ferner wurde mir in den Wochen nach meiner Reise immer deutlicher bewusst, dass all das, was für Millionen von Menschen Realität ist, nicht von individuellen Belangen überlagert werden darf. Dafür sorgte unter anderem das Gemeinschaftsleben, wie ich es in Plum Village erlebt hatte. In solch einer Umgebung wird einem bewusst, dass man nicht nur an die Männer und Frauen denken muss, die hier zusammenleben, sondern auch an die Umstände, unter denen Millionen von Menschen überall auf der Welt existieren müssen.

In *Das Herz von Buddhas Lehre* definiert Thich Nhat Hanh den Sanskritbegriff *Prajna-paramita* als »die höchste Form des Erkennens, frei von Wissen, Begriffen, Vorstellungen und Anschauungen«. Zu dieser Weisheit gelangen wir, indem wir Geistesgegenwart, Achtsamkeit und Konzentration üben. Welchen Wert das hat, macht die folgende Textpassage klar:

> Das Leid in euch ist Abbild der Leiden in der Welt. Wenn ihr also der Welt helfen wollt, müsst ihr das Leid in euch selbst überwinden. Wer sein eigenes Leid versteht, der versteht auch die Leiden anderer. Ihr betrachtet sie dann anders, ihr versteht ihre Leiden. Ihr seht sie mit den Augen des Mitgefühls. Wer erlebt, dass ihr ihn mit Augen des Mitgefühls anschaut, der leidet gleich weniger.

Einen Augenblick lang hege ich wirklich die Hoffnung, dass es Alfreds schiefem Auge besser geht.

So also ist das: Man muss sich durchaus der eigenen Schmerzen annehmen, aber eben so, dass man sie genau erkennt und annimmt, um dann gezielt etwas dagegen zu unternehmen. Zu oft schleicht sich Selbstmitleid ein, und wir verletzen uns unnötig mit dem zweiten Pfeil, dem der Übertreibung. Gegen diesen zweiten Pfeil gilt es sich entschlossen zu wehren, sonst warten nur noch größere Schmerzen auf uns. Solange wir uns im eigenen Elend suhlen, sind wir für die Welt verloren.

Aufmerksamkeit der richtigen Art ist entscheidend, wenn wir uns von Leid und Verzweiflung befreien wollen, und nur so kommen wir an unsere wahre Kraft heran, nur so sind wir von Nutzen für die Menschheit.

❧ 32. Tag ❧

Wechselwirkung
Kein Mist, keine Blüte

*Kontemplation ist das wache Bewusstsein
der wechselseitigen Abhängigkeit aller Dinge.*

THOMAS MERTON

Schwer geplagt versuche ich heute Morgen in der Meditationshalle irgendwo in der Tiefe meines Unwohlseins Glück zu finden. Thay sagt, es sei dort immer vorhanden. Ich schließe die Augen. Mein Atem ist zwar nicht kraftvoll, aber vorhanden. Ich nehme den Fahrstuhl ins Untergeschoss: aus dem Kopf in den Körper. Das bringt Erleichterung, ein bisschen zumindest. Der Atem ist jetzt etwas weniger schwach. Geist und Körper kommunizieren wieder, weil ich auf den Atem achte. Meine Schultern sind zwar nach wie vor wie aus Beton, aber der dumpfe Schmerz macht mir jetzt nicht mehr so zu schaffen. Die Beziehung zu meinem kränkelnden Körper normalisiert sich ein wenig, ich kämpfe nicht mehr gegen die Realität an. In dieser Verfassung kann ich auch dem Zen-Meister besser zuhören, der gerade sagt: »Wie eine wunderschöne Lotosblüte aus dem Schlamm aufblüht, so kann aus Leid Glück erwachsen. Leid ist sogar eine wesentliche Voraussetzung des

Glücks.« Ja, er sagt tatsächlich »wesentlich«. Er sagt sogar (und ich wünschte, es wäre nicht so): »Glück besteht aus Nicht-Glück-Elementen«. Wer kein Leid kennt, wie sollte der um das Glück wissen?

Mit dem Lotosgleichnis hat uns Thay auch die Freiheit des Mönchs Thich Quang Duc erklärt, der so bestürzend ruhig auf jenem Platz in Saigon saß, während die Flammen an ihm hochzüngelten. Der Meister wollte uns darauf aufmerksam machen, dass die Freiheit des tapferen Mönchs auch für uns erreichbar ist, sogar in Höllenqualen. Aber heute soll ich noch tiefer blicken. Die Lotosblüte steht nicht nur für Freiheit, sondern auch für Freude, für das Glück, das es ohne den Schlamm unserer Probleme nicht gäbe. Schlamm ist notwendig, er bringt die Blume hervor, durch ihn kann Freude sein. Sie sind voneinander abhängig, zwischen Blume und Schlamm besteht eine Wechselwirkung. Die Blume zerfällt, und aus ihrem Kompost wachsen neue Blumen. »Die Kunst«, denke ich jetzt, »besteht dann wohl darin, den ›Mist‹, den das Leben liefert, als Nahrung für künftige erkennende Freude zu sehen und nicht einfach als beklagenswerten Dreck.« Auf solchem Kompost lässt sich Freude ziehen, aber ich muss den Mist wirklich kompostieren, sonst bin ich ein schlechter Gärtner und sehe nur Unrat, der keine Freude aufkommen lässt.

»Auf Marmor könnt ihr keinen Lotos ziehen.«

Als Thay das jetzt sagt, sehe ich es auf einmal sonnenklar, so klar, wie etwas nur werden kann, wenn es anhand einer schönen Metapher verdeutlicht wird. Mir wird bewusst, wie oft ich das an mir schon erlebt habe: Dass ich nur unter günstigen Bedingungen Freude empfinden konnte. Ich hatte einmal einen Freund, der dies auch unter ungünstigen

Bedingungen vermochte. Doug liebte es, in abgelegenen Gegenden mit dem Kanu unterwegs zu sein, und ich im Prinzip auch. Nur musste man manchmal, um von einem Wasserlauf zum anderen zu kommen, weite Strecken über Land zurücklegen, und dann hieß es tragen: Das ganze Campingzeug musste gepackt und geschultert werden, denn die Hände brauchte man für das schwere Kanu, das es in der sommerlichen Bruthitze durch mückenverseuchte Wälder zu schleppen galt. Doug fand das wunderbar. Ich überhaupt nicht. Der Pfadfinder in ihm war einfach völlig damit einverstanden, dass es bei allem Spaß zwischendurch auch immer wieder Plackerei gab. Was ich damals noch nicht wusste: Doug besaß ein tiefes Verständnis des Inter-Seins von Schmerz und Freude. Mein kluger Freund wusste, dass das beschwerliche Bugsieren des Kanus in unwegsamem Gelände wichtig für die Freude war, die der offene Fluss anschließend wieder bot. Die beiden Seiten bedingten einander. Ich wollte bloß schnellstens zum Fluss, während Doug beides annahm und vorbehaltlos bejahte, den beschwerlichen Fußweg ebenso wie den Fluss.

Ich fühle mich elend und bin ganz entschieden griesgrämig, aber irgendwie dringen Thays Worte doch zu mir durch. Schwierigkeiten und Schmerzen können Gutes bewirken und tun es auch; die widrigen Umstände des Lebens sind wichtig für unsere Entwicklung. Ich finde Thays Erklärung dieses Zusammenhangs sehr schön. Wer seine Leiden in der rechten Anschauung mit einem tiefen Blick betrachtet, nimmt den Schmerz an und wird dann auch seinen Ursprung und seine Natur erkennen. Verständnis sorgt dafür, dass Mitgefühl und Liebe aufkommen. Verständnis, Mitgefühl und Liebe sind die Grundlagen des Glücks. »Wer ohne Mitgefühl oder Liebe ist, kann nicht auf andere Menschen eingehen«, sagt Thay. Nutzen wir also »das Leid, den Schlamm als Nahrung für die Blüte des Glücks«. Wenn wir auf Schmerz nicht mehr mit Ärger, Angst oder Verzweiflung reagieren, wird es hell und klar in uns. Und diese Klarheit vertieft die Einsicht, die wir zur Selbsthilfe brauchen. Erst wenn wir gut für uns selbst gesorgt haben, können wir auch für andere von Nutzen sein.

Hier in der Dharma-Halle werden diese Zusammenhänge anhand einer schönen und für mich einprägsamen Metapher dargestellt. Dass ich diese Darstellung nicht wieder vergessen werde, liegt vor allem am Bild des Lotos, in dem sich Zartes mit Kraftvollem verbindet. Im Moment habe ich das Bild einer frischen, reinen Seerosenblüte vor mir. Beim Atmen öffnet sie sich und atmet mit mir. Meine Haut nimmt die Zartheit der Blütenblätter an, und die Blüte wird mein Körper. Aufblühen. Atmen. Blühen. Es wird ruhig in mir. Etwas Sanftes streicht durch meinen Körper, gleitet über das Unbehagen hin, umfängt zärtlich alles Wunde. Ich atme. Die weiße Blüte atmet. Ich blühe auf. Die weiße Blüte öffnet sich weiter. Aufblühen. Atmen. Aufblühen. Freude strahlt in mir. Die herrliche weiße Blüte ist diese Freude. Sie war schon immer da.

Der Lotos ist ein sehr gut gewähltes Bild. Duftende Blüten und übelriechender Schlick inter-sind, um Thays Ausdrucksweise zu verwenden. Eines ist ohne das andere nicht zu haben: kein Mist, keine Blüte. Der Zen-Meister weiter: »Glück und Leid inter-sind wie die beiden Seiten einer Münze; eins kann nicht ohne das andere sein. Um aber den Lotos im Schlamm – die Freude im Leid – wirklich zu sehen, muss man in die Tiefe blicken können. Wir nennen das den ›nicht-dualistischen‹ Blick: in allen Phänomenen das Eine erkennen.«

Thay hebt erst die linke Hand, dann die rechte und sagt: »Wo links ist, muss auch rechts sein. Wenn du politisch links stehst, wünschst du dir am besten nicht, dass die Rechte ganz verschwindet.« Natürlich! Ohne die Rechte keine Linke.

Für Buddhisten ist diese Welt das, was sie die »historische Dimension« nennen. In *Kein Werden, kein Vergehen* führt Thay dies weiter aus: »Wir betrachten die Realität unseres Alltags aus der Perspektive der historischen Dimension, aber wir können diese Realität auch aus der Dimension des Höchsten heraus betrachten.« Wenn ich zum Beispiel Hässliches mit einem tiefen Blick betrachte, sehe ich auch das Gegenteil, Schönheit, und das rührt an die Dimension des Höchsten, in der die beschränkte dualistische Sicht der Dinge transzendiert ist.

»Selbstverständlich«, so Thay, »müssen wir uns um unsere alltäglichen ›historischen‹ Belange kümmern, also etwa unsere Steuern zahlen oder das Bett machen, aber wir müssen auch die höheren Dinge im Blick haben.« In *Kein Werden, kein Vergehen* wird dieser Gedanke noch vertieft: »Wenn wir auf Gott, das Nirwana oder tiefsten Frieden aus sind, geht es uns um das Allerhöchste. Dann interessieren uns nicht nur die Dinge des Alltags wie Ruhm, Geld, gesellschaftliche Stellung oder unsere Vorhaben, sondern wir fragen nach dem wahren Wesen. In tiefer Meditation nähern wir uns dem an, worauf wir letztlich aus sind.«

In seinem heutigen Dharma-Vortrag fährt Thay fort: »Um zum Höheren zu gelangen, müsst ihr hinnehmen, dass alle Dinge dieser Welt vergänglich sind.« Auf dieser Erde ist nichts von Dauer. Ein befreiter Geist weiß um diese essenzielle Tatsache. Bei der Betrachtung der Vergänglichkeit aller Dinge geht uns auf, dass auch unser Schmerz nicht endlos dauert, und das ist eine für unser geistiges Wohlergehen ganz entscheidende Erkenntnis.

»Unsere Leiden sind so vergänglich wie alles andere« – als Thay das jetzt sagt, spüre ich durch die Reihen der Laien, Mönche und Nonnen ein tiefes Aufatmen gehen. Es ist gut zu wissen, dass Leiden nicht ewig dauern, und darüber hinaus ist es ja so, dass Schwierigkeiten unseren Blick nach innen wenden und wir dort neue Einsichten finden. Unsere Weisheit wächst und damit auch die Freude. Und schließlich lernen wir den Geschmack der Freiheit kennen. Aischylos, der Vater der griechischen Tragödie, hatte wohl recht, als er sagte: »Der Mensch muss leiden, um weise zu werden.«

Nach dem Mittagessen sehe ich den Mönch, der Willem Dafoe so ähnlich sieht. Er liebt Kaffee. Ich sehe ihn in der würdevollen Haltung eines Mönchs an einem Tisch im Speisesaal sitzen, seinen französischen Presskaffee in den Händen, genüsslich schlürfend. Espressoduft liegt in der Luft. Vor seiner Ordination durch Thich Nhat Hanh habe er praktisch von Kaffee gelebt, erzählt mir der Mönch jetzt. Das sei nun ein Jahr her, und inzwischen trinke er viel weniger davon. Ich setze mich ihm gegenüber und freue mich insgeheim, dass manche Mönche diesen anregenden Trunk zu sich nehmen. Unser Gespräch kommt auf Yoga. Er fragt mich, ob ich ein paar nützliche Übungen parat hätte. Natürlich habe ich. Schließlich unterrichte ich ja die Nonnen schon eine Weile und habe ihnen vor allem eine Abfolge alter buddhistischer Yogaübungen vermittelt, die als Die Fünf Tibeter bezeichnet wird. An vielen dieser kalten Novembermorgen stehe ich zwischen acht lächelnden Nonnen mit glänzenden Glatzköpfen in der Meditationshalle und instruiere sie: »*Inspirer par le nez, et expirer par la bouche.*« In einem buddhistischen Kloster mit vietnamesischen Nonnen begleitet eine Kanadierin uralte indische Yogaübungen mit klangvollen französischen Anleitungen.

Weil ein Mönch nicht mit einer Nonne oder einer anderen Frau allein sein darf, kann ich den Bruder, den ich wirklich mag, nicht in diesen Techniken unterrichten. Ich sage ihm deshalb, dass ich ihm etwas aufschreiben werde. Wir lächeln. Ich denke wieder an seine Entscheidung, zölibatär zu leben, und frage mich dabei, ob wohl alle Mönche und Nonnen dieses Gelübde halten. »Dieser warmherzige Mönch bestimmt«, denke ich. Es hat irgendwie damit zu tun, dass er meinem Blick nie ausweicht. Der Buddha soll in jener Nacht unter dem Bodhi-Baum, der entscheidenden Nacht vor seiner Erleuchtung, Visionen von Verführerinnen gehabt haben. Die überaus verlockenden Frauen waren darauf aus, seine Entschiedenheit auf die Probe zu stellen. Der Buddha blieb standhaft, er vermochte es sogar, den Sirenen ohne Verlangen oder Aversion in die Augen zu blicken. Mir ist aufgefallen, dass manche Mönche hier den Blick von den Frauen abgewendet halten und auch – anders als mein Willem-Dafoe-Double – freundschaftliche Gespräche mit ihnen meiden. Vielleicht ist es für manche einfach besser, gar nicht erst hinzusehen. Umso mehr freut es mich, dass dieser buddhagleiche Mönch meinen Blick so entspannt erwidern kann.

Thay hat heute gesagt, es sei ein Irrtum zu glauben, wir müssten völlig frei von Leiden sein, um glücklich sein zu können. Das stimmt nicht und geht auch gar nicht. Jeder kann in seinen Schmerzen trotzdem auch Glück finden. Und jeder leidet an oder unter irgendetwas. Der Meister empfiehlt, sich einfach zu sagen: »Ich werde diesen Schmerz mit Fassung tragen.« Wie schon an meinem ersten Tag hat Thay auch heute wieder betont, wir täten dem Buddha Unrecht, wenn wir aus seinen Worten schließen, *alles* sei leidvoll (wie viele die erste edle Wahrheit interpretieren). Das stimmt einfach nicht. Mit deutlichem Nachdruck sagte der Meister: »Leben ist Leid? Nein. Leben ist Glück? Nein. Leben ist beides.« Wir müssen uns den glücklichen und den unglücklichen Aspekten unseres Lebens mit der rechten Anschauung zuwenden. Unsere Aufgabe ist es, vorhandenes Leid zu transformieren. Wir knüpfen eine neue Beziehung zu ihm, damit wir ihm nicht erliegen.

Schwere Zeiten sind wie Sprungbretter in ein weiseres, reiferes Glück. Wären meine Eltern nicht gestorben, befände ich mich jetzt nicht auf dieser Pilgerfahrt, dieser weisheitsträchtigen Reise. Ohne den Schlick meiner Schmerzen könnte ich die Lotosblüten der Freude nicht hervorbringen, die jetzt in mir sind.

Alles ist von allem anderen abhängig. Wir brauchen nur zu lernen, wie mit all den Dingen umzugehen ist, die sich in unserem Leben zeigen.

❧ 33. Tag ❧

Transzendenz
Ein Engel erscheint

*Kurz vor der Morgendämmerung
ist es am dunkelsten.*

ENGLISCHES SPRICHWORT

Sterben kann kaum unangenehmer sein. Heute ist diese ekelhafte Erkältung noch viel schlimmer, und ich habe eine weitere Gelegenheit, mich davon zu überzeugen, dass Leid und Glück koexistieren. Sicher, es liegt ganz bei mir, den Schlick des Krankseins zum Düngen der Freude zu verwenden, aber wohlauf zu sein wäre einfach viel schöner.

Heute bin ich so krank, dass ich alles ausfallen lasse, die Morgenmeditation, das Video eines Dharma-Vortrags in der Halle, die Meditation im Gehen, meine Arbeitseinsätze und die Mahlzeiten. Ich bleibe den ganzen Tag in meinem Zimmerchen. Unter allen Umständen Zuflucht in mir selbst zu finden – heute scheint es unmöglich. Mir ist so elend, ich wüsste einfach nicht, wie ich es anfangen sollte.

Pfeile treffen mich aus allen Richtungen.

Doch ich weiß, dass das meine große Chance ist. Wenn ich nur tief genug in meinen Schmerz hineinhorche, wohl wissend, dass es sich um ein ganz banales Leiden handelt, muss in dieser Tiefe Köstliches zu finden sein. »Erinnere dich«, sage ich mir, »dass dieses Unwohlsein der Zugang zu tieferem Verstehen und tieferer Lebendigkeit ist.« Wenn es mir nur gelingt, innerlich richtig auf diese Erkrankung einzugehen, wird mir sicher irgendetwas klarer werden. Aber im Augenblick erscheint es mir unmöglich, tiefer in dieses Elend einzutauchen, ich würde das lieber umgehen. Es bleibt wieder mal bei Selbstmitleid. Am späten Nachmittag, zu krank und zu bedrückt, als dass ich schlafen könnte, tappe ich mit letzter Kraft zur Küche hinunter, um meine Thermosflasche mit heißem Ingwertee aufzufüllen. Einige Freunde sind da, und bei denen mache ich halt, um ein paar Worte zu wechseln.

Ich höre mir an, was meine drei spirituellen Kameraden den Tag über so alles gemacht haben, als ich eine sanfte, warme Berührung an der Schulter spüre, federleicht wie ein Schmetterling. Ich drehe mich um und blicke in das Gesicht eines Engels. Der Engel hat die schlanke geschmeidige Gestalt einer vietnamesischen Nonne mit auffallend langem Hals, von der ein Strahlen ausgeht. Von irgendwem hat sie erfahren, dass es mir nicht gut geht, und jetzt ist sie gerade auf dem Weg, um nach mir zu schauen. Sie nimmt meine beiden Hände und sagt mit samtener Stimme: »Komm, ich geb dir eine Heilmassage.« Nie habe ich wohligere Worte gehört. Ich bin begeistert und froh, was sicher kein Wunder ist. Die Engelnonne fasst meine Hand und führt mich nach oben in mein Zimmer. *Es ist die Hand des Buddha*, geht mir durch den Sinn.

Ich solle mich auf den Bauch legen, sagt mein Engel. Dankbar sinke ich auf die Klosterpritsche; sie kommt mir vor wie ein behagliches Luxusbett. Weiche Hände heben behutsam mein Hemd an, meine Muskeln werden schon durch die Vorfreude weicher, der Atem geht leicht und flie-ßend. Ich bin so dankbar, dass ich meine Beschwerden kaum mehr wahrnehme. Jetzt steigt mir ein fernöstlicher Duft in die Nase, den ich als Tigerbalsam identifiziere. Mein Engel benutzt irgendeinen Gegenstand, um mir die Paste auf den Rücken zu streichen. Später sehe ich, dass es sich um einen Porzellanlöffel handelt, mit dessen flacher Unterseite sie den Balsam in langen Strichen über die Muskeln verteilt, genau da, wo sie so wehtun. Ich hebe ein Augenlid und sehe, dass alles im Zimmer von warmem, goldenem Glanz ist. Und über mir schwebt ein Engel.

Mir sind schon tolle Massagen gegeben worden, aber so wie jetzt habe ich mich dabei noch nie gefühlt. Wie soll ich es erklären? Die Engelnonne geht vollkommen in ihrem Tun auf. Durch ihre Hände fließt ihre Herzensgüte. Sie hat einfach nur den Wunsch, dass es mir besser gehen möge. Sie gehört nicht einmal zu den Nonnen, mit denen ich mich hier angefreundet habe. Ich habe sie zwar gesehen, aber mehr von ferne. Die Liebe, die mir jetzt von ihr zu-fließt, rührt mich fast zu Tränen; statt aber zu weinen, ent-spanne ich mich lieber, dankbar und sehr froh. Das also ist es. Blitzartig wird mir klar, was Thay meint, wenn er sagt: »Im Schlamm wächst der Lotos, im Leid liegt Freude.« Endlich habe ich verstanden.

Einen winzigen Augenblick lang schweife ich ab und denke: »Wie lange mich dieser Engel wohl massieren wird? Es tut ja sooo gut. Könnte ewig so weitergehen.« In diesem gedanklichen Abschweifen entgleitet mir für einen Mo-ment das herrliche Gefühl. Mein Habenwollen verdunkelt mir die Freude.

Einmal habe ich den buddhistischen Lehrer Robert Thurman darüber sprechen hören, dass wir eigentlich nie richtig zufrieden sind. »In einer unangenehmen Lage können wir nichts weiter denken als ›Wann ist das endlich vorbei?‹. Und wenn wir etwas Erfreuliches erleben, neigen wir zu dem Gedanken, wie lange es wohl anhalten wird. Ganz einfach: Es dauert bis zu diesem Gedanken.«

Jetzt ist die wunderbare Massage zu Ende, und ich schlage zögernd die Augen auf. Mein Engel ist von strahlendem Licht umgeben. Die Schwester legt die Hände an der Brust zusammen und beugt sich über meinen entspannt daliegenden Körper. Jetzt kenne ich die eigentliche Bedeutung des Wortes »beseligend«. Ich lege die Hände zusammen und verneige mich zu meiner engelhaften Schwester hin.

Thay hat einmal gesagt: »Wenn du irgendetwas nicht zu können glaubst, bitte einfach den Buddha, zu kommen und dich an der Hand zu nehmen; dann wirst du die nötigen Kräfte haben. Der Buddha wird das, was zu tun ist, an deiner Stelle tun, was es auch sei.« Daran erinnerte ich mich, als ich nach Hause zurückflog.

Die schreckliche Grippe, die mich jetzt bis in die letzte Zelle mitnimmt, flackerte noch einmal auf, als ich nach meiner Abreise aus Plum Village in Bordeaux war. Und sie ließ es sich auch nicht nehmen, mich bis nach Toronto zu begleiten. Der Flug war scheußlich, und ich landete wie erschlagen von Krankheit und Übermüdung um Mitternacht im eisigen kanadischen Winter. Ich wurde nicht abgeholt; mein Bruder Iain war nicht in der Stadt, und die anderen wohnen sowieso außerhalb. Immerhin konnte ich einstweilen Iains Wohnung benutzen, und als ich dort ankam, kroch ich sofort ins Bett, konnte aber nicht schlafen. Es war nichts zu essen und zu trinken da, und der Mangel machte, dass es mir noch elender ging. Aber ich konnte ja schlecht nachts um eins eine Freundin anrufen, um mir Orangensaft bringen zu lassen.

Da lag ich nun und dachte an meine Engelnonne, aber auch an Thays Unterweisung. Ich schloss die Augen und visualisierte den Buddha, wie er aus einem glorreichen goldenen Nirwana zu mir herniederschwebte. Der Buddha ergriff meine Hand. Der Buddha half mir auf, schlug mir ein Tuch um den Kopf und ließ mich in den Mantel steigen. Der Buddha führte mich an meiner schlaffen Hand aus der Wohnung, dann zum Lift und draußen zum Laden an der Ecke. Wir kauften Orangensaft. Dann gingen wir zurück ins Haus, betraten den Lift, die Wohnung. Zwei große Gläser Orangensaft später steckte mich der Erwachte wieder ins Bett, deckte mich gut zu, und ich schlief wie ein Murmeltier.

Manchmal bin ich so in meinem Ungemach befangen, dass ich es wie unter einer Bogenlampe sehe. Das aber ist die falsche Art von Aufmerksamkeit, die, die alles nur noch schlimmer macht. Die wüste Erkältung, die ich mir im Kloster geholt hatte, zog transzendente Erlebnisse nach sich, wie ich sie noch nie gehabt habe. Und als es mir in Kanada so schlecht ging, wurde das zum Anlass, mich auf die Kräfte des Buddha zu verlassen. In beiden Fällen wuchs aus dem Schlamm meines Krankseins eine strahlend weiße Lotosblüte der Freude und der Heilung. Thich Nhat Hanh hat mir gezeigt, dass es uns allen gegeben ist, aus Gift Medizin zu machen. Schmerz kann töten oder sich in einen Trunk der Weisheit und Seligkeit verwandeln. Wir haben die Wahl.

∾ 34. Tag ∽

Nicht-Ich
Die liebe Not mit dem Ego

Was wir für uns allein tun, stirbt mit uns, was wir aber
für andere und die Welt tun, das bleibt, das ist unsterblich.

ALBERT PIKE

»Dieses verdammte Ego. Was könnte so wichtig daran sein, mein Ich zu befriedigen? Warum bedeutet mir dieses Ich so viel? Und wozu hat man überhaupt so ein Ego? Wenn das ein kosmischer Witz sein soll, dann ist er ziemlich daneben. Dieser Ich-Wahn erzeugt dermaßen viel Unglück …« Und so dreht es sich in meinem Kopf immer weiter. Thay hat recht, das Meer des Lebens ist tatsächlich stürmisch.

Ich bin sauer, weil ich mich immer noch krank fühle. Die Freude, die gestern während der Engelsmassage in mir war, hat sich in nichts aufgelöst. Eine der Schwestern, die ich besonders mag, ist ebenfalls erkältet, versieht aber weiterhin ihre Dienste im Kloster. Ganz offensichtlich ist sie mit mehr geistiger Stabilität begnadet als ich. Sie hat nicht einen einzigen Dharma-Vortrag versäumt, und was Beschwerden angeht: kein Mucks von ihr. Diese Robustheit scheint auf alle ihre Zellen übergegangen zu sein. Als ich mich heute anerkennend über ihr Stehvermögen äußere, stelle ich fest, dass sie überhaupt nichts Besonderes oder Bemerkenswertes an ihm findet.

Wenn sie einmal von einem Pfeil getroffen wurde, lässt sie keinen zweiten mehr an sich heran.

Heute hat Thay gesagt: »Es kommt vor, dass wir nicht einmal im eigenen Land das Gefühl von Zuhause oder Heimat haben.« Ich fühle mich in Kanada genauso wenig daheim wie hier in Frankreich, und das hat nichts mit meiner Grippe zu tun. Ich kam auf der Suche nach Stabilität und Sicherheit hierher, die ich zu Hause irgendwie nicht finden konnte, und nun bin ich schon vierunddreißig Tage in diesem Retreat und fühle mich so wacklig, so ohne festen Boden unter den Füßen wie auf einer Hängebrücke bei Starkwind. Da fliegt man um die halbe Welt und hat immer noch dasselbe quälende Gedankenkarussell im Kopf. Gewiss, wenn man sich krank fühlt, sieht alles noch viel schlimmer aus; und außerdem weiß ich ja im Grunde, dass es einen Weg gibt, der zum Ziel führt – die Fluchtburg ist in Sicht. Trotzdem, irgendwie muss ich diesen unbelehrbaren Kopf in den Griff bekommen.

Heute sprach Thich Nhat Hanh auch von Jesus. Einen buddhistischen Mönch, der ungezwungen über die Zentralgestalten anderer Religionen zu sprechen vermag, kann ich einfach nur lieb haben. Jesus, sagte Thay, war auf der Suche nach seiner wahren Heimat, und was hatte diesen Menschheitserlöser zum Suchenden gemacht? Trostlose, unerträgliche Einsamkeit. Wie wir alle wissen, hat Jesus das Refugium der Weisheit schließlich gefunden, danach lehrte er und führte andere auf ihrem Weg zu einem wahren Zuhause.

Zu Hause zu sein, wo auch immer ich gerade bin – das wäre großartig! Ich habe mich selbst des Hauses verwiesen, um mein *Zuhause* zu finden.

Der weise Mönch und Hirte tut es Jesus nach, er führt mich zu meiner wahren Heimat zurück, die kein geografischer Ort ist. Er hat das Ruder in der Hand und bestimmt den Kurs durch das Labyrinth meines Lebens. Der gewiesene Weg geht in Richtung auf mehr Ichlosigkeit, mehr Mitgefühl, weniger Leid. Ich werde angehalten, Körper und Geist durch Achtsamkeit stärker miteinander zu verbinden. So wird es mir schließlich zur zweiten Natur werden, an andere zu denken, großzügig und freundlich zu sein. Zwischen diesen Klostermauern denke ich über alles genauestens nach. Es gibt ja sonst kaum etwas zu tun. In Toronto lasse ich mich immer gern von den »drei F« ablenken: Freunde, Filme, Futter. Freunde und Futter gibt es hier zwar auch, aber der Austausch ist von gänzlich anderer Art. In Plum Village vergisst man nie den Hintergrund, das Heilige.

Ich beherrsche die buddhistische Kunst des Leidens noch nicht, bei der es um die richtige Art von Aufmerksamkeit gegenüber dem Schmerz geht. Heute übertreibe ich mein Unbehagen schon wieder. Dass diese Erkältung einfach nicht weichen will! In mir selbst die Zuflucht finden – es wirkt so aussichtslos wie der Versuch, ohne Schlüssel eine verschlossene Tür zu öffnen.

Thay spricht den wahren Stand der Dinge sehr direkt an: »Wir sorgen uns um unsere eigene Zukunft, aber nicht um die Zukunft des anderen. Wir bilden uns ein, unser Glück habe nichts mit dessen Glück zu tun. Diese Unterscheidung zwischen ›mir‹ und dem ›anderen‹ beschwört unermessliches Leid herauf.«

Wenn wir die buddhistische Grundlehre des Nicht-Ich wirklich verstanden haben, nimmt unsere Selbstbezogenheit ab, und folglich werden wir glücklicher. Diese befreiende Wahrheit habe ich schon in der Anfangsphase meines Klosteraufenthalts entdeckt, als Thay sie auf ihre Kernbedeutung reduzierte: »Was wir als Ich bezeichnen, besteht ausschließlich aus Nicht-Ich-Elementen.« Sehr vereinfacht gesagt sehe ich beim Blick in die Tiefe meiner selbst den Kosmos, und was ich »ich« nenne, ist einfach ein Zusammenkommen von Dingen, die nicht ich sind. Ohne alle diese »nicht menschlichen« Elemente – das Sonnenlicht, die Erde, Mineralien, Wasser, meine Erziehung, den Apfel, den ich gerade verspeise, und so weiter – gäbe es mich gar nicht. Was bin ich dann, was ist mein Ich? Dieses Häuflein von Muskeln, Nerven, Blut und Knochen, das ich als mein Ich ansehe, ist einfach nur eine Masse von Zellen, die es ohne den Haferbrei heute Morgen und ohne meine Mutter oder die Sonne oder Bakterien oder Regen so nicht gäbe. Mein ganzes Sein geht aus Dingen hervor, die nicht ich sind. Das habe ich durch Thich Nhat Hanh sehr deutlich zu erkennen gelernt.

»Die Lehren der Vergänglichkeit und des Nicht-Ichs«, sagt Thay, »sind vom Buddha als Schlüssel gemeint, mit denen wir die Tür zur Wirklichkeit aufschließen können.« Nichts dauert ewig – wenn ich mir das bewusst halten kann, tue ich mich wahrscheinlich leichter mit dem Nicht-Ich, der Wahrheit, dass alles aus Dingen besteht, die es selbst nicht sind.

An jenem Wende-Tag in der Mitte meines Klosteraufenthalts hat mich Taka mit ihrer Geige etwas über Vergänglichkeit gelehrt. Als sie Bach so meisterlich spielte, spürte ich, wie die Töne auftauchten und verschwanden, ich nahm ihren stetig wechselnden Charakter deutlich wahr, und so erschloss sich mir, dass es wirklich so ist: Alles ändert sich ständig.

Und wenn von einem Augenblick zum nächsten nichts unverändert bleibt, wie könnte ich dann gleich bleiben? Alles an mir ist ständig im Fluss – meine Gefühle, mein Stoffwechsel, meine Gedanken, die Länge meiner Fingernägel, die Haut unter meinen Augen ändern sich, während ich dies schreibe. Deshalb kann es kein dauerhaftes Ich als eine bestimmte Form geben. Was aber ist dann dieses Ich? Ebenso wenig wie die Geige und die Musik und die Künstlerin bin ich von Moment zu Moment dasselbe.

Das ist jetzt, da ich mich so krank fühle, ein tröstlicher Gedanke. Es wird nicht endlos so bleiben. Mehr noch, wenn ich Vergänglichkeit und Nicht-Ich tief genug erfasse, komme ich dem nahe, was Buddhisten Nirwana nennen, einem himmlischen Zustand der reinen Freiheit, in dem alle Gedanken und Vorstellungen schweigen. Selbst bestimmen zu können, was in mir vorgeht, was ich denke, das muss wie eine Goldader sein, auf die man stößt. Wahre Freiheit – es lohnt sich, danach zu graben.

Vor ein paar Tagen hat eine Pilgerin von New Hamlet ein paar andere von uns zum Keksbacken zusammengetrommelt. Aus irgendeinem Grund habe ich nichts davon erfahren. Als ich am Nachmittag einmal in die Küche kam, um mir Tee zu holen, stieg mir ein köstlicher Zimtduft in die Nase. Reihen kleiner Häufchen aus frischem Teig warteten noch, während an den Fenstern schon Bleche mit fertigen braunen Leckereien zum Abkühlen standen. Kekse überall, und die Bäckerinnen probierten munter davon.

Im klösterlichen Leben sind frisch gebackene Kekse etwas ganz Besonderes. Da ich nicht mitgeholfen hatte, traute ich mich nicht, direkt um eine Kostprobe zu bitten. Außerdem waren sie für das bevorstehende Laientreffen gedacht. Stattdessen sagte ich irgendetwas, wovon ich mir versprach, dass es die Keksmeisterin veranlassen würde, mir ein Stückchen dieses kostbaren zimtbestäubten Backwerks zukommen zu lassen. Ich beglückwünschte das ganze Team zu seinen Künsten. Und wie nett ich es fand, dass sie an alle dachten, sagte ich auch. Ich vergaß auch nicht, mein echtes Bedauern darüber zu äußern, dass ich nicht von dem Back-marathon erfahren hatte; sonst hätte ich mich selbstver-ständlich sofort gemeldet. Nichts davon schlug an.

Ich mag die Chefbäckerin, eine wirklich liebe und freundliche Holländerin, sehr. »Was ist denn los?«, überleg-te ich. »Sie ist doch sonst so nett, wieso bietet sie mir keinen Keks an?« Enttäuscht und mit hängendem Kopf schlich ich davon.

Eigentlich witzig, dass mir diese Sache mit den Keksen passierte. In seinen Büchern und Dharma-Vorträgen ver-deutlicht Thay die Lehre des Nicht-Ichs nämlich gern an-hand von Keksen. »Um Kekse zu backen«, sagt er, »brau-chen wir allerlei Dinge, die ›Nicht-Keks‹ sind – Mehl, Zucker, Butter und dergleichen. Wenn wir die Zutaten miteinander vermischen, entsteht etwas anderes, als die einzelnen Bestandteile für sich allein sind. Aus Dingen, die selbst nicht Keksteig sind, haben wir Keksteig hergestellt. Um die Kekse schließlich backen zu können, muss der Teig, der zunächst ein Ganzes ist, in kleine Portionen zerteilt werden.« Was für ein sprechendes Bild. Die fertigen Kekse sind dann alle ein wenig unterschiedlich in Größe und Form. »Es wäre doch allerhand«, fügt Thay augenzwinkernd hinzu, »wenn einer der Kekse dann meinte, er wäre aufgrund seiner Einzigartigkeit besser als die anderen. Genau das aber tun wir Menschen ja gern. Ganz schnell diskriminieren wir unsere Mitmenschen, unsere Mitkekse. Dabei vergessen wir, dass wir eigentlich eins sind, nur in verschiedenen Formen, Größen und Farben: verschiedene Kekse aus ein und demselben Teig.«

Als ich wieder in meinem Zimmer bin, enttäuscht, weil mich die Keksmeisterin hat abfahren lassen, fällt mir noch etwas anderes ein. Sie nimmt regelmäßig an dem Yogaunterricht teil, den ich hier im Kloster unentgeltlich anbiete. Das macht mich erst recht traurig. Hat sie das womöglich vergessen? Oder zieht sie keine Verbindung? Beim Nachdenken kommt zutage, dass mir so etwas auch manchmal passiert. Mir entgehen die Verbindungen. Ich vergesse, dass von überallher Segen kommt und man immer und überall großzügig sein sollte.

Heute Abend liege ich im Bett und lese in Thich Nhat Hanhs *Das Diamantsutra: der Diamant, der die Illusion durchschneidet*. Darin schreibt Thay:

Wir stecken viel Energie in die Entwicklung der Technik, damit unser Leben leichter wird, und dazu beuten wir die nicht menschlichen Elemente aus, die Wälder,

Flüsse und Meere. Mit der Verschmutzung und Zerstörung der Natur vergiften und zerstören wir aber auch
uns selbst. Wir unterscheiden zwischen dem Menschlichen und dem Nichtmenschlichen, und diese Diskriminierung beschert uns Klimawandel, Umweltzerstörung
und viele neue Krankheiten. Wenn wir also selbst behü-
tet sein wollen, müssen wir gut auf die nichtmenschlichen Elemente aufpassen. Ohne diese Grundeinsicht
werden wir weder die Erde noch uns selbst bewahren
können.

Als ich das Buch, das mit so vielen Selbsttäuschungen auf-
räumt, zuklappe, fallen meine Grippebeschwerden von mir
ab.

❧ 35. Tag ❧

Raum
Äste und Zwischenräume

Mir ist jede Stunde des Lichts
und der Dunkelheit ein Wunder,
jeder Kubikzentimeter Raum ist ein Wunder,
über jeden Quadratmeter Erdboden ist es ausgebreitet
und jede Spanne des Inneren flimmert davon.

WALT WHITMAN, *WUNDER*

An diesem frischen Wintertag mache ich einen Spaziergang bei den Pflaumenbäumen im Garten von New Hamlet. Die grauen, kahlen Äste sehen heute nicht anders aus als in den Wochen, die ich schon hier bin. Dann bleibe ich stehen und richte den Blick auf einen der Bäume; diesmal aber achte ich weniger auf die Zweige, die vor gar nicht langer Zeit noch schwer von Laub und Früchten gewesen sein müssen, sondern eher auf die Räume dazwischen. Ich wechsle hin und her, von den Ästen und Zweigen zu den »erfüllten« Räumen um sie herum und wieder zurück. Mehrmals mache ich das. Ich schließe die Augen. Da ist nur Klarheit. Der Raum hält mich, er *enthält* mich. Ich erlebe eher den Raum selbst als die Materie darin. Raum umgibt mich, Raum ist in mir. Die Worte aus dem

Herz-Sutra fallen mir ein, die ich in Thich Nhat Hanhs Buch *Mit dem Herzen verstehen* gelesen habe: »Form ist Leere, Leere ist Form.«

Ich denke an die beiden Gläser, die Thay heranzog, um uns zu verdeutlichen, was der Buddha mit Leere oder Leerheit meinte. In dem einen Glas ist Tee, in dem anderen nicht. Das zweite Glas ist »leer« von Tee, aber nicht leer; es enthält Luft. Und um überhaupt von leer und nicht leer sprechen zu können, überlege ich, muss erst einmal ein Glas da sein. Leerheit heißt nicht Nichtexistenz. Die Leerheit eines Glases besagt nicht, dass kein Glas vorhanden ist. Das Glas ist da, nur eben leer. Ich bin hier, aber ich bin leer. Leer von was? Heute spüre ich, was Thay meint, wenn er sagt: »Ich bin leer von gesonderter Existenz.« Ich bestehe aus den Elementen des Kosmos und bin mit allem im Kosmos verbunden. Ich bin Raum und Raum ist ich.

Mein Willem-Dafoe-Double steht auf der gegenüberliegenden Seite der Wiese, der mir schon vertraute Mönchskopf hebt sich aus der Menge der anderen hervor. Ich gehe zu ihm hinüber und sage hallo. Wie gewohnt begegnen wir einander ganz ungezwungen. Ich frage, wie es ihm geht, und wie sich herausstellt, hat mein Lieblingsbruder auch mit dieser gemeinen Grippe zu kämpfen gehabt. Heute geht es uns beiden schon ein bisschen besser. Ich möchte gern ein Foto von ihm machen, er ist einverstanden. Er bekomme auch einen Abzug für seine Familie, verspreche ich ihm. Ohne jeden Gefühlsausdruck erwidert der buddhistische Mönch, sein Vater sehe ihn nicht gern mit rasiertem Kopf. Wir gehen zu dem kleinen Bambushain hinüber. Er stellt sich vor dem dichten Grün auf, das seinen mönchischen Kahlkopf sehr schön umrahmt. Jadegrün ist der perfekte Hintergrund für das klösterliche Erdbraun. Er wirkt ganz munter und gelöst. Warum sieht sein Vater nicht, was ich sehe?

Die Bewohner des Klosters nennen einander »meine Schwester« und »mein Bruder«. Will man zwischen klösterlichen und biologischen Geschwistern unterscheiden, nennt man diese »Blutsbrüder« oder »Blutsschwestern«. Nach meiner Heimkehr bekam ich eine E-Mail von Schwester Pine, in der sie mich als »Liebe Schwester Mary« ansprach. Das hat mich sehr berührt, schließlich bin ich in keinem der beiden Sinne ihre Schwester. Jetzt sagt mein Bruder, ich solle mich mit dem Foto beeilen, er müsse nämlich ein paar Besucher vom Bahnhof abholen. Das gehört zu seinen regelmäßigen Pflichten.

Der promovierte Elektroingenieur »jobbt« hier also als Chauffeur. Ich frage mich, ob das nicht ein bisschen langweilig ist, laut aber erkundige ich mich, ob er sich manchmal nach seiner anregenden Arbeit da draußen in der realen Welt zurücksehne. Zur Antwort sagt er, im Kloster könne er eine ganze Woche lang immer wieder dasselbe Sutra lesen. Gerade befasst er sich zum wiederholten Mal mit dem Diamant-Sutra, das hier zum Studium und zur Praxis empfohlen wird, weil es gegen die geistigen Plagen der Unwissenheit, Verblendung und des Wahns hilft. Ich schweige einen Moment. Die esoterischen Unterweisungen des Buddha sind wirklich glanzvoll. Keine Frage, sie geben diesem hingebungsvollen Buddhisten mit dem Doktortitel vielfältige Anregungen. Als sich der Mönch auf den Weg zum Bahnhof macht, schaue ich ihm lange nach.

Jetzt habe ich wieder nur die ehrwürdigen Bäume als Gefährten, betrachte die Bewegungen ihrer Zweige im sanften Wind. Irgendwie ziehen die Zwischenräume meine Aufmerksamkeit an. »Ein Sutra lehrt auch zwischen seinen Zeilen etwas«, denke ich, »und mit dem Raum zwischen den Bäumen ist es bestimmt nicht anders.« Eine taoistische Weisheit fällt mir ein: »Wir schlagen Holz, um uns ein Haus zu bauen. Bewohnbar aber wird es erst durch den Raum in seinem Inneren.« Von dem Hügel aus, auf dem ich stehe, blicke ich auf die Gebäude von New Hamlet herunter. Es sind wunderbare alte Steinhäuser, die zu ehrwürdigen Tempeln und Unterkünften für die Buddha-Jünger umgebaut wurden. »Der Raum in solchen Gebäuden ist es, der die Menschen verändert«, geht mir jetzt auf. Alles Gute geschieht im Innenraum. Wieder fällt mir eine Lehre aus dem Taoismus ein: »Wir haben mit dem Sein umzugehen, doch bedienen wir uns dabei des Nicht-Seins.« Und erneut verschiebt sich etwas in mir.

Der Raum, der uns hält und trägt, steht nicht im Vordergrund unseres Bewusstseins. Heilige und Weise haben den stillen, offenen, weiten Raum als »Schoß der Schöpfung« bezeichnet. Er birgt Intelligenz, und das ist wirklich so. Ich atme tief durch und setze das Gesicht dem Himmelsblau aus. Dann sinkt mein Kopf nach vorn, ich verneige mich. Wieder hebe ich den Blick über die Bäume hinaus in den Himmel. Beim Ausatmen senkt sich mein Kopf, ganz weit, bis meine Hände die feuchte Erde berühren. Mit dem nächsten Einatmen richte ich mich wieder auf. Der Raum um mich hat etwas beinahe fühlbar Fülliges. Das war immer so, nur dass ich es jetzt erst spüre. Der nächste Atemzug hebt diese Wahrheit noch deutlicher hervor. Irgendetwas gibt mir Ehrerbietung gegenüber der Natur ringsum ein.

Und so erhebe und verneige, erhebe und verneige ich mich weiter. Alles außer dieser Verbundenheit mit dem Raum tritt in den Hintergrund. Meine Arme schwingen durch die Luft, und mit dem Strecken der Glieder weitet sich meine Freiheit. Weisheit liegt in diesem Raum. Ich habe Zuflucht in mir selbst und im Raum gefunden. In mir ist dasselbe wie außerhalb. Zuflucht im Inneren zu suchen ist dasselbe wie Zuflucht in der offenen Weite des Raums. Eben jetzt ist es deutlich zu sehen. Es gibt nichts, was mich bekümmern müsste. Ich lasse los und übergebe mich der Intelligenz des Raums.

»Der sich Verneigende und das, wovor er sich verneigt, sind beide ihrer Natur nach leer.«

Das hat Thay heute gesagt, als er erklärte, dass keine Kommunikation möglich ist, solange man die Leerheit nur intellektuell verstanden und akzeptiert, aber noch nicht erfahren hat. Echte Kommunikation zwischen mir und dem Buddha oder zwischen mir und einem Baum oder zwischen mir und irgendjemandem oder irgendetwas ist nur möglich, wenn ich *weiß*, dass ich selbst und der oder das andere ausschließlich aus Dingen bestehen, die nicht wir selbst sind.

Was ist ein Baum? Er ist Wasser, Rinde, Blätter, Wurzeln, Zeit, Sonnenlicht, die Mineralstoffe der Erde, der Same, aus dem er wuchs, die Hände, die ihn pflanzten, und so weiter. Was also ist dann der Baum? Ein Gefüge von Dingen, die nicht er selbst sind.

Ich rufe mir in Erinnerung, dass ich wie der Baum aus Nicht-Ich-Dingen bestehe. Deshalb bin ich »leer« von einem eigenständigen, gesondert existierenden Ich, aber voll vom Ganzen des Universums, wie auch der Buddha leer von einem Ich und voll vom ganzen Universum ist. Auch Sie sind leer von einem Ich und voll vom ganzen Universum. So sind wir alle zutiefst miteinander verbunden.

Ich verneige mich ein weiteres Mal.

Wenn Sie Nicht-Ich verstanden haben, lassen Sie alle Überlegenheits- und Minderwertigkeitskomplexe hinter sich, sogar die Gleichheit. Erst dann können Sie – zum Beispiel in Form einer Verneigung – in einen echten Austausch mit dem Baum, dem Buddha oder mit wem und was auch immer treten. Solange man das nicht verstanden hat, so Thich Nhat Hanh, kann man sich im Grunde nicht vor dem Buddha verneigen. Er sagte: »Wenn ihr glaubt, der Buddha sei außerhalb eurer selbst, irrt ihr euch. Sein heißt Inter-Sein mit allem.«

Meist klebe ich so an meinem Körper, meinen Gedanken, meinen quälenden Gefühlen, dass ich mich nicht mit dem weisen Raum in mir und um mich herum austausche oder auch nur auf ihn achte. Mein Leben kann unmöglich ganz und gar in diesem kleinen Gehäuse sein, oft aber verhalte ich mich so, als wäre das doch der Fall.

Ich stehe noch auf dem Grashügel von New Hamlet zwischen meinen Lehrern, den Ästen der Pflaumenbäume. Ich muss eine ganze Zeit lang diese Verneigungen gemacht haben, jedenfalls ist der Himmel jetzt dunkel. Auf dem Weg hinunter fällt mir etwas ein, was Thay gestern erzählt hat. In Vietnam nennt man seinen Ehepartner *Nha toi*, und das bedeutet »mein Zuhause«. »Wenn jemand kommt und zu deiner Frau möchte, fragt er im Grunde: ›Ist dein Zuhause zu Hause?‹ Wenn sie da ist, gibt man munter zurück: ›Ja, mein Zuhause ist zu Hause.‹« Thay sagt, wir alle haben den tiefen Wunsch nach einem Zuhause und können froh sein, wenn wir eines finden, sei es ein Partner oder eine spirituelle Praxis beziehungsweise Gemeinschaft.

Unser Leben lang suchen wir unser Zuhause, aber es ist hier, wir sind bereits da. Unser Zuhause ist im Buddha, dem Erwachten, im Dharma, seiner spirituellen Lehre, und im Sangha, der Gemeinschaft von Gleichgesinnten, mit denen wir uns umgeben. Da sind wir daheim. Der Meister erinnerte auch wieder einmal daran, dass wir durch achtsames Atmen Einlass in diese drei Refugien finden. Und schließlich sagte er: »Euer Atem ist ein Teil von euch, deshalb kommt ihr beim Einatmen in Berührung mit euch selbst. Das Einatmen verbindet euch mit euren Zellen, in denen eure Wurzeln liegen. So werdet ihr von eurem wahren Zuhause erfüllt sein.«

Mein Einatmen führt mich nach Hause.

❧ 36. Tag ❧

Verwandlung
Ein alter Mönch, ein Kind

Würden die Pforten der Wahrnehmung gereinigt,
alles würde dem Menschen erscheinen, wie es ist, unendlich.

WILLIAM BLAKE

Es ist später Vormittag, der Himmel blassblau. Ich gehe. Ganz in der Nähe zwei Nonnen Hand in Hand. Der leichte Wind trägt schlichte, reine Zuneigung. Die beiden Schwestern bewegen sich, als wären sie eins.

Ich bin achtsam … ich bemerke die Pflaumenbäume, die schlafenden Reben, die gelbbraunen Sonnenblumen kurz vor ihrer Verwandlung und eben die Schwestern, die inmitten alldessen liebevoll ihre Schritte setzen. Alles lebt und stirbt und wird wiedergeboren, alles zugleich. Behutsam setze ich einen Fuß auf die feuchte Erde. Vor meinem Stiefel liegt ein eingerolltes goldbraunes Blatt. Bald wird es Erde sein und den Baum ernähren, an dem es einmal hing, den Baum vor mir. Dann wird eine Knospe an dem Baum aufgehen und wieder ein Blatt werden, und dieses Blatt ist schon in dem vor meinem Stiefel enthalten.

Thays Rat folgend lege ich mein Bewusstsein in die Fußsohle.

Er selbst leitet heute die Achtsamkeitsmeditation im Gehen. Seine Anwesenheit schärft meine Konzentration. Nach einiger Zeit bleibt er stehen, und alle anderen schließen auf. Jetzt stehen wir – an die zweihundert Mönche, Nonnen, Männer, Frauen und auch ein paar Kinder – um den Teich, dessen weiße Seerosen im Schlamm am Grund wurzeln, aus dem sich ihre Schönheit nährt. Jeder der vier verstreuten »Hamlets« beziehungsweise Weiler, aus denen Plum Village besteht, besitzt einen Seerosenteich, der an das Inter-Sein von Leid und Freude erinnern soll: die Notwendigkeit des schmerzlichen Schlamms für das Entstehen von Glück. Da wir jetzt rings um den Teich versammelt sind, kann ich Thay gut sehen, obwohl ich weit hinten stehe. Er macht zwei überraschende Bewegungen: Er hebt den Blick und schaut zu mir herüber, dann winkt er. Ich habe den Meister noch nie winken sehen, schon gar nicht bei der Achtsamkeitsübung im Gehen. Jetzt aber ist diese Hand in der Luft, und aus dem großen alten Mystiker wird ein fünfjähriger Junge. Es ist ein magischer Augenblick, in dem die Zeit zu sich selbst zurückfindet. Ich schaue in das engelhafte Gesicht der Jugend und sehe darunter die alterslose Seele des Meisters. Instinktiv hebt sich meine Hand und winkt zurück, und auch ich bin plötzlich fünf Jahre jung. Zwei Fünfjährige treffen sich außerhalb der Zeit. All das spielt sich in wenigen Sekunden ab.

Vielleicht kommt es einfach deshalb zu dieser Verschiebung in meinem Bewusstsein, weil ich jetzt sechsunddreißig Tage auf dem Weg bin, inmitten von Weinbergen und Sonnenblumenfeldern. Die Natur mit ihren Rhythmen weckt mich nach und nach aus dem Schlaf. Vielleicht liegt es auch an dem, was Thich Nhat Hanh heute gesagt hat:

»Setzt eure Schritte voller Achtung. Es ist eure Mutter, auf der ihr da geht.« Vielleicht aber haben mich die Tage der stillen Kontemplation mit meinen Brüdern und Schwestern auch einfach sensibler gemacht. Jedenfalls ist eben jetzt dieses unbeschwerte Kind da, mein unschuldiges, das Leben liebende innere Kind.

Ein, aus
Tief, langsam
Ruhe, Leichtigkeit
Lächeln, Lösung
Gegenwärtiger Augenblick, wunderbarer Augenblick

Es ist ein kleines Gedicht Thich Nhat Hanhs, das er zur stummen Rezitation bei der Meditation im Gehen empfiehlt, um die Heilkraft des achtsamen Gehens zu verstärken. Ich versuche es jetzt, wieder in der Nähe der beiden so anrührend miteinander verbundenen Schwestern. Ich achte bewusst auf den einströmenden Atem und intoniere dazu innerlich »ein«. Zugleich setze ich meinen rechten Fuß fest auf die Erde. Es ist zu spüren: Geist und Fuß sind *ein* Klang. Ich setze den linken Fuß, ausatmend, und dazu tönt es »aus« in mir. Mein Bewusstsein des Gleichklangs wird stärker. »Tief« und »langsam« bewirken eben das: Mein Atem füllt sich mit Leben, und mein Körper, der bei diesem achtsamen Gehen immer schneller werden möchte, ist jetzt ganz Schlendern, bedachtes, gemächliches Schlendern. In dem Ganzen breiten sich »Ruhe« und »Leichtigkeit« aus, ein »Lächeln« hellt mich auf und alle körperlichen Spannungen »lösen« sich. Nach nur wenigen Augenblicken bin ich vom »Wunderbaren« im »gegenwärtigen Augenblick« erfüllt.

Jetzt sehe ich Vanna, die unweigerlich die negativen Keime in mir aktiviert, und für einen Moment entferne ich mich von der herrlichen Leichtigkeit. Der Anblick rührt die Erinnerung auf, die ganze Gefühllosigkeit, mit der sie mich lächerlich gemacht hat, als ich ihr einfach nur das Gespräch mit einer französischen Schwester ermöglichen wollte. Ich weiß heute noch nicht, was da eigentlich los war. Jedenfalls steht sie jetzt zwischen meinen Freunden, den Bäumen. Ich habe einmal versucht, ein klärendes Gespräch mit Vanna zu führen, aber es war kein Durchkommen, und so gab ich völlig frustriert auf. Ich fand sie einfach arrogant und uneinsichtig.

Mein irischer Freund Aidan fällt mir ein, unser gemeinsamer Spaziergang und seine Erzählung von den Schwierigkeiten mit seiner Frau. Wie gut er es doch vermochte, seine negativen Gefühle immer sofort verständnisvoll und mitfühlend anzunehmen. Sein tiefer Blick ermöglichte ihm Mitgefühl nach innen und gegenüber seiner Frau. Die Einsicht hatte es hell in ihm werden lassen; er wusste, was zu tun war und wie er klug mit schwierigen Gefühlen und Beziehungen umgehen konnte.

Ich schaue bewusst hinüber zu Vanna. Gleich steigt der Groll in mir hoch. Ich lasse ihn. Ich atme und umgebe dieses scheußliche Gefühl mit einer Art Bewusstheit. Ich schiebe es nicht weg. Jetzt setzt etwas ein, was ich als ergänzte Wahrnehmung meines Grolls beschreiben würde. Ich verstehe, *weshalb* ich so auf Vanna reagiere. Niemand blamiert sich gern, und sie hat mich lächerlich gemacht. Ich gestehe mir das zu. Ich fühle Verständnis für meine Reaktion, und die Spannung lässt nach. Derweil gehe ich zusammen mit den fröhlichen Nonnen durchs nasse Gras.

Ich nehme meine schwierigen Gefühlsregungen in die Arme und hülle sie in Achtsamkeit. Weitere Schritte. Weitere Atemzüge. Mehr Verständnis. Erst nimmt die seelische Spannung ab, dann die im Körper. Und wieder Schritte, Atemzüge und dann Licht und Mitgefühl mit mir selbst. Zuletzt weitet sich dieses Weiche und Bergende über mich hinaus nach außen. Was für ein Leben mag Vanna geführt haben? Mein Mitgefühl wendet sich zu ihr hin wie zwei Arme aus Licht, die sich über die Wiese hinwegstrecken, um die Dunkelheit zu umfangen. Jetzt weiß ich auch, was ich tun werde.

Könnten wir die nicht geschriebene Geschichte unserer Feinde lesen, wir würden in jedem Menschenleben so viel Kummer und Leid finden, dass bei aller Feindseligkeit die Waffen sinken.

HENRY WADSWORTH LONGFELLOW

Während wir nach New Hamlet zurückgehen, richtet sich mein Blick wieder auf Thays Gestalt, die Ruhe und Kraft ausstrahlt. Er bewegt sich in einer Aura von Sicherheit, Anmut, Intelligenz und Demut. Dann bleibt er stehen und betrachtet einen Baum. Ich frage mich, was in ihm vorgehen mag. Was er da wohl sieht?

Ich habe Berichte anderer Pilger von ihren transzendenten Erlebnissen mit Thay gehört. Eine Frau war einmal für einen Moment allein mit ihm in der Küche – was bestimmt höchst selten vorkam. Sie wurde zur Empfängerin einer ganz persönlichen Verneigung des Meisters, und in dem anschließenden Freudentaumel schwanden ihr fast die Sinne.

Ich spreche in diesem Buch zum ersten Mal von dieser Verwandlung – der Mönch und ich als Fünfjährige. Ich bin meinem Einsiedler begegnet.

Arbeit
Eine Anwältin wird Nonne

Bete, als hinge alles von Gott ab.
Arbeite, als hinge alles von dir ab.

AUGUSTINUS

Nach dem Abendessen sitze ich mit Schwester Pine im Vorraum von New Hamlet. Die amerikanische Nonne ist erheblich größer als alle anderen Schwestern und dazu von beeindruckender Präsenz. Sie strahlt Intelligenz und Selbstbewusstsein aus, und ihr Name, Pine beziehungsweise »Kiefer«, vermittelt etwas Frisches, Immergrünes. Als ich sie zum ersten Mal sah, fand ich sie ebenso anziehend wie einschüchternd, bis ich erkannte, dass ihre Selbstsicherheit mit weiser Demut und Haltung einhergeht. Sie hat nichts von der spröden Reserviertheit, die unsere Vorstellung von Nonnen prägt. Ihr Auftreten vermittelt den Eindruck, dass sie nichts und niemanden fürchtet. Bald erfahre ich, dass sie in den USA als Rechtsanwältin auf dem Gebiet des Tierschutzes gearbeitet hat. Da draußen in der Welt, denke ich, war sie bestimmt genauso redlich, wie sie es hier in ihrer geliebten buddhistischen Gemeinschaft ist. Ich bewundere diese hinreißende Nonne und wüsste gern, was sie bewogen hat, sich für ein so ganz anderes Leben weit von ihrer Heimat entfernt zu entscheiden. Sie gibt bereitwillig Auskunft.

»Eine Nonne kann letztlich mehr für die Welt tun als eine gute Anwältin.«

Schwester Pine war viele Jahre als Laiin bei Thich Nhat Hanh gewesen, bevor sie sich ordinieren ließ. Sie hatte in dieser Zeit ihr großes Glück gefunden, und schließlich beschloss sie, ganz in Plum Village zu bleiben und die Gelübde abzulegen.

»Und deine Arbeit fehlt dir nicht?«, frage ich. »Du hast doch so viel Gutes in der Welt bewirkt.«

Nein, sie vermisst ihren früheren Beruf nicht. Es macht ihr Freude, die Menschen zu sehen, denen sie als Nonne zu positiven Veränderungen verhelfen kann.

»Aber ist es nicht schwer, ohne Partner auszukommen?«, dränge ich weiter.

Sie war geschieden und hatte bis einige Jahre vor ihrer Ordination einen Lebensgefährten. Also frage ich sie, ob ihr die Intimität einer Liebesbeziehung denn nicht fehle. Sie lässt mich wissen, dass sie jetzt die Zeit habe, zu allen Lebewesen eine bedingungslose Liebe zu entwickeln. Ich beobachte ihr Gesicht beim Sprechen sehr genau. Es überzeugt mich. »Eine Nonne lebt in den Feuern des Geistes«, sagt Annie Dillard.

Aus Schwester Pines Mund klingt es so einfach, aber leicht ist es sicher nicht. Die Schwestern hier im Kloster geben sich ganz ihrer Arbeit und ihrer Praxis hin. Vielen Stunden der Übung und vielen notwendigen Verrichtungen. Sie haben nicht einmal eine echte Privatsphäre. Menschen jeder Art gehen im Kloster, dem Zuhause der Nonnen, ein und aus, und für alle haben sie offene Arme. Ich versuche mir in meinem Haus ein ständiges Kommen und Gehen von Gästen vorzustellen. Unmöglich. Die Schwestern schlafen auf Holzbetten ohne Matratzen in Gemeinschaftsräumen, nicht einmal eine Badewanne gibt es. Und dann die Sache mit dem Zölibat.

Ich sage Schwester Pine, dass ich sie mutig finde. Sie habe es sehr gut getroffen, erwidert sie.

Am Ende meiner ersten buddhistischen Vipassana-Meditationsklausur im Jahr 2000 kam ich mit einem jungen Mann ins Gespräch, der eigentlich nur teilnahm, weil seine Freundin darauf bestanden hatte. Nach den zehn Tagen hoch oben in den Bergen des Himalaja schnurrte ich bis in die Zellen vor Glück, und so schwebte ich in meiner Begeisterung auf den jungen Mann mit dem dunklen Kraushaar zu, um ihn zu fragen, wie er sich fühle – natürlich in der Annahme, dass er genauso high war wie ich. Aber nein. Er sah mich an und sagte, sein Bewusstsein komme ihm wie ein großer Müllcontainer voller stinkendem, faulendem Dreck vor; die Meditation nun habe den Deckel gehoben und die grausige Bescherung darunter sichtbar gemacht. Er habe dann zwar im weiteren Verlauf ein bisschen aufräumen können, fügte aber hinzu: »Als Werkzeug hatte ich nicht mehr als einen Zahnstocher.«

Der Bericht und die Miene des jungen Mannes rissen mich aus meiner postmeditativen Verzückung. Er war Ingenieur für Waffentechnik und arbeitete sehr gern in seinem Beruf. Wenn es ihm beim Meditieren langweilig geworden sei, sagte er, habe er zur Ablenkung Pläne für neue Pistolen, Revolver oder Munition entworfen. Nach den ersten Tagen gab es einmal am Abend einen Vortrag zum Thema »rechter Lebenserwerb«, und darin ging es natürlich um die buddhistische Auffassung, dass die Arbeit, die man verrichtet, allen Lebewesen, der Gemeinschaft und der Umwelt nützen solle. Dies zu hören deprimierte den jungen Mann bis zur Verzweiflung. Es war das erste Mal, dass ihm der destruktive Charakter seines Berufs richtig bewusst wurde, erschreckend bewusst. Zugleich aber hatte die Meditation ihm auch Kraft gegeben, sodass er am Ende des Kurses jetzt sagen konnte, er habe einen Neubeginn vor Augen, eine Zukunft, die nicht nur frei von Waffen sein solle, sondern in der er sich auch aktiv für ein Ende des Zerstörungswerks und für das Wohl aller Lebewesen einsetzen wolle.

Schwester Pine und ich sitzen noch in unserem gemütlichen Eckchen im Eingangsraum von New Hamlet und halten unsere Becher mit heißem Ingwertee zwischen den Händen. Ich denke an das buddhistische Prinzip des rechten Lebenserwerbs und der Verantwortlichkeit. Die amerikanische Nonne verfügt über einen Verstand, der mir sehr liegt – scharf, mitfühlend und aktiv, voller Ideen und möglicher Problemlösungen. Ich erzähle ihr von jemandem in meiner Familie, der in ernsten Schwierigkeiten steckt, und frage sie, ob ihr dazu etwas einfalle. Und tatsächlich erweist sie sich als sehr erfinderisch und macht etliche Vorschläge. Dann sitzen wir schweigend da. Mich bewegt der Gedanke, dass manche Menschen von einem rechten Lebenser-

werb zu einem anderen rechten Lebenserwerb überwech-
seln – aus einer Tierschutzanwältin wird eine Nonne. Dann
gibt es Menschen, denen die Schädlichkeit ihrer Arbeit
bewusst wird und die sich zu einer Kehrtwendung ent-
schließen – der Waffeningenieur entdeckt in Indien die
verwandelnde Kraft der Meditation. Hoch oben auf einem
heiligen Berg erzählte er mir damals, der Meditationskurs
habe sein Leben vollkommen umgekrempelt. Er werde seinen Beruf aufgeben, ohne Wenn und Aber. Er muss wohl
eine neue Achtung vor allem Leben in der Welt in sich
entdeckt haben. Welch ein Segen.

In *The Art of Power* gibt Thich Nhat Hanh einen Vers aus
der chinesischen Übersetzung des *Dhammapada* wieder:

> Die schlimmen Dinge – unterlasst sie.
> Die guten Dinge – tut sie möglichst.
> Bemüht euch um Läuterung,
> Bändigung des eigenen Geistes,
> das ist die Lehre aller Buddhas.

Heute hat Thay uns allen die Frage gestellt: »Was tut ihr?«
Dann sagte er, diese simple Frage sei die einzige, die wir
uns stellen müssten, um sicherzustellen, dass wir uns wirklich intensiv auf unser Leben einlassen.

Ich sage Schwester Pine gute Nacht und gehe zurück in
den Speisesaal, um mir Ingwertee nachzuschenken und
noch ein wenig am Kamin zu sitzen. Ich denke an Thays
Vortrag von heute Morgen.

Wenn ihr schreibt, nehmt wahr, dass ihr schreibt, und denkt an die Menschen, die durch euer Schreiben Hilfe erfahren werden. Hegt die Hoffnung, dass alle, die euer Werk lesen, ein glücklicheres Leben haben mögen. Das ist in allen Berufen, bei allen Arbeiten so. Verrichtet eure Arbeit achtsam, mit Liebe zu allen Menschen. Fragt euch: »Was tue ich?« Dann könnt ihr Wunder hervorbringen.

Schließlich gehe ich die Treppe hinauf zu meinem Zimmer. Ich erwärme mich immer mehr für die Schwester der immergrünen Frische, diese Anwältin der Tiere, die noch mehr Gutes tun wollte und deshalb Nonne wurde. Und ich denke an den Waffenbauer im Himalaja, Meditationsneuling wie ich damals. »Was er heute auch tun mag«, geht mir durch den Kopf, »auf jeden Fall gibt es jetzt einen blitzgescheiten Kopf weniger, der auf Neuerungen im Waffenbau sinnt.«

❧ 38. Tag ☙

Dankbarkeit
Granatapfel-Unterweisung

Erheben wir uns in Dankbarkeit, denn sollten wir heute
nicht gar so viel gelernt haben, so war es immerhin
ein wenig, und sollten wir nicht einmal ein wenig gelernt
haben, so sind wir doch wenigstens nicht krank geworden,
und sollten wir krank geworden sein, so sind wir doch
wenigstens nicht gestorben. Seien wir also dankbar.

DER BUDDHA

Wenn Sie noch nie ein zeremonielles Essen im Kloster miterlebt haben, wissen Sie nicht, was wahre Geduld ist.

Die alltäglichen Mahlzeiten finden immer im Speisesaal statt, zeremonielle Essen dagegen in der Buddha-Halle. Wie gewohnt stellt man sich am Büfett an, aber nicht so, wie die Einzelnen eintrudeln; zuerst kommen vielmehr die langjährigen Mönche und Nonnen, dann die jüngeren und zuletzt die Laien. Man lädt sich einer nach dem anderen etwas in die Schale und geht schweigend in die Buddha-Halle. Dort sitzen auf der einen Seite die Mönche und männlichen Laien, auf der anderer die Nonnen und Laiinnen. Bei diesem buddhistischen Ritual bleiben die Geschlechter getrennt. Beide Gruppen sitzen mit dem Gesicht zur Raummitte.

Da heute ein offizieller Achtsamkeitstag ist, gehe ich mit meinem Essen schweigend in die Buddha-Halle von Upper Hamlet. Sie ist ungefähr zur Hälfte gefüllt, als ich meinen Platz auf der Frauenseite einnehme. Es herrscht tiefe Stille. Gegenüber sehe ich Mönche in säuberlichen Reihen auf blauen Kissen sitzen, die Beine über Kreuz, sehr aufrecht, geduldig und gesammelt; ihre erdfarbenen Gewänder haben sie sich ordentlich um die Knie gezogen. Wir anderen wirken dagegen ein wenig plump. Mit Klostergewändern, scheint mir, tut man sich einfach leichter als mit normaler Kleidung. Und rasierte Köpfe haben etwas Sauberes und Ordentliches, gar nicht zu vergleichen mit einer langen Mähne, die immer irgendwo herumhängt. Vor jedem der Frieden ausstrahlenden Mönchen steht eine Essschale, nicht weniger andächtig. Sie wird bei der Ordination ausgehändigt und von da an für jede Mahlzeit verwendet. Die Schale ist aber nicht nur ein Gebrauchsgegenstand, sondern auch ein spirituelles Symbol für die Bereitschaft, alles zu akzeptieren, was einem – sei es stofflich oder spirituell – »aufgetischt« wird. In manchen buddhistischen Traditionen lernen die Mönche, ihre Essschale als »Schatzhaus des Auges der wahren Lehre« zu sehen und damit als das »wundersame Herz des Nirwana«. Ich kann mir keine schönere Beschreibung eines schlichten Essensbehälters vorstellen.

So sitze ich also in der Halle, in der der wackere Heldenmut des Buddha herrscht, Knie an Knie mit meinen Nachbarinnen, mein Schatzhaus im Schoß, und warte, bis alle versammelt sind. Da sich einige Hundert Menschen in

Plum Village aufhalten, kann das leicht noch vierzig Minuten dauern. Mal betrachte ich die vielen Buddha-Gesichter mir gegenüber, mal schließe ich die Augen und sammle mich auf meinen Atem.

Heute geht es um die Kunst des achtsamen Essens, und die beruht auf Warten-Können, um es einmal vorsichtig auszudrücken. Kein Laut in der Halle. Ich sehe mein Willem-Dafoe-Double andächtig dasitzen, intelligent und klar wirkend wie immer. Mein Blick wandert die erste Reihe der älteren Mönche entlang. Sie strahlen Selbstvertrauen aus, wie es sich für die standhaften Buddhas gehört, die sie geworden sind. In der Reihe dahinter sitzen Mönche, die weniger Klosterjahre vorzuweisen haben und mehr oder weniger gefestigt wirken. Die noch jungen und verspielten Mönche sitzen noch eine Reihe weiter hinten und sehen eher so aus als kämen sie gerade vom Fußballspielen (was durchaus sein kann). Nach und nach finden sich jetzt auch meine Freunde auf der Seite der Mönche ein. Ich vergewissere mich mit schnellen Blicken, ein direktes Hinschauen wäre nicht schicklich. Stuart der Schotte, mein Lieblingspilger und Meisterkoch, tritt ein, gefolgt von Gustavo, einem Mann, wie man ihn sich sanfter und liebevoller kaum denken könnte. Gustavo ist mir ein wahrer Bruder geworden. Kurz empfinde ich Gewissensbisse. An dem Tag, an dem ich meine Mitpilgerin vor den arglosen Mönchen versteckt und nicht an dem ungeliebten Laientreffen teilgenommen hatte, war mein aufmerksamer Ersatzbruder in großer Sorge um mich; er fürchtete, ich könnte krank geworden sein oder das Kloster verlassen haben. Als er mir später davon erzählte, habe ich mich sehr für mein gedankenloses Verhalten geschämt. Gustavo folgt der nette, wenn auch komplizierte Neufundländer, der Sänger der keltischen Lieder am Tag unseres gemeinsamen Küchendienstes. Immer mehr Männer treten ein, die alle ganz bestimmte Gedanken und Gefühle in mir auslösen.

Ich halte mein Schatzhaus noch im Schoß. Meine Nachbarinnen sehe ich nicht, und ich kann auch nicht ständig die Mönche und Männer anstarren und Geschichten rekapitulieren, also wende ich mich jetzt dem alltäglichen Akt der Nahrungsaufnahme zu. Ich achte auf die mit meinem Atem verbundenen Empfindungen und Geräusche und spreche stumm das Mantra: »Beim Einatmen weiß ich, dass ich einatme. Beim Ausatmen weiß ich, dass ich ausatme.« Die bewusst gelenkte Aufmerksamkeit bringt meine schwirrenden Gedanken zur Ruhe. Sich durch Atembewusstsein und ein Mantra in einen anderen Zustand zu versetzen nimmt nie viel Zeit in Anspruch, aber manchmal staune ich doch, wie schnell es gehen kann. Ich öffne die Augen und betrachte den Inhalt der Schale mit ihrer göttlichen Symbolik. Farben über Farben leuchten auf, alles leuchtet und glänzt. Am meisten berühren mich die sattroten Granatapfelkerne. Sie scheinen mich anzublicken und zu sagen: »Sieh doch nur, sind wir nicht großartig?« Ich versinke ganz in der Schönheit dieser leuchtenden Kerne. In mir regt sich eine Freude, die keine Worte hat.

In dieser Versunkenheit komme ich in meinem inneren Zuhause an. Thay erinnert uns immer wieder daran, wie leicht wir uns in unseren Gedanken verlieren. Beim achtsamen Atmen führen wir Körper und Geist wieder zusammen und sorgen für eine sichere Verankerung im Hier und Jetzt. Nur durch diesen sicheren Stand im gegenwärtigen Augenblick können wir erkennen, was wirklich da ist. Des halb vermag ich die Granatapfelkerne jetzt zu erkennen. In seinem Vortrag heute Morgen hat Thay erläutert, wie wir diese Praxis einsetzen können, um uns in jeder Lage, vor allem bei Schwierigkeiten, stabil zu halten: Wenn uns irgendein Ereignis oder Gefühl so ratlos macht, dass wir nicht weiterwissen, sollen wir die »sechs Sinnespforten«, Augen, Ohren, Nase, Zunge, Körper und Geist, schließen, um wieder ruhig und klar zu werden. Das sei, ergänzte er, wie bei einem Haus mit vielen Fenstern und Türen. Wenn wir bei starkem Wind alle öffnen, wirbelt die Zugluft allerlei durcheinander im Haus. »Nach Hause gehen, das hat etwas vom Schließen der Fenster und Türen, sodass der Wind nicht hereinkann. In diesem Gefühl der Sicherheit könnt ihr dann vorsichtig ein Fenster aufmachen, um zu sehen, was draußen vorgeht.«

In den Schriften des Islam heißt es, das Herz sei nach dem Verzehr eines Granatapfels vierzig Tage lang erleuchtet.

Nhat Hanh bedeutet »eins auf einmal«. Von seinem Lehrer mit diesem so schlicht klingenden Namen bedacht, bemüht sich Thich Nhat Hanh zeit seines Lebens, diesem so schwierigen Ideal zu entsprechen. Momentan bin auch ich darauf bedacht, immer nur »eins auf einmal« zu tun, so konzentriert, wie ich nur eben kann. Das hat uns Thay all die Tage zu vermitteln versucht, Achtsamkeit. Was tut ihr? Lasst euch ganz und gar darauf ein. Was liegt vor? Was ist die Realität des Augenblicks? Die Granatapfelkerne, die ich achtsam zu mir nehmen werde, sehe ich eben zum zweiten Mal in meinem Leben *wirklich*, obwohl ich diese leckere, saftige Frucht eigentlich schon immer liebe. Ich erinnere mich gut an meine Begeisterung, als ich zum ersten

Mal einen Granatapfel probierte, mit acht Jahren in Windsor, Ontario. Diese Erinnerung verschmilzt mit dem gegenwärtigen Augenblick, in dem ich das Wunder in meiner Schale bestaune. Alle Elemente der Erde haben diese erstaunliche Frucht hervorgebracht. Erde, Wasser, Sonne und Luft tragen zur Geburt eines Granatapfels bei; ganz abgesehen von Landarbeitern und Verkaufspersonal, die später das Ihre hinzutun. Der ganze Kosmos ist in diesem Granatapfel. Für mich ist das ein großer Augenblick des Erkennens. Ich sehe den wirklichen Granatapfel.

Ein Granatapfel ist kein Granatapfel, deshalb ist er ein echter Granatapfel.

Diesen Rat gibt uns Thay unzählige Male: »Erkennt alles, was ihr direkt vor euch habt.« Wer sich daran hält, empfindet Dankbarkeit. Aus buddhistischer Sicht gilt diese Dankbarkeit zunächst den Eltern, von denen wir unseren Körper haben, den Lehrern, die uns den Weg wiesen, und den Freunden, die uns unterstützen. Letzten Endes aber sollte unser Dank allen Lebewesen gelten. Halten wir auch den Himmel in Ehren, der sich schützend über uns wölbt, und die Erde, die uns trägt. Wenn wir uns klarmachen, dass wir ohne die Erde nicht stehen könnten, werden wir den Boden unter unseren Füßen dankbar anerkennen und allem ringsum mit Dank begegnen.

Nach dem Granatapfel-Mittagessen lerne ich Chaya kennen, eine gut dreißigjährige jüdische Israelin, die im Gazastreifen zu Hause ist. Wie ich ist sie als Besucherin hier, wird aber nur eine Woche bleiben. Heute Nachmittag nimmt sie das erste Mal an unserer Laien-Diskussionsrunde teil, in der es um Thich Nhat Hanhs Dharma-Vortrag von heute früh geht. Wir sitzen, ungefähr zehn Leute, im sonnigen Garten von Upper Hamlet im Kreis, heute auf Stühlen, weil das Gras feucht ist. Chaya legt die Hände zur Gebetshaltung vor dem Herzen zusammen und verneigt sich leicht – die hier übliche Geste, mit der man andeutet, dass man etwas sagen möchte. Das äußere Bild, das jemand gibt, sagt nicht unbedingt viel über seine Lebensgeschichte. Chaya beginnt laut über das nachzudenken, was sie nach Plum Village geführt hat. Vor der ganzen Runde spricht sie von einer Kindheit mit ständigen körperlichen Misshandlungen, einer Kindheit, die sie auf den Weg der Suche führte, der Suche nach Frieden. Sie spricht nüchtern und emotionslos über all die grauenvollen Misshandlungen, die sie im Laufe ihres Lebens zu erdulden hatte. Ich höre keine Bitterkeit in ihrer Stimme. Und während ich Chayas tragischer Geschichte lausche, kommt tiefe Dankbarkeit für die Liebe und den bedingungslosen Rückhalt in mir auf, die ich von meinen Eltern immer erfahren habe. Nicht nur im Leben, auch im Tod lebt ihre Liebe in mir weiter.

Heute habe ich es bis zur Ziellinie des Marathons geschafft, den ein zeremonielles Mittagessen nach der Tradition des Zen-Buddhismus darstellt. Es hat sich gelohnt und ich bin dankbar. Mögen wir alle dankbar sein.

Gebet
Der Tag, an dem die Mönche sangen

… wo es mich nicht gibt noch dich, so nah, dass deine Hand
auf meiner Brust die meine ist, so nah, dass dir die Augen
zufallen, wenn ich einschlafe.

PABLO NERUDA

Heute Morgen habe ich eine Bitte auf einen kleinen
gelben Zettel geschrieben und ihn in eine große
Glasschale gelegt, die vorn in der Buddha-Halle steht. An
vorangegangenen Tagen habe ich erlebt, wie »Thay diese
Bitten und Gebete der Pilger laut vorlas.

Neulich hat mir der Mönch, der Willem Dafoe so ähnlich sieht, ein kleines Geheimnis anvertraut. »Thay lehre oft
mit den Augen«, sagte er. Während er spreche, richte er den
Blick auf bestimmte Leute, die genau diese Worte brauch-
ten. Dann berichtet mir mein Freund und Bruder von
mehreren solchen Wundern, die er miterlebt hatte.

Thay entzündet ein Streichholz. Er hält es in die Höhe
und fragt: »Ist diese Flamme schon immer hier gewesen?«
Er nimmt eine Kerze, zündet den Docht an und fragt: »Ist
diese zweite Flamme, die Kerzenflamme, die gleiche wie
die Streichholzflamme?« Er bläst das Streichholz aus. Sei-

ne tiefen schwarzen Augen blicken direkt in meine: »Ist die erste Flamme *in* der zweiten?«

Ich schließe die Augen. Das goldene Bild bleibt, und ich spüre meine Mutter, die erste Flamme, in mir, der zweiten. Die erste Flamme ist nicht tot. Die Handschrift meiner Mutter steht mir vor Augen. Ich habe eine kleine handschriftliche Notiz von ihr, die ich nach ihrem Tod in ihrer Geldbörse fand. Jetzt habe ich sie in meinem Portemonnaie. Es sind zwei Zeilen aus dem Gedicht »Do Not Stand at My Grave and Weep« von Mary Elizabeth Frye aus dem Jahr 1932:

> Steht nicht an meinem Grab und weint,
> dort bin ich nicht, ich bin nicht tot.

Ich weine nicht. Meine Mutter ist da. Meine Mutter ist nicht gestorben. Ich falte die Hände. Die Hände meiner Mutter legen sich um meine. Unsere Fingernägel sind von dem gleichen weichen Oval. Lange Finger an Tänzerinnenhänden. Ich hebe eine Hand an meine Wange, es ist die Hand meiner Mutter, und die Hand berührt jetzt auch das sanfte Gesicht meiner Mutter. Dann falten sich unsere Hände wieder in meinem Schoß. Es sind Hände, die meine Vergangenheit berühren und in meiner Gegenwart leben und meine Zukunft gestalten. Meine Hände sind die meiner Mutter. Die Hände meiner Mutter sind meine.

Thay sagt: »Das Geschöpf enthält den Schöpfer. Die Mutter ist in der Tochter. Sie sind nicht zu trennen.«

Wir entstehen dadurch, dass bestimmte Bedingungen gegeben sind. Thay strich das Streichholz an, und so fing es Feuer. Die Flamme erlosch, als sich die Bedingungen änderten: Thay blies sie aus. Danach sagte er: »Ein Verstorbener ist in Wirklichkeit nicht gestorben. Dieser Mensch ist einfach in eine Form hineingewachsen, in der er euch nicht so vertraut ist.« Das ist keine abstrakte Idee, es ist wirklich so. Dann richtete Thay an uns alle die Frage, wohin unser fünfjähriges Ich verschwunden sei. Und er gibt gleich selbst die Antwort: »Er oder sie ist lediglich zu einer Frau oder einem Mann herangewachsen.«

Ihr fünfjähriges Ich besteht fort und wird zu Ihrem Erwachsenen-Ich. Der oder die Fünfjährige ist nicht dasselbe wie der Erwachsene, aber auch nicht von ihm oder ihr verschieden. Der Buddha lehrte: »Weder gleich noch verschieden.« Und Thay fuhr fort: »Wir müssen über Gleichheit und Verschiedenheit hinauswachsen. Wenn ihr mit eurem fünfjährigen Ich sprechen könnt, dann könnt ihr auch mit jemandem kommunizieren, den ihr als verstorben betrachtet. Er oder sie ist immer da.«

Und wie eine Mahnung gab er uns noch mit auf den Weg: »Keine Geburt, kein Tod – das ist euer wahres Wesen. Keine Geburt, kein Tod ist auch das Wesen dessen, den ihr als gestorben anseht. Ihr seid frei von Sein und Nichtsein.«

Am Ende dieses Tages greift Thay in die Glasschale mit den Zetteln der Pilger. Aus dem Fundus der Hoffnungen zieht er meinen gelben Zettel und liest vor: »Lieber Thay, lieber Sangha, bitte schickt meinem Bruder Iain heilende Energien. Er leidet aufgrund eines Bandscheibenvorfalls seit Jahren unter schrecklichen Rückenschmerzen. Vielen,

vielen Dank, Mary.« Meine Worte mit Thays Stimme gesprochen – ich bin hellwach.

Wie der Dirigent eines himmlischen Orchesters hebt Thay die Hand, und die Mönche in ihren braunen Gewändern beginnen zu rezitieren. Es werden die Namen von fünf Bodhisattwas beziehungsweise »Erleuchtungs-Wesen« rezitiert. Die Anrufung dieser hilfsbereiten Wesen soll dazu beitragen, dass die Gebete erhört werden.

Zu den Stimmen der Mönche und Nonnen lässt Thay mit gemessenen Bewegungen eine Klangschale ertönen und ein Mönch schlägt ein kleineres Holzinstrument an. So wird der Klangteppich der Stimmen mit einem hypnotischen Rhythmus unterlegt. Für mich sind die Schwingungen in diesem Augenblick von unglaublicher Heilkraft. Welch ein erhebender, herrlicher Klang.

Gebete und Mantras wirken bewusstseinsverändernd. Sie modifizieren den Hirnstoffwechsel, harmonisieren die Gefühle, sogar das Immunsystem wird dadurch gestärkt. Hinzu kommen der repetierende Charakter der Rezitation und der Einfluss ihrer Schwingungen auf den ganzen Menschen. Wir leben in dieser Welt ja praktisch in einem Meer von Schwingungen. Sogar unbelebte Objekte sind einfach ein Bündel Schwingungen. Der Stuhl, auf dem Sie sitzen, besteht aus Schwingungen. Dieses Buch ist Schwingung. Sie sind Schwingung, ich bin Schwingung. Der Mönch mir gegenüber ist Schwingung. Mit seiner Rezitation erzeugt und wird er eine heilige Schwingung, und die Laute schwingen in mir weiter. Und das alles ist umgeben von einer intelligenten Präsenz.

Mantra und Gebet haben eine geheimnisvolle Kraft, die sich nicht logisch erklären lässt.

Thay sitzt bequem mit überkreuzten Beinen, sein Rücken so gerade und jung, wie man es bei einem Vierundachtzigjährigen nicht erwarten würde. Seine Augen sind geschlossen. Mit einer Hand schlägt er die Klangschale, während die Fingerspitzen der anderen Hand abwechselnd die Daumenkuppe berühren. Einen Moment lang überlege ich, was er da eigentlich macht mit diesem Strom von Klängen, jedenfalls geschieht etwas Magisches. Als ich die Augen schließe, trifft es mich mit voller Wucht. Es findet seinen Weg zum Herzen, und mir laufen die Tränen übers Gesicht. Ich sehe Iain vor mir, der sich so bedingungslos für unseren sterbenden Vater einsetzte, und ich wünsche ihm, dass er seine schlimmen Rückenschmerzen loswerden möge.

Während ich dem makellos intonierenden Bodhisattwa-Chor lausche, spüre ich wieder einmal die Kraft der Gemeinschaft. Diese Brüder und Schwestern lieben einander, sie fühlen sich von ihrem Gemeinschaftsleben getragen und schöpfen Kraft aus ihm. Ihren Stimmen ist es anzuhören. Vor jeder Rezitation ergeht an alle Klosterangehörigen und Besucher die Aufforderung, als *ein* Körper zu singen: die Kräfte des Ganzen zu bündeln und einzusetzen.

»Unser Bewusstsein wird vom Bewusstsein anderer gespeist«, ruft uns Thay gern in Erinnerung. Unsere Entscheidungen, unsere Vorlieben und Abneigungen werden von der kollektiven Sicht der Dinge mitbestimmt. Irgendwann zu Beginn meines Aufenthalts im Kloster hat Thay einmal als Beispiel davon gesprochen, dass jemand irgendetwas, zum Beispiel ein Gemälde, nicht schön findet; wenn es sich aber um ein Bild handelt, das viele andere schön finden, wird er sich mit der Zeit zu dieser Sicht der Dinge bekehren, ob sie für ihn stimmig ist oder nicht. Das sei einfach deshalb so, weil das individuelle Bewusstsein vom kollektiven Bewusstsein geprägt ist und wir alle dem Einfluss der mehrheitlichen Sichtweise unterliegen. Deshalb, sagt Thay, ist es so wichtig, uns mit herzensguten, verständnisvollen und mitfühlenden Menschen zu umgeben.

Eine reizende niederländische Pilgerin erzählte mir neulich, sie habe vor, sich nach ihrer Heimkehr achtsame Mitbewohner für ihr Zuhause in Amsterdam zu suchen. Hier im Kloster hatte sie erkannt, wie einsam sie war und wie wichtig es für sie ist, in eine liebevolle Gemeinschaft einzutauchen.

Die letzten nachhallenden Klänge des Sutras hinterlassen ein erhebendes Knistern in der Luft. Ringsum wirken alle wie frisch belebt. Meine beiden Brüder stehen mir vor Augen. Ich sehe meinen Vater in ihnen. Unser Vater ist in der Form ihrer Hände lebendig, in ihrem gütigen Herzen, in den Werten, nach denen sie ihr Leben ausrichten. Ich brauche mir meine Brüder nur anzusehen, um zu wissen, dass mein Vater lebt. Das ist das Wunder des Gebets.

❧ 40. Tag ❧

Liebe
Auf einem Lotosblatt

*Einzig die Liebe
verleiht den Dingen Wert.*

TERESA VON AVILA

Mit elf Jahren habe ich beim Krippenspiel in der presbyterianischen Kirche des Vaters meiner besten Freundin die Maria gespielt. Ich bin zwar katholisch aufgewachsen, habe aber regelmäßig die presbyterianische Sonntagsschule besucht, um mit Jean zusammen sein zu können. Wir waren unzertrennlich. Nachdem meine Familie die Messe besucht hatte, setzte meine Mutter mich bei der Presbyterian Church ab. Jean freilich durfte nicht mit mir zusammen die Messe besuchen. Einmal während der Sonntagsschule erfuhr die Mutter eines der Kinder, dass die Tochter des Pfarrers mit einer Katholikin durch das Gebäude geschlendert war. Sie stellte mich zur Rede und fragte, was ich da zu suchen hätte und weshalb ich nicht in meiner eigenen Kirche sei. Irgendwie kam es mir in den Sinn zu sagen: »Gott ist in mir, da kann ich doch überallhin gehen.« Dazu fiel der Frau nichts mehr ein.

Erst viele Jahre später wurde mir klar, wie prägend meine

liebevollen und weltoffenen Eltern für die Anschauungen waren, die ich schon als Elfjährige hatte.

Heute ist Heiligabend. Die Leere des schwarzen Himmels ist von Mondlicht erfüllt, und ich sitze in der großen Meditationshalle von New Hamlet. Die Mönche singen das *Adeste fideles*, und am Christbaum hängt glitzernder Sternenschmuck. Thich Nhat Hanh, diese alles einschließende und weltoffene Seele, hat das buddhistische Kloster christlich ausschmücken lassen. Einfach großartig.

In der Meditationshalle stehen vier duftende Christbäume, einer für jeden der vier »Ortsteile« von Plum Village. Bunte Lichter leuchten die Türen und Fenster aus. Aus all diesen Bestandteilen einer christlichen Weihnacht sticht etwas heraus: Vorn vor der Buddhastatue steht ein kleines aus Bambus geflochtenes Boot, angefüllt mit Rosen in allen Schattierungen von Rosa.

Mit seinem gleitenden Schritt nähert sich Thay diesem Boot, er kniet nieder, betrachtet es, um sich dann umzudrehen und zu sagen: »Ich will euch sagen, was das ist: Es ist das Boot des Verstehens. Es trägt euch vom Ufer der Leiden ans Ufer der Liebe.«

Sofort ist mir klar: Dieses Boot voller Rosen wird mich immer daran erinnern, Zuflucht in mir selbst zu suchen. Tief in mein Inneres eintauchend, geleitet von den weisen Lehren des Buddha, werde ich das Verstehen in mir wecken und daraus wird Weisheit hervorgehen, also das, was Befreiung und ein glücklicheres Dasein verspricht. Das Boot selbst steht für die Lehren des Buddha, und es trägt die Blumen – Einsicht und Verständnis –, die in mir aufblühen werden, wenn ich den Anleitungen des Erhabenen folge. Innerlich sehe ich mich zwischen den Blumen in diesem Boot der Kraft auf das lockende Ufer der Liebe zurudern. »Mein Bemühen ist mein Schutz. Niemand außer mir kann mein Boot rudern. Ich muss es selbst tun.« Ich mache ein Foto von Thay neben dem heiligen Rosenboot.

Wer sich selbst mitfühlend betrachten kann, der kann das auch auf andere ausdehnen. »Dieses Boot«, sagt Thay, »trägt ein Verstehen, aus dem Liebe hervorgeht. Ohne Verständnis kann man nicht lieben, dann ist eure Liebe nicht wahre Liebe. Wer andere wahrhaft versteht, trägt sich selbst ans Ufer der Freiheit, der Liebe, des Glücks.«

Also wieder einmal: Wir sind alle mit allen verbunden. Wir sitzen ja im selben Boot. Die Wahrheit bricht sich Bahn und offenbart immer tieferen Sinn. Sich selbst lieben und verstehen heißt andere lieben und verstehen. Nur wer sich mitfühlend und verständnisvoll annimmt, nur dem können andere gleich viel bedeuten. Thay: »In einer Wahrheit liegen alle Wahrheiten. Ein Ding schließt alle anderen ein. Das ist wegen des Inter-Seins so. Alle Wahrheiten hängen zusammen wie alle Dinge und alle Lebewesen auf der Welt. Deshalb: Wenn ihr eine Wahrheit versteht, versteht ihr alle Wahrheiten.«

An diesem Tag, meinem vierzigsten hier, erfüllt diese Erkenntnis mein ganzes Sein.

Thay spricht weiter über die Liebe. »Der, die oder das Geliebte«, sagt er, »ist überall ringsum, in den Bäumen und der Luft, als das Wasser und das Land. Wer ganz erfasst hat, wie sehr er frische Luft braucht, um gesund und am Leben zu bleiben, wird eine tiefe Liebe zum Sauerstoff fas sen.« Er spricht aber auch davon, wie sehr die Bäume *uns* lieben. Unsere Liebe zu den Bäumen einzugestehen fällt uns nicht schwer, aber wie oft hört man jemanden davon sprechen, wie sehr er von den Bäumen geliebt wird?

Beim Abendessen gehe ich zu dem gigantischen, über einen Meter hohen Suppentopf hinüber, dessen Inhalt ich den Tag über zusammen mit Schwester Prune zubereitet habe. Ich tauche die Kelle in das bunte Gemüse, und eine Welle von Glück überflutet mich. Ich setze mich neben Stuart, meinen schottischen Freund und Meisterkoch. Wir löffeln die Suppe und er sagt, die Zusammenstellung der frischen Zutaten sei einfach göttlich. Das tut mir gut. Stuart verspricht mir ein paar seiner besten Suppenrezepte, damit ich sie daheim in Kanada nachkochen kann. Ich genieße seine Nähe. Er ist nett und geradheraus, eine grundehrliche Haut. Und natürlich höre ich immer meinen Vater in seinem Edinburgher Zungenschlag.

Die weihnachtliche Musikdarbietung beginnt. Ein britischer Mönch spielt Cello. Stuart sagt, er habe früher dem London Symphony Orchestra angehört. »Er müsste in einem Konzertsaal auftreten, so unglaublich gut, wie er spielt«, entfährt mir. Seine sanften braunen Augen blicken in meine, und mit der ihm eigenen Milde sagt er: »Du genießt doch jetzt seine Musik, oder etwa nicht?« Ich bin baff. Aber natürlich! Wie komme ich darauf, das hier sei anders? Hier sitzen Hunderte von Menschen und lauschen begeistert diesem wunderbaren Musiker.

Stuart fragt nach dem »Wichteln«. Vor ein paar Tagen haben alle Klosterbewohner und Laien Lose gezogen, darauf jeweils ein Name. Der gezogenen Person sollten wir anonym etwas schenken. Ich verrate Stuart, wer es bei mir war. Er kennt die Frau, die mein Geschenk bekommen wird, und sagt, sie habe in Lower Hamlet gewohnt, weit von meiner Unterkunft in New Hamlet entfernt. Dann eröffnet er mir, sie sei hochschwanger und habe Plum Village vor der Weihnachtsfeier verlassen müssen. Ihr Mann werde ihr Geschenk abholen. Ich fasse es nicht. Hier im Kloster war eine hochschwangere Frau, und ich wusste nichts davon! Hunderte Menschen wohnen in den vier Weilern von Plum Village, und ich habe den Namen der einzigen schwangeren Frau gezogen. Mein Geschenk an sie ist ein Buch, das ich aus Kanada mitgebracht habe. Sein Titel: *The Birth House* (»Das Geburtshaus«). Ich drücke Stuarts Knie so fest, dass er aufschreit.

> Weihnachten ist eine Zeit der Besinnung auf die Frage, wie man eine echte Familie erschaffen kann, in der jeder bei allen anderen Sicherheit findet. Lieben oder geliebt werden – hier wird nicht unterschieden. Das ist Gleichmut. Gleichmut ist nicht exklusiv. Gleichmut ergreift nicht Partei. Gleichmut unterscheidet nicht. Gleichmut schließt ein, nicht aus.

Ein Einzelner kann mit seinem Erwachen andere anstecken. Es beginnt immer bei dir – du selbst bist es, auf den du dabei zählen musst. Thays Worte der Weisheit schwingen im Raum nach.

Ich suche mein inneres Refugium auf und finde Erleuchtung und Stärke. Ich werde ein weiser Stein, ein fröhlicher, weiser, fester Stein. Wenn ich auf andere erhebend wirken möchte, muss genügend Freude in meinem Leben sein. Mutter Teresas Worte fallen mir ein: »Sorgt dafür, dass sich jeder, der zu euch kommt, nachher besser und glücklicher fühlt. Seid der lebendige Ausdruck der Güte Gottes: Freundlichkeit in eurem Gesicht, Freundlichkeit in euren Augen, Freundlichkeit in eurem Lächeln.«

Geh in Richtung Freude, Liebe und Redlichkeit. Gib deinem Mut Gewicht. Tu alles, was Einsicht fördert – Weisheit hält dich bei Verstand und sprühender Lebendigkeit. Lass die Welt an deinen besonderen Begabungen teilhaben. Suche die Gesellschaft von Menschen, die einem höheren Bewusstsein dienen. Die Kraft des kollektiven Bewusstseins ist nicht zu unterschätzen. Wir alle unterliegen dem Einfluss unserer Umgebung. Wissende Ratschläge Thich Nhat Hanhs.

❧ Heimkehr ❧

Wir gehen in jedem Augenblick nach Hause. Wir gehen
eigentlich jeden Moment heim zu Mutter Erde,
heim zu Gott, heim zum Höchsten, heim zu unserem
wahren Wesen, das »keine Geburt, kein Tod« ist. Das ist
unser wahres Zuhause. Wir haben es nie verlassen.

THICH NHAT HANH

Ich stehe mit meinem Koffer draußen auf der Treppe von New Hamlet. Die vierzig Tage meiner Pilgerfahrt sind vorbei. Meine Abreise fällt auf einen goldenen, sonnigen Tag. Etwas bleibt noch zu tun, bevor ich gehe. Als Versöhnungsgeste und im Geiste des Neuanfangs, wie er hier im Kloster geübt wird, habe ich für Vanna eine violette Blume gepflückt. Die Erschütterung jenes Tages meiner Übersetzungsbemühungen in der Buddha-Halle ist deutlich zurückgegangen. Aber ich habe es ja auch geübt, das verständnisvolle Annehmen von unguten Gefühlen gegenüber meinen Mitmenschen. Und es wirkt. Der muntere Ire hat mir mit seiner Geschichte vom achtsamen Umgang mit seiner tiefen Verärgerung in einer schwierigen Ehe Mut gemacht. Aidan hat die Lehren des Buddha auf das reale Leben angewendet und ist gut damit gefahren, sie haben ihm Klarheit gebracht. In seinem Buch *Aus der Tiefe des*

Verstehens die Liebe berühren legt uns Thich Nhat Hanh eine Kraft ans Herz, die immer verfügbar ist: »Wenn ihr das Gefühl habt, dass andere euch etwas tun wollen, dann berührt die Liebe in euch selbst, und es wird euch nichts geschehen.«

Achtsamkeit ist von überragendem Stellenwert in unserem Leben. Nur wenn wir sehen, was wirklich gerade vorliegt, gewinnen wir die Einsicht, die unserem Leben Schwung und Auftrieb gibt. In solchen Augenblicken des Erkennens heilen alte Verletzungen, was uns geplagt hat, verflüchtigt sich, wir verstehen unsere Gefühle und nehmen sie an, Mitgefühl und Liebe regen sich, Beziehungen können gerettet werden, Zwänge fallen ab, Chancen werden erkannt, und in unserem weisen Ich breitet sich ein tiefes Gefühl der Geborgenheit aus. Die Liste der Nutzeffekte ist sehr, sehr lang.

Mit der Blume in der Hand suche ich das Gelände nach Vanna ab, kann sie aber in der Menge der Pilger nicht ausmachen. Der Wagen für die Fahrt zum Bahnhof steht bereit. Ich reiße eine Seite aus meinem Tagebuch heraus, kritzle ein paar Worte, binde das Blatt mit einem Stück Faden um den Blumenstängel. Ganz in der Nähe sehe ich Vannas Mitbewohnerin und bitte sie, Vanna die Blume zu geben. Ein Stein fällt mir vom Herzen. Und dann regt sich auch gleich Freude in mir wie eine sich öffnende Lotosblüte. Ich weiß nicht, ob meine kleine Geste Vannas ungute Gefühle mir gegenüber beschwichtigen wird – ich kann es nur hoffen. Wichtig ist, das merke ich jetzt, dass ich mich von Herzen entschuldige, wie auch immer die Reaktion ausfallen mag. Echte Freundlichkeit bringt augenblicklich Erleichterung, und womit ließe sich das besser sagen als mit einer Blume? Lasst Blumen sprechen! Diese Fähigkeit werde ich auch zu Hause gut gebrauchen können. Sie wird mir immer wieder aus der Patsche helfen und allen meinen Beziehungen guttun. Jeder kann das erleben, Sie auch. Es ist ein Wunder.

In jedem einzelnen Augenblick gehe ich nach Hause.

In der Eingangstür des imposanten grauen Steinbaus von New Hamlet sehe ich Schwester Hanh Nghiem stehen. Sie ist hier zu Hause und hat den Namen »Tat« bekommen. Ich verabschiede mich von ihr in einer langen, wortlosen Umarmung. Dann sitze ich im silbergrauen Renault, und los geht es.

Im Zug nach Bordeaux erinnere ich mich an eine weitere Lehre des Meisters: »Wenn ihr irgendwo einen Gedanken der Aussöhnung in euch finden könnt, einen Gedanken des Mitgefühls, dann heilt euch dieses Denken und es heilt auch die Welt. Übt es, bringt solche Gedanken immer wieder in euch hervor, Tag für Tag. So könnt ihr euch tief greifend verändern und die Welt umgestalten.«

Thays Wegweisung wird immer bei mir sein. Ich weiß jetzt, wie ich Zuflucht bei meinem weisen Ich finden und mir selbst mitfühlend begegnen kann. Und wenn ich nach Hause zu mir selbst gehe, kann ich ganz für alle anderen da sein. Diesem inneren Zuhause entspringen Mitgefühl und Liebe. Die Sehnsucht nach einem wahren inneren Zuhause hat mich auf die Reise nach Plum Village geschickt, diese Sehnsucht nach einem Ort der Stärke und Weisheit, an dem ich sein kann, an dem ich den Schmerz und die Einsamkeit nach dem Verlust meiner Eltern überwinde und von dem aus ich mich leichter in den turbulenten Gewässern des Lebens zurechtfinde.

Ich denke an die Eröffnungsworte Thich Nhat Hanhs: »Sucht auf dem stürmischen Meer des Lebens Zuflucht bei eurem weisen Ich.« In der Gegenwart Thich Nhat Hanhs, seiner tiefen Weisheit und Liebe, fühlt man sich der Freiheit nahe. Ich blicke aus dem Fenster auf die moosgrünen Hügel und winterkahlen Weinhänge und gelobe mir innerlich, dies nie zu vergessen.

Ich bin nie von zu Hause weggegangen.

❧ Dank ❧

Die Liebe und der Rückhalt meiner Brüder David Paterson und Iain Paterson sowie meiner Schwägerin Janice Gould-Paterson erfüllen mich mit tiefer Dankbarkeit. Meine Neffen Tobin und Devin und meine Nichte Tara sind die reinste Freude für mich.

Es stimmt, viele Menschen tragen zur Entstehung eines Buches bei. Alles ist mit allem verbunden, alles von allem abhängig. Mit dieser Wahrheit im Hintergrund gilt mein besonderer Dank den unmittelbar Beteiligten: Lorna Owen danke ich für wertvolle redaktionelle Hinweise in der Anfangsphase, Patrick Crean für aufopfernde Freundschaft und seine Begutachtung des Manuskripts in allen Phasen, Ken McGoogan für exzellente Insidertipps. Ich danke Susan Swan und meinen Schreibgefährten in Toronto, meinem wunderbaren Agenten Shaun Bradley, der immer hinter mir stand, sowie Samantha Haywood und allen Mitarbeitern der Transatlantic Literary Agency. Besonders herzlich danke ich meiner Lektorin Carolin Pincus, deren Professionalität und Begeisterung dem Projekt sehr zustatten kamen, sowie Rachel Leach, Susie Pitzen, Pat Rose und allen anderen im Verlag Hampton Roads.

Dank an alle meine wunderbaren und großzügigen Freunde im Lotus Yoga Centre in Toronto, vor allem an Leea Litzgus, die meinen Koffer von Frankreich mit nach

Toronto nahm, und Shauna MacDonald, die ihr Wochen-endhaus für Schreib-Retreats zur Verfügung stellte. Dank auch an die beiden Cafés Wagamama und Manic.

Von ganzem Herzen danke ich dem Buddha, Thich Nhat Hanh, Schwester Pine und allen Mönchen und Nonnen von Plum Village, diesen strahlenden Lotosblüten. Herzliche Grüße an alle meine Mitpilger. Zuletzt ein Dank an Sie, die Sie dieses Buch gelesen haben.

❧ Quellen ☙
Bücher von Thich Nhat Hanh

Anger. Deutsch: *Ärger: Befreiung aus dem Teufelskreis dest-ruktiver Emotionen.* München: Goldmann, 2007.

The Art of Power. Deutsch: *The Art of Power – die Kunst, mit Macht richtig umzugehen.* Freiburg i. Br. u.a.: Herder Spektrum, 2012.

Buddha Mind, Buddha Body. Deutsch: *Körper und Geist in Harmonie: die Heilkraft buddhistischer Psychologie.* München: Kösel, 2011.

Cultivating the Mind of Love. Deutsch: *Aus der Tiefe des Verstehens die Liebe berühren.* Berlin: Theseus, 1996.

The Diamond That Cuts Through Illusion. Deutsch: *Das Diamantsutra: der Diamant, der die Illusion durchschneidet.* Berlin: Ed. Steinrich, 2011.

The Heart of the Buddha's Teachings. Deutsch: *Das Herz von Buddhas Lehre: Leiden verwandeln – die Praxis des glücklichen Lebens.* Freiburg i. Br. u.a.: Herder, 2004.

The Heart of Understanding: Commentaries on the Prajnaparamita Heart Sutra. Deutsch: *Mit dem Herzen verstehen.* München: Knaur Tb, 2011.

No Death, No Fear. Deutsch: *Kein Werden, kein Vergehen: buddhistische Weisheit für ein Leben ohne Angst.* München: Knaur Tb, 2008.

The World We Have. Deutsch: *Die Welt ins Herz schließen: buddhistische Wege zu Ökologie und Frieden.* Bielefeld: Aurum, 2009.

❧ Weitere Quellen ❧

Clinton, Bill: *Giving: How Each of Us Can Change the World.* New York: Knopf, 2007.

Dalai Lama: *Path to Bliss.* Deutsch: *Der Stufenweg zu Klarheit, Güte und Weisheit.* München: Diamant, 1998.

Dillard, Annie: *Holy the Firm.* New York: Harper & Row, 1988.

Christopher S. Kilham: *The Five Tibetans.* Deutsch: *Lebendiger Yoga: das Profi-Buch zu den Fünf »Tibetern« von Peter Kelder.* München: Heyne, 1997.

Lovelock, James: *The Vanishing Face of Gaia: a Final Warning.* London: Lane, 2009.

Marche, Stephen: *How Shakespeare Changed Everything.* New York: HarperCollins, 2011.

Mitchell, Stephen (Übers.): *Tao Te Ching.* Deutsch: *Tao te king: eine zeitgemäße Version für westliche Leser.* München: Goldmann, 2003.

The Shambhala Sun.

Sogyal Rinpoche: *The Tibetan Book of Living and Dying.* Deutsch: *Das tibetische Buch vom Leben und vom Sterben: ein Schlüssel zum tieferen Verständnis von Leben und Tod.* Hamburg: Nikol, 2012.

Wilson, Edward O.: *The Creation: An Appeal to Save Life on Earth.* New York u.a.: Norton, 2006.

Yongey Mingyur Rinpoche: *Joyful Wisdom.* Deutsch: *Heitere Weisheit: Wandel annehmen und innere Freiheit finden.* München: Goldmann, 2009.

❧ Über die Autorin ❧

Mary Paterson, die Gründerin und Leiterin des *Lotus Yoga Centre* in Toronto, ist ausgebildete Trainerin im Kundalini-Yoga und Hatha-Yoga und besitzt den Titel eines Bachelor of Arts. Sie unterrichtet weltweit. Zahlreiche Zeitungen und Zeitschriften haben Interviews mit ihr gebracht, außerdem schreibt sie Beiträge für Onlinejournale. Etliche Firmen laden sie regelmäßig zu Vorträgen über die transformierende Kraft von Yoga und Meditation ein. Sie hat eine klassische Ballettausbildung genossen und ist in Theaterstücken und Filmen aufgetreten. Paterson lebt im kanadischen Toronto.

Ihre Website: www.lotusyogacentre.com

✎ Über Thich Nhat Hanh und Plum Village ✎

Der ehrwürdige Thich Nhat Hanh ist ein vietnamesischer Mönch in der Tradition des Zen-Buddhismus sowie Dichter und Gelehrter. Sein lebenslanger Einsatz für den Frieden bewog Martin Luther King 1967, ihn für den Friedensnobelpreis vorzuschlagen. Thich Nhat Hanh gründete 1963 die buddhistische Van Hanh University im damaligen Saigon, heute Ho-Chi-Minh-Stadt, 1965 die »Schule der Jugend für Soziale Dienste« und schließlich 1969 in Paris die »Vereinigte Buddhistische Kirche«. Plum Village (Village des Pruniers) heißt das Kloster für Mönche und Nonnen, das Thich Nhat Hanh in der Dordogne im Südwesten Frankreichs aufgebaut hat. Das Kloster ist außerdem ein für Laien zugängliches Zentrum für Achtsamkeitsmeditation. 2012 feierte das Kloster den dreizehnten Jahrestag seit seiner Gründung.

Näheres über das Kloster und Thich Nhat Hanh ist auf der Website www.plumvillage.org zu erfahren.